Embarazo
y Nacimiento

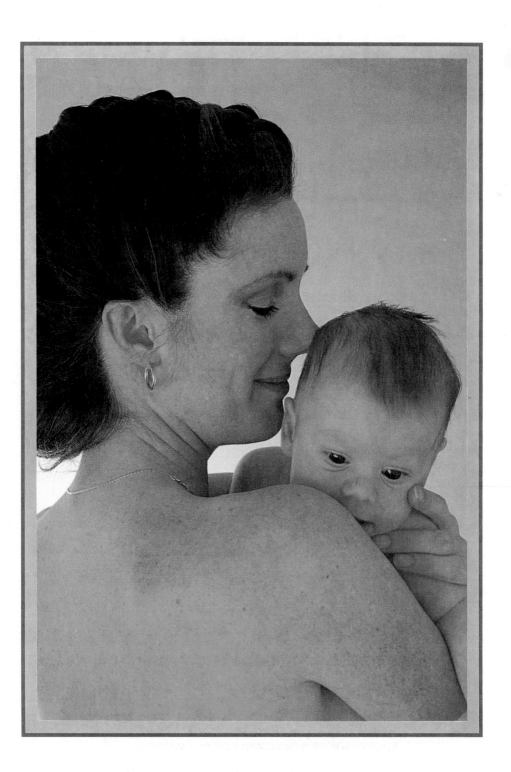

Dra. Miriam Stoppard

NUEVO LIBRO DEL

Embarazo
y Nacimiento

Traducción
Adriana de Hassan

GRUPO
EDITORIAL
norma

Barcelona, Bogotá, Buenos Aires, Caracas,
Guatemala, México, Miami, Panamá, Quito, San José,
San Juan, San Salvador, Santiago de Chile, Sao Paulo.

Edición original en inglés:
THE NEW PREGNANCY AND BIRTH BOOK
de Miriam Stoppard.
Una publicación de Dorling Kindersley Limited
9 Henrietta Street, Covent Garden,
Londres, WC2E8PS
Publicado originalmente en inglés en 1985
como *The Pregnancy and Birth Book;*
edición revisada en 1991, *The New Pregnancy and Birth Book.*

Primera reimpresión 1987
Segunda reimpresión 1987
Tercera reimpresión 1988
Cuarta reimpresión 1988
Quinta reimpresión 1988
Sexta reimpresión 1989
Séptima reimpresión 1989
Octava reimpresión 1989
Novena reimpresión 1990
Décima reimpresión 1991
Undécima reimpresión 1991
Duodécima reimpresión 1992
Decimotercera reimpresión 1992

Segunda edición 1993
Primera reimpresión 1994
Segunda reimpresión 1994
Tercera reimpresión 1994
Cuarta reimpresión 1995
Quinta reimpresión, 1995
Sexta reimpresión 1996
Séptima reimpresión 1996
Octava reimpresión 1996
Novena reimpresión, 1996
Décima reimpresión, 1997
Impreso por Cargraphics, S. A. — Imprelibros
Impreso en Colombia — Printed in Colombia
Abril, 1997

Dirección editorial, María del Mar Ravassa G.
Edición, María Mercedes Correa

ISBN: 958-04-02511-6

Contenido

Introducción

Muchas cosas han cambiado durante estos cinco años que han transcurrido desde la publicación de mi último libro sobre embarazo y nacimiento. Uno de los cambios más importantes y mejor recibidos es el de la participación cada vez mayor de las parteras, en lugar de los médicos, en la supervisión del embarazo y del trabajo de parto. Día por día aumenta el número de hospitales que han adoptado el concepto de la partera como integrante de un "equipo". Dentro de este nuevo esquema de trabajo, los pabellones de atención pre y postnatal se han unido en uno solo, y el equipo de parteras que trabajan en estos pabellones unidos es el mismo. Esto garantiza la continuidad de la atención en manos del mismo grupo de parteras que se ocupan de los controles prenatales, el trabajo de parto y la recuperación postparto; así, el embarazo y el nacimiento en el hospital se vuelve una experiencia más agradable y tranquila de lo que fue en el pasado. Es un esquema que beneficia por igual a las madres, a las parteras y a los médicos. Las madres pueden entablar amistad con las parteras del equipo durante el embarazo. Ese gran número de manos expertas garantiza una buena atención, con lo cual los médicos quedan en libertad para ocuparse de los casos más complicados que requieren su atención.

La tecnología avanza rápidamente. Hace cinco años sólo algunos centros especializados realizaban el análisis de las vellosidades coriónicas. En la actualidad, la mayoría de las madres que la necesitan pueden aprovechar esta información diagnóstica precoz. Esto significa que una mujer cuyo hijo puede correr el riesgo de heredar una alteración cromosómica o genética puede someterse al análisis de las vellosidades coriónicas en forma ambulatoria desde la octava semana del embarazo. De esta manera, evita tener que esperar a obtener la misma información mediante una amniocentesis, que sólo puede realizarse entre las 16 y las 18 semanas, cuyo resultado tarda bastante tiempo.

Cada vez es mayor el cúmulo de información sobre la forma de mantener la salud de la mujer embarazada; en la actualidad contamos con información sobre enfermedades que pueden adquirirse a través de los alimentos y afectar al feto. Hoy se les advierte a las mujeres que deben ser cuidadosas no solamente con los alimentos sino con la forma de prepararlos.

El embarazo, el parto y el alumbramiento deben ser experiencias agradables para una mujer y su pareja, y espero que este libro sirva ante todo para que los dos desarrollen una actitud verdaderamente positiva respecto a estos procesos. Para que ello sea posible, es importante saber que existen alternativas y, conociéndolas, encontrar el valor y el entusiasmo necesarios para hacer preguntas y obtener la información apropiada con vistas a hacer uso de ellas y tomar las decisiones

pertinentes. Como profana en la materia, usted no puede discutir las ventajas y desventajas de yacer en la sala de partos con un médico o partera a su lado, sin conocer la mecánica del parto. Si ignora ciertos hechos fundamentales, no podrá sostener que es mejor moverse libremente y permanecer de pie el mayor tiempo posible durante la primera etapa del proceso. Tampoco podrá optar por dar a luz en posición vertical si desconoce las ventajas de tal posición. Por lo tanto, el objeto de este libro es desciribir las opciones que usted tiene a su alcance y, una vez que haya decidido las alternativas que más le convengan, infundirle el valor necesario para que logre el tipo de parto y nacimiento que desea. No solamente he incluido información útil para que usted pueda sostener un diálogo sensato y eficaz con un médico o una enfermera, sino también unas listas de preguntas que podrá formularse al escoger un hospital.

Mi otro propósito es eliminar el temor y el misterio, presentando la información clara y objetivamente. Es bien sabido desde hace años que el temor a lo desconocido produce dolor e incomodidad durante el embarazo, y un parto lento y difícil. Pero si una mujer ha aprendido durante varios meses a escuchar y observar lo que sucede en su organismo, a interpretar sus mensajes, a reaccionar con ellos y a ayudarse, especialmente con técnicas de respiración, ejercicios de relajación y ejercicios para los músculos de la pelvis, podrá contribuir en gran medida a acortar el alumbramiento, a hacerlo menos doloroso, más tranquilo y motivo de verdadera alegría.

El padre

Muchas investigaciones han demostrado que si los hombres participan en el proceso desde el momento de confirmarse el embarazo, se convierten en padres activos y entusiastas. Esto significa tomar parte en todos los preparativos, asistir a los cursos prenatales, y participar en las decisiones acerca del sitio y la forma en que nacerá el hijo, y el cuidado que deberá recibir desde el primer día. Si se excluye al hombre durante alguna de las etapas, le será más difícil asimilar su papel de padre. No existe mayor ayuda para la mujer embarazada que el interés y la simpatía de su pareja, ni se conoce mejor auxiliar médico en la sala de partos que un padre comprensivo y protector y, ciertamente, no hay mejor trato para el recién nacido que el de un papá activo y amoroso. El propio parto puede ser una experiencia igualmente sorprendente para el padre, según lo atestigua esta carta.

" Independientemente del lugar donde vaya a nacer el bebé, bien sea la casa o el hospital, hay que estar dispuesto a dejar de lado la vergüenza; muy pronto se da uno cuenta de que lo que está viviendo su esposa es el hecho más real que haya experimentado nunca. Puede quejarse en voz baja o a gritos, perder todo interés en uno o hacer preguntas cuya respuesta no conocemos ("¿Cuánto falta?"). Puesto que ella está totalmente inmersa en el parto, resuta muy útil que uno pueda participar lo más íntimamente posible, respondiendo a las preguntas de las enfermeras o tomando las decisiones, ya que ella no está en condiciones de pensar en otra cosa que no sea su cuerpo, y, por encima de todo, ser positivo. No se debe contribuir nunca a generar la más mínima duda en la pareja. Siempre se le debe decir que lo está haciendo bien porque, lo haga como lo haga, lo estará haciendo lo mejor posible. No la juzgue, ayúdela, transmítale parte de su energía. El grado de unión que usted descubra durante el nacimiento de su hijo no los abandonará y se acrecentará durante el resto de sus vidas. "

Una prioridad importante para la mujer embarazada es contar con la ayuda adecuada y, aunque la mejor colaboración puede ser su pareja, no tiene por qué ser necesariamente así. El apoyo de un amigo o amiga cercana en ocasiones resulta más práctico y representa quizás un mayor aporte. Una alternativa podría ser exigir la presencia de su pareja y un amigo o amiga durante el parto. Una decisión de este tipo debe ser planeada con antelación e implica la participación de todos los interesados, desde un principio, en los cursos prenatales, las visitas al hospital, y las conversaciones con las comadronas y enfermeras sobre la forma en que va a realizar su parto. Como se puede imaginar, esto no siempre resulta fácil, pero este libro le ayudará a escoger la mejor de las distintas posibilidades.

El concepto de maternidad

Al escribir estas líneas también he considerado el hecho de que muchas mujeres modernas dan a luz a una edad más avanzada de lo que era normal anteriormente. Es frecuente encontrar mujeres que ejercen su profesión hasta después de los treinta años y deciden tener su primer hijo hacia los treinta y cinco. El antiguo concepto obstétrico de ser una primeriza "vieja" después de los treinta (y en algunos centros después de los veinticinco), tendrá que ser revisado porque cada día más es común dar a luz a estas edades. Los médicos y parteras se han acostumbrado a atender madres primigrávidas dentro de los grupos de edad más avanzada y les resulta algo normal que no constituye motivo de alarma.

Muchas futuras mamás optan por trabajar, por lo menos durante una parte de la gestación. Esto significa que los planes para el embarazo y el parto son bastante distintos en la actualidad, ya que anteriormente dejaban su trabajo y permanecían en el hogar hasta que quedaban embarazadas. Ahora la mayoría piensa que deben reflexionar cuidadosamente sobre la futura seguridad de sus empleos; yo he descrito en este libro las ventajas y desventajas de combinar el trabajo, el embarazo y la maternidad. Aunque usted haya hecho planes para regresar al trabajo después de seis meses, por ejemplo, quizás le resulte imposible dejar a su bebé y decida esperar unos meses más. Nadie puede saber, antes de tener un hijo, qué sentirá después.

Toda mujer tiene dudas, temores y angustias; usted no sería normal si no los tuviera. Sin embargo, al mirar hacia atrás, todo le parecerá fácil y claro. Entretanto, resulta reconfortante pensar en las mamás que la rodean, muy parecidas a usted, y que disfrutan de su embarazo, tienen un parto y un alumbramiento memorables y, a pesar de que pasan algunas noches en vela, preocupadas por el alimento y el crecimiento del bebé, gozan extraordinariamente con su hijo. Descubren que el embarazo y el subsiguiente nacimiento les abren las puertas hacia una fase enriquecedora de sus vidas.

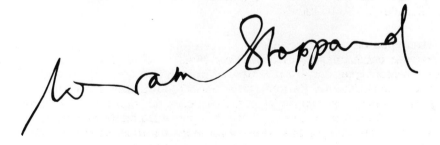

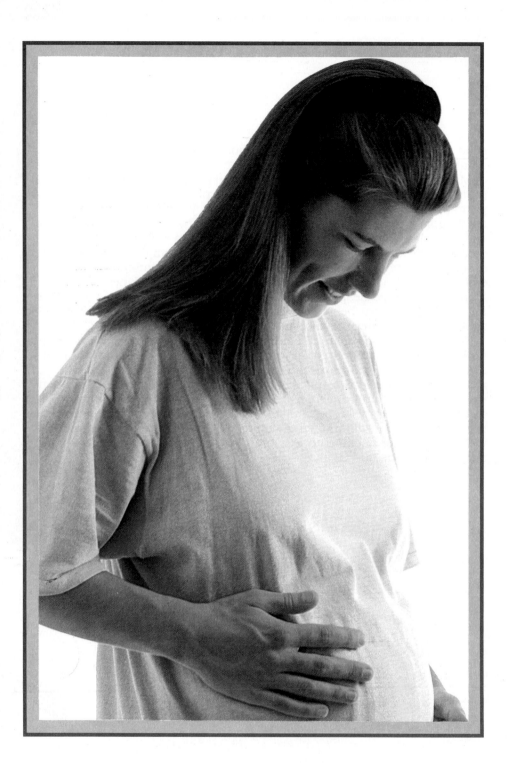

Calendario de embarazo

Tener información sobre los cambios que se producen en el organismo durante el embarazo le ayudará a conocer mejor su cuerpo y sus necesidades. Esta descripción mes a mes de lo que sucede durante el embarazo es un resumen del desarrollo del bebé y de los cambios que usted experimentará. Sin embargo, todos los embarazos son distintos; no hay dos embarazos que evolucionen al mismo ritmo o que se sientan igual, de manera que no se alarme si no ha sentido u observado ciertos cambios en una determinada fecha.

Todos los meses tendrá algo nuevo en qué pensar, por ejemplo: Registrarse para el curso prenatal, comenzar a hacer ejercicios especiales o comprar ropa de maternidad y sostenes para la lactancia. Todo esto se indicará en su momento, mediante una descripción más detallada en otros capítulos.

COMIENZO DEL EMBARAZO

Signos de embarazo

Podrá suponer que está embarazada si no le llega la menstruación y ha estado buscando un hijo. Es probable que no note ningún otro cambio al principio, pero podrá confirmar su estado con base en uno de los siguientes signos físicos, producidos por una mayor actividad hormonal.

• sensación de náusea en cualquier momento
• cambios en el gusto: es probable que comience a sentir desagrado por el café o el alcohol
• preferencia, a veces desesperada, por determinados alimentos
• sabor metálico en la boca
• cambios en los senos, tales como sensibilidad y picazón
• necesidad de orinar con frecuencia
• fatiga a cualquier hora del día; puede incluso sentirse débil o mareada
• aumento de la secreción vaginal
• cambios emocionales impredecibles

Duración del embarazo

El embarazo dura 266 días desde el momento en que el óvulo es fecundado. Sin embargo, para calcular en qué época del embarazo se encuentra, se considera que el primer día del embarazo es el primero de su último período menstrual y no el día de la fecundación. Si su ciclo tiene un promedio de 28 días, se considera que la fecundación ocurre hacia el día 14 y no el primer día del embarazo. Esto se debe a que la ovulación ocurre por lo general 14 días antes de la iniciación del período menstrual.

Por tanto, el tiempo del embarazo es de 266 días más 14, es decir, 40 semanas. Sin embargo, esto es apenas una guía. El embarazo promedio puede durar entre 38 y 42 semanas. Para calcular la fecha del parto, vea la tabla de la página 49.

6-8 semanas

Es la época para visitar al médico a fin de confirmar su estado. El examen interno revelará inflamación y leve ensanchamiento del útero; la vagina y el cuello uterino son blandos y de color azuloso. Sostenga una conversación preliminar con su médico acerca del posible tipo de alumbramiento (capítulo 3) y la clase de atención prenatal que recibirá (capítulo 4). Haga los arreglos necesarios para inscribirse en las consultas prenatales.

CONFIRMACIÓN DEL EMBARAZO

• En la orina es posible detectar cantidades mínimas de la hormona del embarazo, la gonadotropina coriónica humana (GCH). Los predictores comprados en la farmacia tienen una precisión del 95% y sirven para confirmar el embarazo en casa, a los pocos días de retraso en la menstruación. Otra alternativa es consultar al médico o hacerse una prueba en una clínica de planificación familiar.
• El examen de sangre revelará la presencia de las hormonas del embarazo incluso antes de que usted note el retraso.
• El médico podrá confirmar el embarazo con un examen interno, después de dos ciclos sin menstruación.

EXÁMENES DIAGNÓSTICOS

Si tiene más de 35 años, el médico le hablará de la posibilidad de hacer un análisis de las vellosidades coriónicas (véase página 79), un método para diagnósticar posibles anomalías fetales, las cuales pueden presentarse en mujeres de más edad o en los casos en que ha habido alguna anomalía en la familia.

UNA ÉPOCA DE CUIDADOS ESPECIALES

Durante estos primeros meses su bebé es muy vulnerable, de modo que debe tomar ciertas precauciones:
• Consulte inmediatamente a su médico si está tomando algún medicamento.
• Suspensa el alcohol y el cigarrillo. Si le es difícil hacerlo, disminuya el consumo.
• Averigue si las condiciones de su trabajo representan algún peligro para el embarazo (véase página 45).
• Pida a su médico que verifique si es inmune a la rubéola (véase página 36).
• Sea muy estricta con la higiene. Utilice guantes protectores cuando tenga que manipular carnes crudas o excrementos, o cuando tenga que limpiar la cama de alguna mascota.

Atención prenatal
La partera anotará todos los detalles en el momento del registro (8-12 semanas).

USTED

• Podrá sentir que los senos están sensibles y pesados.
• Podrá tener cambios emocionales impredecibles.
• Podrá sentir náuseas en la mañana o a cualquier hora del día.
• La fatiga podrá empeorar cualquiera de los otros síntomas.

SU BEBÉ

• El embrión, que ya se puede llamar feto (término que significa «joven»), tiene todos sus órganos internos.
• Se mueve mucho aunque usted no puede sentirlo todavía.

Longitud
El embrión mide casi 25 mm y es del tamaño de una fresa.

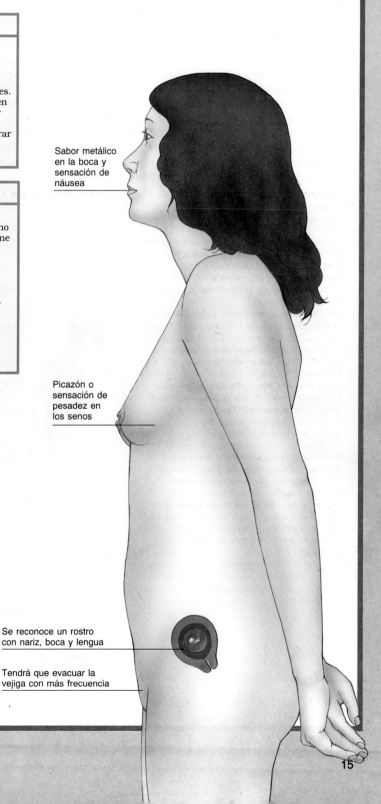

Sabor metálico en la boca y sensación de náusea

Picazón o sensación de pesadez en los senos

Se reconoce un rostro con nariz, boca y lengua

Tendrá que evacuar la vejiga con más frecuencia

12 semanas

Hacia el final de las 12 semanas comenzarán a desaparecer las molestias producidas por los mareos matutinos y la necesidad de orinar con frecuencia. Notará por primera vez un aumento de peso. Desde este momento comenzará a aumentar permanentemente la cantidad de sangre que circula por su cuerpo, de manera que tanto el corazón como los pulmones tendrán que trabajar más. También aumenta el trabajo de los riñones. Podrá experimentar algo de estreñimiento puesto que el trabajo intestinal se torna más lento. Mantenga su rutina normal de ejercicios tras consultar a su médico al respecto. Pida una cita con su odontólogo.

ATENCIÓN PRENATAL

• Asistirá a su primera consulta prenatal si no lo ha hecho ya (véase página 74) y recibirá atención odontológica.
• Informe a su empleador a fin de que no le descuenten de su salario las visitas a la consulta prenatal.
• Es un buen momento para decidirse a tomar un curso de crianza. Hay clases sobre distintos temas. En el hospital las clases son gratuitas; además de proporcionar información sobre el embarazo y el nacimiento le servirán para conocer las rutinas del hospital y la distribución de las salas de trabajo de parto. Si piensa dar a luz en el hospital, es importante hacer una visita de reconocimiento.
• La partera o la asesora de salud le darán información sobre los cursos disponibles en la zona donde usted reside. Por lo general son menos formales y más pequeños.
• Hay organizaciones nacionales que dictan cursos a nivel local. Se especializan en ejercicios prenatales y en la forma de manejar el trabajo de parto con técnicas de relajación y respiración (véase página 144) y son un buen sitio para conocer a otras mujeres embarazadas y a sus compañeros.

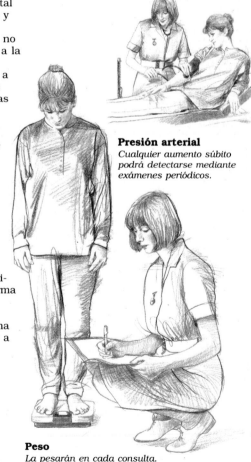

Presión arterial
Cualquier aumento súbito podrá detectarse mediante exámenes periódicos.

Peso
La pesarán en cada consulta.

USTED

• Las náuseas deben comenzar a disminuir.
• Quizás no tenga que orinar con tanta frecuencia.
• Podrá tener problemas de estreñimiento.

SU BEBÉ

• Los órganos genitales se distinguen claramente.
• Los ojos están bien formados y comienzan a desarrollarse los dedos de las manos y los pies, aunque todavía están unidos por membranas de piel.
• La mayoría de los órganos internos están funcionando.
• Los movimientos del feto son más fuertes pues sus músculos se están desarrollando.

Longitud 7.5 cm.
Peso 18 g.

Sentirá los senos pesados y sensibles

La forma del cuerpo es prácticamente la misma de siempre

El bebé tiene párpados y orejas

Podrá sentir la parte superior del útero justo encima del pubis

17

16 semanas

Comenzará a sentirse mejor y más activa. Probablemente ya se notará su embarazo. Los músculos y ligamentos comienzan a aflojarse y desaparece la cintura. Escoja sus alimentos con cuidado; su apetito aumentará ahora que se siente mejor y podría subir de peso muy rápidamente. Comience a usar ropa suelta (véase página 136). Si aún no lo ha hecho, compre un sostén firme que le proporcione buen soporte (véase página 137).

EXÁMENES MÉDICOS

• Es posible que la sometan a una ecografía por esta época (véase página 78).
• Los resultados de la prueba de alfafetoproteína (AFP) mostrarán si el nivel de esta sustancia en la sangre es elevado (véase página 79).
• Si tiene más de 35 años o existe una historia de desórdenes genéticos en su familia, o si los niveles de AFP están elevados, es posible que la sometan a una prueba de amniocentesis entre las 16 y las 18 semanas (véase página 80). Los resultados tardan tres semanas.
• Si ha tenido problemas de cuello uterino incompetente antes (véase página 158) le pondrán una sutura bajo anestesia general.

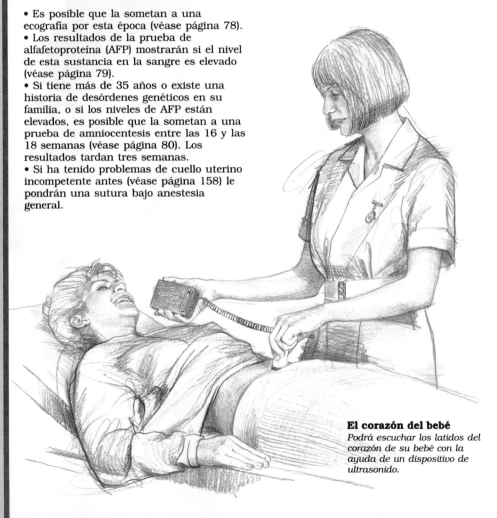

El corazón del bebé
Podrá escuchar los latidos del corazón de su bebé con la ayuda de un dispositivo de ultrasonido.

USTED

• Deberá sentirse bien y llena de energía.
• Es posible que note cambios de pigmentación en la piel del rostro, los senos y los brazos.

SU BEBÉ

• El bebé está completamente formado. De ahora en adelante comenzará a ganar tamaño en lugar de complejidad; hay muy pocas probabilidades de que los órganos vitales sufran a causa de medicamentos, infecciones o sustancias tóxicas.
• El aumento de peso es pronunciado.
• Se distinguen claramente las huellas dactilares del bebé.
• Los movimientos son más vigorosos y todo el cuerpo se recubre de un vello fino llamado lanugo.

Longitud 16 cm.
Peso 135 g.

El color de los pezones y las areolas es mucho más oscuro

Comienza a engrosarse la cintura

Se ha formado la placenta y funciona como sistema de soporte para la vida del bebé

El cuerpo del bebé se cubre de lanugo

La cabeza es grande en comparación con el cuerpo

20 semanas

Por esta época ya habrá visto a su bebé en la pantalla del ecógrafo y sentirá sus movimentos como aleteos de mariposa. Los resultados de los exámenes revelarán si hay algún problema o si hay más de un feto. Si todo está bien, podrá comenzar a disfrutar la mejor parte del embarazo. Debe verse radiante, aunque el aumento de la pigmentación es más notorio (véase página 100). Si le aparece cloasma en el rostro, protéjase del sol y no trate de blanquear las manchas.

SENTIMIENTOS ENCONTRADOS

Es normal que usted y su pareja tengan sentimientos encontrados sobre la llegada de un hijo. A medida que se aproxima el nacimiento, la ansiedad podrá ser mayor a causa de la incertidumbre sobre si están o no preparados para ser padres y si ese hijo habrá de cambiar su estilo de vida y su relación. Lo mejor que pueden hacer es hablar de sus inquietudes. Siempre es bueno ver las cosas desde otra perspectiva a fin de poder desarrollar una estrategia.

Planee un programa de ejercicios. Asista a los cursos prenatales durante

Hablen con franqueza
Expresen sus preocupaciones

EJERCICIOS

Posición de loto
Sirve para la flexibilidad

En cuclillas
Es una buena preparación para alumbrar en posición erguida

todo el embarazo. Aprenderá a apretar los músculos del piso de la pelvis (véase página 124) y a aumentar la flexibilidad en preparación para el trabajo de parto. También puede hacer ejercicios por su cuenta. La natación es excelente para mantener un buen estado físico; además, el agua la sostiene para practicar algunos ejercicios prenatales (véase capítulo 9).

USTED

• Es posible que produzca calostro, la primera leche. Límpielo con una toalla de papel.
• Es probable que le sangren las encías.
• La congestión nasal puede ser realmente molesta.
• La secreción vaginal puede aumentar considerablemente. De ser así, utilice una toalla sanitaria, no un tampón.

SU BEBÉ

• Comienzan a formarse los dientes del bebé en los maxilares.
• Sentirá los movimientos en forma de aleteos u ondas.

Longitud 25 cm.
Peso 340 g.

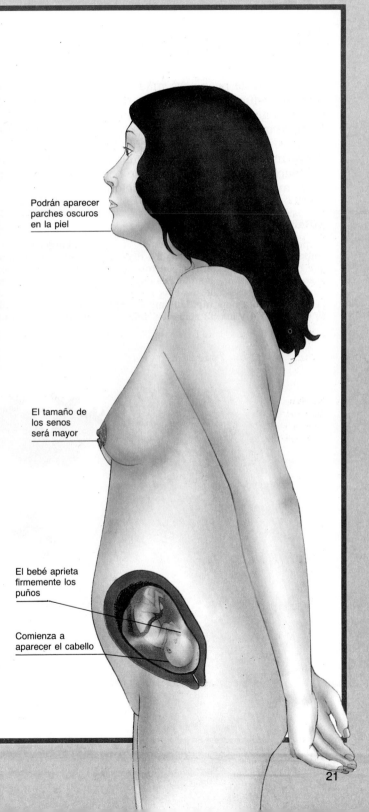

Podrán aparecer parches oscuros en la piel

El tamaño de los senos será mayor

El bebé aprieta firmemente los puños

Comienza a aparecer el cabello

24 semanas

El aumento de peso será más acelerado en esta época; comenzará a sentir el esfuerzo en los pies y deberá tomar conciencia de su postura (véase página 120). Use calzado cómodo y descanse con los pies en alto siempre que le sea posible. El corazón y los pulmones trabajan el doble. El aumento en el volumen de líquidos corporales le hará sentir calor y sudar más. Mantendrá las mejillas sonrosadas a causa de una mayor circulación de sangre. Continúe con los ejercicios prenatales y con las técnicas de relajación y respiración.

AUMENTO DE PESO

Es preciso subir de peso durante el embarazo y han quedado atrás los días en que había una obsesión por controlar el peso y se regañaba a las madres cuando aumentaban demasiado. La época durante la cual aumenta más rápidamente el peso es entre las 24 y las 32 semanas. Sin embargo, si cree que ya está demasiado pesada, es el momento de cuidarse o hacer más ejercicio, como caminar y nadar, para quemar el exceso de calorías. No es conveniente hacer dieta sino consumir una variedad balanceada de alimentos nutritivos y frescos.

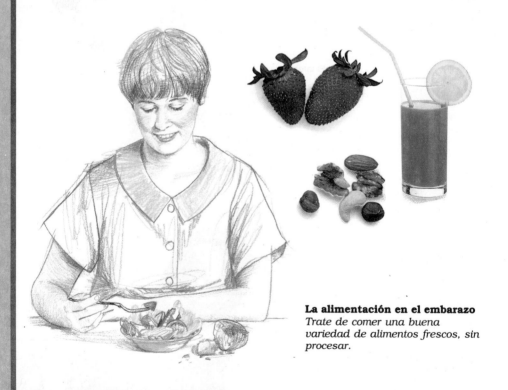

La alimentación en el embarazo
Trate de comer una buena variedad de alimentos frescos, sin procesar.

USTED

• Se nota su estado y debe utilizar ropas sueltas.
• Se sentirá acalorada y sudorosa por el aumento del volumen de sangre.

SU BEBÉ

• El bebé puede chuparse el dedo y tener hipo.
• Aparecen arrugas en las palmas de las manos y en las puntas de los dedos.
• El horario de sueño del bebé es caprichoso pero parece estar más activo cuando usted trata de dormir.

Longitud 33 cm.
Peso 570 g.

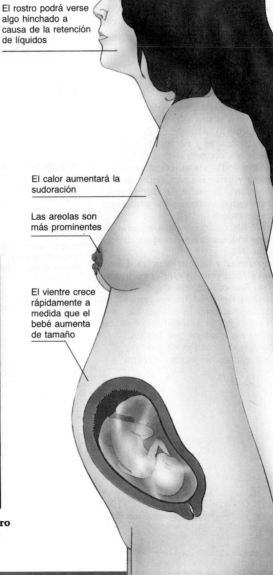

El rostro podrá verse algo hinchado a causa de la retención de líquidos

El calor aumentará la sudoración

Las areolas son más prominentes

El vientre crece rápidamente a medida que el bebé aumenta de tamaño

Una mirada dentro del útero
El bebé se ve y se comporta tal como lo hará al nacer.

28 semanas

Ya debe tener el certificado de licencia de su médico o de su partera, el cual le permitirá solicitar el pago por maternidad o una remuneración semanal por ese concepto. A medida que el bebé crece se distiende y adelgaza la piel del abdomen y, si tiene estrías, serán muy notorias. Desde ahora hasta las 36 semanas, las consultas prenatales serán cada dos semanas. En caso de que su bebé llegara a nacer ahora, podría sobrevivir con cuidados especiales.

Debe escribir a su empleador comunicándole cuándo desea suspender el trabajo (notifique con tres semanas de anticipación); cuándo deberá nacer el bebé y cuándo piensa regresar a sus labores.

MOLESTIAS DEL EMBARAZO

Algunas de las molestias leves del embarazo pasarán a ser algo normal en su vida (capítulo 12). Aborde cualquier problema con sensatez y no olvide que todo desaparecerá cuando llegue el bebé. Si le molesta la indigestión, coma poco y con frecuencia y evite los alimentos que le causen problemas. Si sufre de calambres, consuma productos lácteos para aumentar la ingestión de calcio.

A partir de ahora comenzará a notar las contracciones indoloras de Braxton Hicks (véase página 97).

Debe descansar y dormir mucho. Esto no siempre es fácil puesto que el volumen de su cuerpo, los problemas digestivos y los movimientos del bebé hacen imposible un sueño tranquilo toda la noche. La comodidad en la cama le ayudará; coloque las almohadas de manera que le den apoyo al cuerpo durante el sueño nocturno o mientras descansa durante el día.

ROPA

Su guardarropa
Durante el embarazo podrá usar buena parte de su ropa normal.

Prefiera las telas de fibra natural para reducir la sudoración

Las pretinas de amarrar son las más cómodas

Durante los últimos meses tendrá que comprar o pedir prestados a su compañero camisas sueltas y pantalones deportivos o elásticos para complementar su vestuario. Busque ropa de maternidad para las ocasiones especiales. Los vestidos de maternidad generalmente son más largos adelante para acomodar el vientre. Sea sensata con el calzado y use zapatos cómodos de poco tacón.

Posiciones cómodas
Esta es una buena posición para descansar durante todo el día.

USTED

• Es probable que note estrías en la piel del estómago o de los muslos.
• Puede sufrir de agrieras o indigestión.

SU BEBÉ

• Comienza a acumular grasa.
• La piel se recubre de vérnix — una sustancia grasosa que impide que la piel se ablande dentro del líquido amniótico.

Longitud 37 cm.
Peso 900 g.

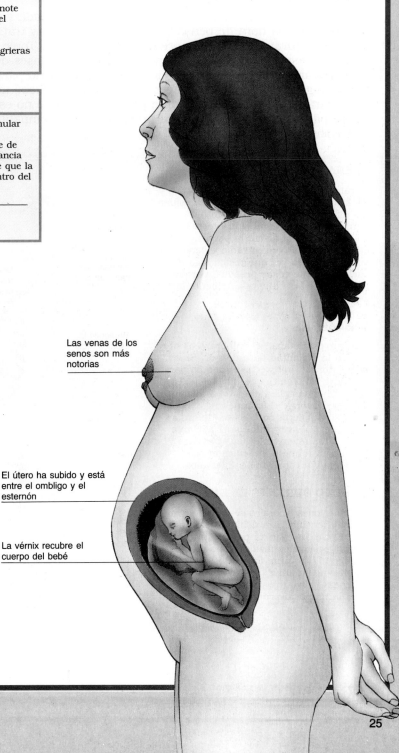

Las venas de los senos son más notorias

El útero ha subido y está entre el ombligo y el esternón

La vérnix recubre el cuerpo del bebé

32 semanas

Si hace esfuerzos demasiado grandes se sentirá agotada y sin aliento. Seguramente es hora de pensar en dejar de trabajar y tratar de descansar durante el día siempre que le sea posible. Tome las cosas con calma, en especial si no está durmiendo bien. Las clases de crianza comenzarán pronto y podrá preparar todo lo necesario para el nacimiento (véase página 168) e incluso hacer compras para el bebé también.

Le harán otro análisis de sangre para verificar que no esté anémica (véase página 156) y que no haya problemas de incompatibilidad por factor rhesus (véase página 162).

BUENA POSTURA

Durante el embarazo las articulaciones y los ligamentos se ven sometidos a esfuerzos diferentes. Con el aumento del tamaño del útero cambia el centro de gravedad, lo cual afecta la postura. de allí que usted deba concentrarse y pensar en su cuerpo cada vez que recoja algo del suelo o levante cosas pesadas, porque podría lesionarse innecesariamente la espalda.

CANSANCIO

Durante esta etapa del embarazo es muy común la dificultad para dormir. Si no puede dormir, aproveche el tiempo para practicar las técnicas de relajación. La bolsa de agua caliente ayuda a aliviar los dolores del tórax y de la pelvis.

Si se despierta con deseos de orinar, balancéese suavemente hacia adelante y hacia atrás mientras evacúa la vejiga. Esto le ayudará a que la evacuación sea completa y a espaciar los intervalos.

EL SEXO DURANTE EL EMBARAZO

Las relaciones sexuales se dificultan hacia el final del embarazo debido al volumen del vientre; usted y su pareja quizás deban buscar posiciones más cómodas (véase la página 107) u otras formas físicas de manifestar su amor. Los masajes no solamente alivian los dolores sino que son una forma positiva de mostrar afecto.

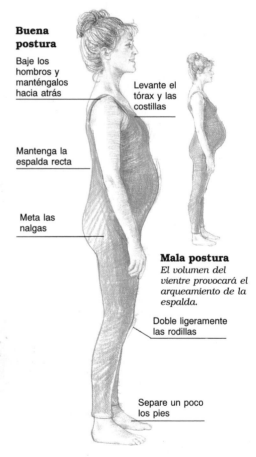

Buena postura

Baje los hombros y manténgalos hacia atrás

Levante el tórax y las costillas

Mantenga la espalda recta

Meta las nalgas

Mala postura
El volumen del vientre provocará el arqueamiento de la espalda.

Doble ligeramente las rodillas

Separe un poco los pies

USTED

• Podrá sentir dolor en la parte inferior de la caja torácica ahora que el bebé y el útero empujan hacia arriba contra el diafragma.
• El ombligo se aplanará y podrá ver una línea negra vertical sobre su abdomen.
• Quizás tenga que orinar con mucha frecuencia puesto que el útero comprime los órganos internos.

SU BEBÉ

• En la mayoría de los casos el bebé estará con la cabeza hacia abajo (en posición cefálica).
• En caso de nacer en este momento, el bebé tiene un 50% de probabilidades de sobrevivir, pues ya se han desarrollado sus pulmones.
• La placenta ha alcanzado la madurez.

Longitud 40.5 cm.
Peso 1.6 kg.

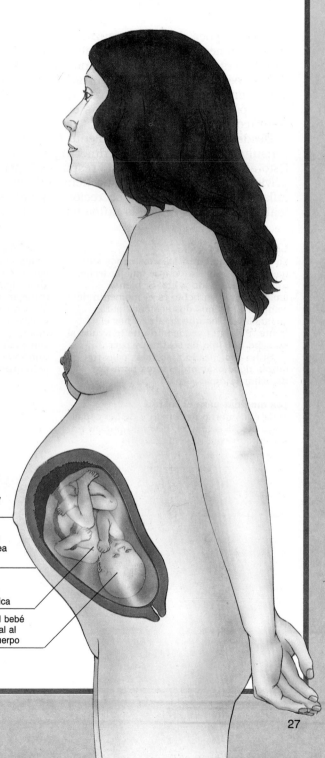

El ombligo se aplana y sobresale un tanto

Podrá ver con claridad la línea negra

El bebé se encuentra en posición cefálica

La cabeza del bebé es proporcional al tamaño del cuerpo

36 semanas

Para esta época deberá comenzar a programar sus actividades cuidadosamente; no pretenda hacer demasiadas cosas y trate de entretenerse en pasatiempos tranquilos. Deje que los demás se ocupen de las cosas urgentes. Las contracciones de Braxton Hicks, fuertes de ahora en adelante, le harán creer que ha comenzado el trabajo de parto (véase página 173). Practique las técnicas de respiración con esas contracciones.

Desde ahora hasta el nacimiento deberá asistir semanalmente a la consulta prenatal. Si es su primer hijo, la cabeza encajará en la pelvis. Esto aliviará los problemas de respiración pero podrá ocasionarle dolor pélvico. No permanezca mucho tiempo de pie; es posible que se le inflamen los tobillos. Si la secreción vaginal es muy abundante, use toallas sanitarias delgadas autoadhesivas (nunca tampones).

LACTANCIA

Ya no se agrandarán más los senos sino hasta poco después de que baje la leche, una vez haya dado a luz. Si piensa amamantar a su bebé, es el momento de comprar al menos dos sostenes para lactancia, de los que se abren por el frente. Pida a la vendedora que le ayude si no sabe qué tipo de sostén escoger.

Si ha comenzado a secretar calostro, quizás debe usar protectores para no manchar la ropa.

Las medidas para el sostén

Mida el contorno del busto y de las copas hacia las 36 semanas, llevando puesto un sostén corriente de embarazo.

PREPARACIÓN PARA EL NACIMIENTO

El instinto maternal se hace más fuerte hacia el último trimestre. Probablemente ahora tendrá más tiempo, si dejó de trabajar, para comprarle ropa al bebé y preparar el cuarto con una cuna, pañales y otras cosas que necesite. Este instinto maternal puede llevarla a una gran actividad, pero trate de ser moderada. Conserve sus fuerzas. Prepare la ropa y todo que le haga falta para el parto.

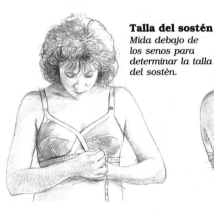

Talla del sostén
Mida debajo de los senos para determinar la talla del sostén.

Talla de las copas
Mida alrededor del busto para determinar el tamaño de las copas.

USTED

• Las molestias digestivas y la dificultad para respirar deben aminorar cuando la cabeza del bebé encaje en la pelvis.

SU BEBÉ

• El bebé engorda cada día más.
• El color de los ojos es azuloso y las uñas ya llegan hasta la punta de los dedos.

Longitud 46 cm.
Peso 2.5 kg.

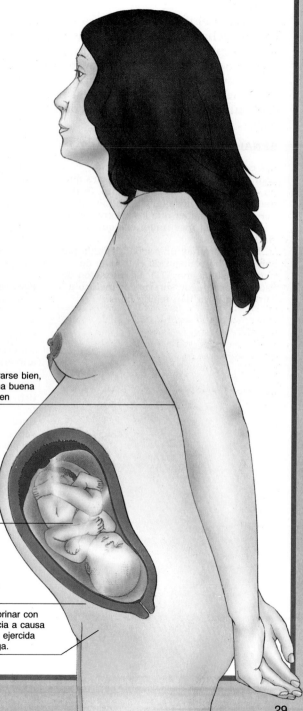

Realice un esfuerzo consciente para pararse bien, pues ahora será más difícil mantener una buena postura a causa del volumen del abdomen

Se acumulan las reservas de grasa del bebé

Podrá acrecentarse el dolor de la pelvis con la presión de la cabeza del bebé

Tendrá que orinar con más frecuencia a causa de la presión ejercida sobre la vejiga.

40 semanas

Está cerca el día señalado para el parto y quizás se preocupe si se pasa de esa fecha. Sin embargo, piense que sólo un 5% de los niños nacen en la fecha prevista. Se sentirá muy pesada y fatigada; cada movimiento representará un esfuerzo y puesto que el bebé estará muy hundido en la pelvis, sentirá dolores en la ingle y aguijonazos en las piernas. Los movimientos del feto disminuyen puesto que el espacio uterino es menor, pero aún sentirá golpes fuertes de las manos y los pies.

SEÑALES DE TRABAJO DE PARTO

Las contracciones de Braxton Hicks podrán ser tan intensas que pensará que ha comenzado el trabajo del parto. Si tiene dudas, llame al hospital o a su partera, pero conviene saber que las contracciones verdaderas son más uniformes que las de Braxton Hicks.

No siempre hay una señal definida para saber que ha comenzado el trabajo de parto (véase página 173). La iniciación de este proceso puede sorprender incluso a mujeres que ya han tenido hijos.

Hay tres señales que le indicarán que el parto está próximo:
• la secreción de un moco gelatinoso y sanguinolento. Es el tapón que ha bloqueado el cuello uterino durante el embarazo.
• la salida de líquido amniótico en forma de chorro o de goteo.
• la regularidad de las contracciones.

Para tomar el tiempo de las contracciones

Cuando son fuertes, las contracciones de Braxton Hicks pueden confundirse con el trabajo de parto. Pero si toma el tiempo de las contracciones durante una hora, anotando el momento en que comienza cada una y su duración, podrá saber si son verdaderas o no. Las contracciones deben ser cada vez más fuertes y frecuentes (véase más adelante) y deben durar entre 30 y 60 segundos. Algunas veces comienzan y se desvanecen. Prepárese para ir al hospital cuando las sienta cada cinco minutos.

contracción

intervalos en minutos entre cada contracción

USTED

- Sentirá pesada la parte inferior del abdomen.
- Todo movimiento representará un gran esfuerzo.
- Se sentirá fatigada.
- Comenzará a ablandarse el cuello uterino.

SU BEBÉ

- El bebé ha alcanzado su pleno desarrollo.
- Si se trata de un niño, ya habrán descendido los testículos.
- Si es su primer hijo, la cabeza habrá encajado en la pelvis.

Longitud 51 cm.
Peso 3,4 kg.

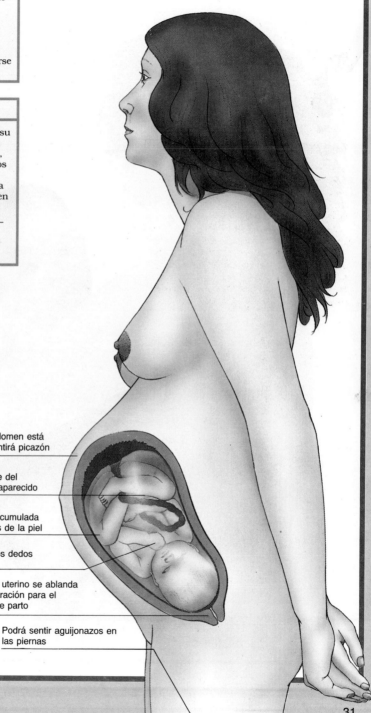

La piel del abdomen está templada y sentirá picazón

La mayor parte del lanugo ha desaparecido

Habrá vérnix acumulada en los pliegues de la piel

Las uñas de los dedos son afiladas

El cuello uterino se ablanda en preparación para el trabajo de parto

Podrá sentir aguijonazos en las piernas

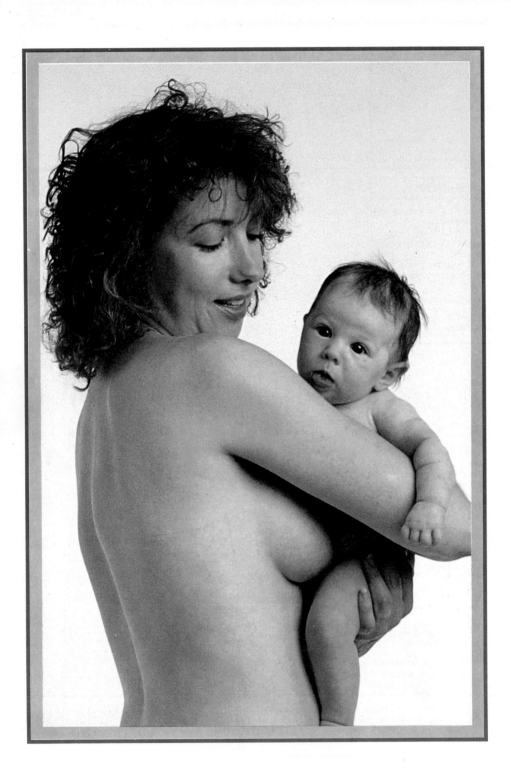

Comienza la labor de madre

Inmediatamente después del parto podrá sentirse cansada o, por el contrario, feliz y llena de energía. Todas las mujeres reaccionan de manera diferente. Claro está que se sentirá menos pesada y torpe. Si está en el hospital, tendrá que soportar la rutina del pabellón, pero una vez en casa podrá disfrutar de la paz y la seguridad de su entorno y comenzar a conocer a su bebé. Durante las próximas semanas, la vida girará alrededor del bebé pero, con el tiempo, los dos, junto con la familia y los demás niños, se acomodarán a la rutina de la vida cotidiana (capítulo 17).

EL NUEVO BEBÉ

El bebé podrá tener mucho cabello o ser prácticamente calvo. Seguramente no tendrá la apariencia que usted esperaba, pero a medida que pasen los días desaparecerán las señales de maltrato dejadas por el parto.

La primera deposición después del nacimiento es el meconio, una sustancia oscura y pegajosa. Después se irán normalizando las deposiciones con la alimentación.

Tan pronto como nazca, el bebé será examinado y evaluado de acuerdo con la escala de Apgar (véase página 218), que es una indicación de su bienestar general. Más adelante la partera lo medirá y pesará periódicamente y el médico le practicará un examen general para determinar si hay alguna anormalidad. Hacia el sexto día le tomarán una muestra de sangre del talón para establecer los niveles de fenicetonuria, una causa poco común de problemas mentales.

Su bebé

Al fin tiene consigo un bebé perfecto, con todos sus deditos completos y una expresión de asombro permanente.

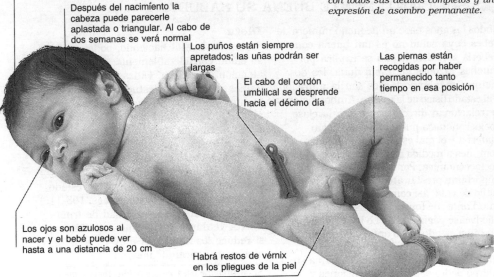

La fontanela es un espacio blando donde no se han juntado todavía los huesos del cráneo

Después del nacimiento la cabeza puede parecerle aplastada o triangular. Al cabo de dos semanas se verá normal

Los puños están siempre apretados; las uñas podrán ser largas

El cabo del cordón umbilical se desprende hacia el décimo día

Las piernas están recogidas por haber permanecido tanto tiempo en esa posición

Los ojos son azulosos al nacer y el bebé puede ver hasta a una distancia de 20 cm

Habrá restos de vérnix en los pliegues de la piel

1 La decisión de tener un hijo

Nuestro profesor de obstetricia en la facultad de medicina solía decirnos que no existe el momento perfecto para tener un hijo porque siempre surge algo en la vida profesional o doméstica de la pareja. Como corolario, es posible afirmar que tampoco existe el momento equivocado para tener un hijo. Sin embargo, es de vital importancia en la decisión de tener un hijo el hecho de que sea deseado y, en el caso de muchas parejas, resultaría ideal que fuese planificado. Incluso la planificación tampoco es tan perfecta como desearíamos y, en mi opinión, es mejor así. Puede suceder que no le sea fácil a una mujer concebir una vez que ha tomado la decisión de hacerlo. Los niños no se encargan por pedido.

Después de mucho reflexionar sobre si debía interrumpir mi carrera, decidí tener mi primer hijo a los 35 años. Suspendí las píldoras anticonceptivas y, al mes siguiente, ya estaba embarazada. Sin embargo, cuando quise tener mi segundo hijo, pasaron 12 meses sin que hubiese concepción; ese intervalo resultó angustioso. Por lo tanto, debemos estar preparadas para aceptar que la mejor planificación puede fallar.

¿ES SUFICIENTEMENTE BUENA SU SALUD?

Todos los años nace un pequeño número de bebés cuya salud no es tan buena como debería ser. Este hecho se explica por muchas razones pero, sin duda, los dos factores más importantes son la nutrición y el estado físico de la madre. Ambos factores se relacionan directamente con la clase socioeconómica pues, la desnutrición materna y el mal estado físico son más comunes a medida que desciende la escala socioeconómica. Por consiguiente, es importante prestar atención a la dieta y al estilo de vida, así como al estado general de salud *antes* de tomar la decisión de tener un hijo (véase página 113). Lo ideal sería lograr un buen estado físico antes de concebir y mantener tal estado durante todo el embarazo y la lactancia. De esa forma su cuerpo podrá soportar las tensiones y esfuerzos que la tarea requiere.

Dieta

Si aún no lo está haciendo, podrá mejorar su salud considerablemente si presta atención a su dieta. Quizás crea que se alimenta bien, pero estudie esto detenidamente. ¿Omite el desayuno y toma un almuerzo ligero para reservar su apetito para la cena? Si tiene niños, ¿guarda la fruta fresca para ellos? ¿Siente tanta hambre durante el día que recurre a galletas y alimentos de muchas calorías para mitigarla? Podrá mejorar su estado casi inmediatamente (véanse págs. 108-113) si ingiere una mayor cantidad de fruta fresca, verduras y alimentos con fibra, y si reduce los alimentos muy elaborados y que contienen almidones.

Si se prepara para la gestación, tendrá menos motivos de preocupación en lo que concierne a su salud y a la de su bebé.

Ejercicio

Si lleva una vida sedentaria, debe realizar algún ejercicio. Puede practicar algún deporte como el tenis, la natación o el trote, o un programa de ejercicios valiéndose de una máquina para remar o una bicicleta fija. Trate de practicarlo todos los días al menos durante 20 minutos, hasta transpirar y perder un poco el aliento. Si este plan la desanima, comience con una caminata rápida, que es mejor que nada.

Drogas

Debe tener especial cuidado de reducir la cantidad de drogas "sociales" antes de concebir. La más importante de todas, desde luego, es el tabaco (véase página 117). Los riesgos del tabaco están plenamente probados, e incluso los riesgos para quienes no fuman. Esto incluye a las personas que viven con usted. Una mujer que vive con personas que fuman absorbe gran parte de la nicotina y el alquitrán del humo que están en el aire. Si puede, debe dejar de fumar antes de concebir. Quizás necesite tiempo para abandonar el hábito, de tal manera que cuando *decida* tener un hijo, sabrá que le ha llegado el momento de hacerlo. El cigarrillo está asociado con la infertilidad en la mujer, aunque los efectos sobre la fertilidad del hombre pueden ser aun peores. Los espermatozoides corren mayor riesgo que los óvulos; se cree que el tabaco puede causar daños a los cromosomas de las células de los fumadores.

La marihuana si bien en algunas sociedades es una droga aceptada, y durante años se creyó que su efecto sobre la reproducción era mínimo, en realidad — las pruebas más recientes lo han demostrado — puede interferir la producción normal de espermatozoides masculinos que, al unirse con el óvulo, pueden dar lugar a un bebé anormal. Por lo tanto, los dos padres tienen el compromiso con su hijo de abstenerse de fumarla antes de la decisión de concebir.

El alcohol es otra droga social que puede afectar su embarazo (véase página 118). Cada día se asocia más con ciertos defectos de nacimiento y, en los casos severos, con un síndrome que produce anomalías físicas y mentales.

Edad de los padres

La edad será siempre un factor que debe tenerse en cuenta cuando se piensa tener un hijo, pero no por el aspecto negativo como podría creerse. Cada día es mayor el número de mujeres que esperan a tener más de 30 años para quedar embarazadas, pero muchas piensan que quizás lo han esperado demasiado tiempo. Esto se debe a que han oído que cuanto más tiempo esperen, mayor será el riesgo de tener un embarazo difícil o incluso un hijo posiblemente anormal. El riesgo de tener un hijo mongólico, por ejemplo, aumenta con la edad de la madre (véase página 81). Sin embargo, algunos casos de estudio seriamente documentados han demostrado que no representa un peligro para la mujer aplazar el embarazo hasta los 30, y que no todas las futuras mamás de más edad tienen por qué ser casos de alto riesgo.

No cabe duda de que los peligros aumentan con la edad, pero toda decisión de tener un hijo es única y la edad de los padres es solo un factor, y muy pequeño, en el balance de los riesgos y beneficios. La edad del padre se asocia más con la infertilidad que con otro tipo de inconvenientes. Muchos otros casos afectan la proporción del factor de riesgo en cada mujer. En algunos casos tiene que ver con la condición socioeconómica de la embarazada. Claro está que en los estudios estadísticos se agrupan todas las madres de más de 30 años, por ejemplo, independientemente de si son ricas o pobres o si están sanas o enfermas. Para este grupo, las complicaciones del embarazo y el parto no están relacionadas con la edad sino con otros problemas como la desnutrición y, en muchos casos, una mujer en particular quizás requiera atención especial únicamente si está desnutrida, sea cual sea su edad.

Numerosos expertos han tratado de buscar la "mejor" edad para tener un hijo, ya sea 18-20, 20-25, o 25-30. Sin embargo, en la mayoría de los casos las mujeres no tienen alternativa. Si la mujer es joven, puede estar demasiado comprometida con su carrera para tener hijos, o quizás no haya conocido aún a la persona adecuada para ser el padre de sus hijos. Otras sencillamente no están preparadas para organizarse hasta después de los 30. Aunque la fertilidad disminuye con la edad (véase página 44), un factor importante que debe tenerse en cuenta es que las estadísticas demuestran que son altas las probabilidades de tener una preñez satisfactoria prácticamente a cualquier edad. Se han realizado muchos estudios sobre embarazos normales en mujeres de más de 50 años, y en todos se llegó a la conclusión de que la salud general de la madre es más importante que la edad, como factor único para predecir el resultado del embarazo.

RUBEOLA

Si el feto es expuesto al virus de la rubéola, especialmente durante los tres primeros meses, cuando se están formando y desarrollando los órganos vitales, pueden presentárse malformaciones o defectos como sordera, ceguera o enfermedades cardíacas.

Qué hacer

Si no tuvo rubéola cuando niña o si no fue vacunada contra ella en la pubertad, consulte a su médico y solicite un examen de sangre para determinar si es inmune o no. Si no lo es, debe vacunarse contra la rubéola. Luego deberá esperar por lo menos tres meses antes de tratar de concebir. Si ya está embarazada, el examen de sangre realizado durante la primera cita determinará si es inmune o no. Si no lo es, y entra en contacto con la enfermedad, informe a su médico o a la clínica inmediatamente. Mediante exámenes de sangre efectuados quincenalmente se establecerá si ha sido contagiada. De ser así, deberá tomar las máximas precauciones y seguir al pie de la letra las indicaciones de su médico.

Recuerde entonces que, si su salud es buena, no debe abandonar la idea de concebir contando con su edad.

Condiciones médicas preexistentes

En algunos casos, la condición médica general de la mujer puede dificultar el embarazo y el parto. Sin embargo, con un buen cuidado prenatal, monitoría y quizás hospitalización durante el último trimestre, estas madres pueden llegar a tener un parto normal. Entre estas condiciones se cuentan la diabetes, la cardiopatía y la incompatibilidad Rh (véanse páginas 156-163). Las mujeres que han sido sometidas a tratamiento médico prolongado contra la epilepsia, por ejemplo, deben hablar con el médico acerca de su tratamiento, antes de concebir.

EFECTOS SOBRE EL ESTILO DE VIDA

Un estudio reciente realizado en Norteamérica demostró que, en los últimos diez años, se ha reducido el número de mujeres que consideran la maternidad como el aspecto más agradable de ser mujer. Por el contrario, el número de quienes encuentran más satisfacción en el trabajo ha aumentado. A medida que la mujer ha analizado cada vez más su posición en la sociedad, durante esta última década, y ha decidido ser más independiente que antes, con la ayuda de métodos anticonceptivos confiables, son menos las que ven la función de esposa y madre como la opción primordial y determinante en la vida. La inversión de mayor tiempo en una carrera también significa que un mayor número de matrimonios están optando por tener familia a edad más avanzada. Estos dos hechos han llevado a que muchas señoras ya no tengan hijos o se conviertan en madres por costumbre o por accidente. En la mayor parte de los casos, la decisión de ser madre y tener hijos es producto de una sensata reflexión. De todas maneras, la mayoría de nosotros condenaríamos una idealización incuestionable de la maternidad, según la cual la sociedad la consideraría esencial para la realización plena.

Algunas mujeres, que llegan a cierta edad y temen que esté disminuyendo su fertilidad, pero no han encontrado una pareja con quien deseen organizar una familia, consideran la posibilidad de hacer de padre y madre a la vez. Si deciden tomar esta decisión y conciben un bebé, generalmente son admirables por su entereza y están suficientemente preparadas para enfrentar los problemas. Para ellas la maternidad es una condición voluntariamente elegida y no impuesta por el azar.

Preocupación por la responsabilidad

Cuando nos detenemos a analizar los cambios en el estilo de vida, el posible trastorno de una relación feliz, las concesiones y adaptaciones que impone la llegada del bebé, resulta más fácil comprender la decisión de no tener hijos. Al pensar en la responsabilidad de ser padres, muchas personas sienten temor, y su ansiedad es lógica. Es natural preocuparse por la crianza del niño, así como por su felicidad, si las cosas no salen bien. Vendrán las presiones económicas, el problema de reanudar la carrera y la posible frustración debido a la pérdida de libertad. En muchas parejas existen dos ingresos, y el embarazo puede significar que durante algún tiempo tendrán que arreglárselas solamente con uno. No todo el mundo disfruta el hecho de dejar de ser una persona libre y es muy normal que usted cuestione su capacidad para sentirse siempre tierna y amorosa hacia su bebé. En la vida cotidiana vivimos acosados por muchos sentimientos negativos como resentimiento, amargura, irritación, mal humor, misantropía, y no existe ninguna razón para pensar que la presencia del bebé acabará con estos sentimientos.

Quizás cuando tenemos un hijo es cuando nos percatamos de todo lo que se espera de nosotros. Durante los primeros años, el bebé acepta todo de manera más o menos inconsciente. Pero una lección que he aprendido es que cuanto más demos, más recibiremos en el futuro a medida que nuestro hijo crece.

El papel del padre

El papel del padre moderno también ha cambiado. Es cada día más frecuente ver a padres que se toman la paternidad muy seriamente y no están dispuestos a ser unos extraños para sus hijos. Durante muchos años los hombres permanecieron alejados del embarazo y del cuidado diario de los hijos debido a la idea de que se trataba de cosas de mujeres en las que no tenían cabida. Las madres liberadas han impulsado a sus cónyuges liberados. Estos padres ahora sienten libertad para satisfacer todos sus instintos paternales y desean participar con su pareja en el embarazo y el parto y disfrutar de todas las tareas del desarrollo de sus hijos. El padre moderno es más activo. Incluso durante sus primeros años, su hijo lo recompensará con momentos irreemplazables de placer, posiblemente de orgullo y, con el correr de los años, le brindará horas de compañía, amor, consuelo y felicidad.

La mayoría de los padres que se muestran profundamente interesados durante el embarazo, conservan ese mismo interés después del nacimiento del bebé. Los estudios han demostrado que el hombre se siente más unido a su hijo cuanto mayor sea la frecuencia con que lo haya tenido en sus brazos durante las primeras seis semanas de vida y cuanto más receptivo haya sido al llanto del bebé. Su actitud también se ve afectada por la alegría que sienta la madre por su embarazo y maternidad. Cuanto más feliz se sienta un padre por el embarazo de su pareja y cuanto mayor sea su deseo de disfrutar la paternidad, mejor sabrá aprovechar las primeras semanas de vida del bebé.

Compartir responsabilidades

La mayoría de las parejas se muestran de acuerdo que tanto el padre como la madre deben ser iguales y en que se deben compartir equitativamente las responsabilidades de cuidar y educar a los hijos. Cuando decidan tener un hijo, usted y su pareja deberán considerar esta decisión como un contrato: un contrato que les imponga a los dos igual responsabilidad en la crianza de ese hijo que han concebido. Deben tratar de dialogar y acordar las funciones que cada uno deberá desempeñar. La mujer ya no quiere ser la única niñera y quedar recluida en un hogar de horizontes e intereses limitados, mientras que el padre sale temprano para regresar solo cuando el bebé está dormido. Día a día es menor el número de mujeres que prefieren ceñirse a tal tipo de arreglo. Estos son algunos de los puntos que deben quedar claros antes de que nazca el bebé, si desean proporcionarle un ambiente feliz y estable para su educación.

SUSPENSION DE LOS ANTICONCEPTIVOS

Si está tomando la píldora anticonceptiva, es necesario tener tres menstruaciones normales antes de concebir, a fin de que sus funciones metabólicas se normalicen después de suspenderla. Durante esos meses debe adoptar algún otro tipo de precaución.

Mucho se ha escrito sobre el retorno a la fecundidad de la mujer que ha tomado la píldora durante períodos prolongados. Cuando se popularizó este sistema inicialmente, se pensó que la fertilidad aumentaría al abandonarlo, debido a que el organismo se compensaba por el largo tiempo de supresión de la fertilidad. Ahora sabemos que esto no es necesariamente así. Luego se temió que tras tomar la píldora se produjese infertilidad, pero algunos estudios importantes han demostrado que la mayoría de las mujeres conciben durante el primer año después de abandonar el tratamiento, y casi todas en el curso de los dos primeros años.

Si sospecha haber engendrado mientras tomaba la píldora, debe consultar inmediatamente a su médico. Existe un riesgo leve para el embrión durante las fases tempranas de su desarrollo, a causa de las hormonas que contiene el anticonceptivo.

No hay necesidad de postergar la concepción después de retirar un dispositivo intrauterino. Sin embargo, si se produce el embarazo mientras el D.I.U. está dentro del útero, es aconsejable retirarlo tan pronto se confirme el embarazo para llevarlo a término. Si se deja en su lugar podría producir aborto espontáneo y parto prematuro. Aunque muchos médicos hablen de nacimientos de bebés perfectamente normales cuando el dispositivo intrauterino ha permanecido en el útero durante todo el embarazo, no es recomendable dejarlo.

LA CONCEPCION

Si usted conoce los ciclos normales de su cuerpo tendrá suficiente información para concebir o evitar la concepción. Los tres ritmos corporales que puede observar son los ciclos menstruales mensuales, la temperatura diaria del cuerpo y la aparición y consistencia del flujo cervical.

Los ritmos corporales

En la mayoría de las mujeres varía la duración de los ciclos menstruales. Después de anotarlos durante cuatro meses, por ejemplo, si descubre que el más corto fue de 26 días y el más largo de 32, en la tabla verá que sus días fértiles van del día 9 al 21 del ciclo, pues la ovulación suele ocurrir 14 días antes de la menstruación.

La temperatura del cuerpo femenino desciende y luego sube exactamente antes de la ovulación. Tome su temperatura todas las mañanas antes de salir de la cama y anótela en una gráfica diaria durante varios meses. El resultado será un patrón constante y podrá anticipar el día aproximado de su ovulación después de iniciada la menstruación. Usted será fértil desde un día antes del descenso de temperatura hasta un día después de haber permanecido elevada.

La secreción vaginal atraviesa un ciclo de cambios a medida que el mes avanza. Después de la menstruación está casi ausente, pero es opaca, pegajosa y espesa. A medida que se aproximan los días fértiles, el flujo se torna abundante, transparente y elástico. Este cambio le indicará que ha entrado en el corto período durante el cual puede concebir. La fertilidad disminuye cuando el flujo se torna nuevamente opaco, pegajoso y espeso.

Frecuencia del coito

No es cierto que el coito frecuente favorezca la concepción. Ocurre lo contrario. Mientras más frecuente sea la eyaculación masculina, menor será el número de espermatozoides presentes en ella. El número puede reducirse por debajo del mínimo requerido para concebir. Si está tratando de tener un hijo, es conveniente que su pareja evite las relaciones sexuales durante unos días antes de su período fértil para que el número de espermatozoides aumente, y no tener relaciones sexuales más de una vez durante los días fértiles.

Registro del ciclo menstrual

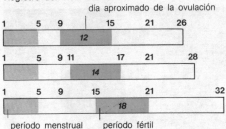

día aproximado de la ovulación

período menstrual   período fértil

Gráfica de temperatura diaria

Un aumento de la temperatura muestra que se ha producido la ovulación

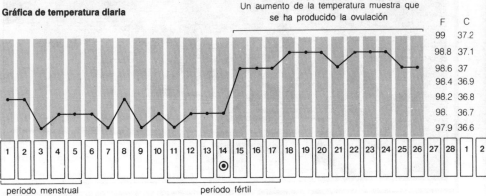

período menstrual   período fértil

39

INFLUENCIA DE LOS CROMOSOMAS Y LOS GENES

Cada una de las células del cuerpo contiene 46 cromosomas en 23 pares. La mitad de cada par proviene del espermatozoide del padre y la otra mitad del óvulo de la madre. Cada cromosoma consta de una cadena de cerca de dos mil genes unidos entre sí. Los genes portan las características físicas e intelectuales que recibimos directamente de nuestros progenitores. Así, por ejemplo, características como el color de los ojos o la textura del cabello, tienen un gene de la madre y otro del padre. Para cada característica existe una forma dominante y otra recesiva. Por ejemplo, el gene que produce el cabello oscuro siempre domina sobre el gene que produce el cabello rubio, y los ojos oscuros siempre dominarán sobre el gene de los ojos claros. Aunque uno de los dos queda cubierto, ambos genes están presentes. Por ello, dos progenitores de cabello oscuro pueden tener un hijo rubio, en quien el color del cabello está representado por los genes rubios ocultos tanto del padre como de la madre. Uno de esos 23 pares de cromosomas es el que determina el sexo de una persona. Los espermatozoides son de dos tipos — X o femeninos y Y o masculinos. Los óvulos son únicamente de tipo X o femenino, de tal manera que el hombre tiene un cromosoma sexual XY y la mujer tiene uno de tipo XX. Desde el punto de vista biológico, el hombre es responsable del sexo del bebé. Si el espermatozoide Y fecunda el óvulo, el bebé será varón (XY), pero si es un espermatozoide X el que se une con el óvulo, el bebé será una niña (XX). Los científicos han descubierto que el espermatozoide Y tiene la cola más larga, se produce en mayor número y se mueve con más rapidez que el espermatozoide femenino X, que tiene más poder de permanencia y, por lo tanto, sobrevive más tiempo. Si desea tener un varón trate de tener relaciones sexuales el mismo día de la ovulación y si desea una niña, unos días antes de la ovulación.

El gene oculto que determina el cabello rubio puede estar presente en padres de cabello oscuro, con resultados sorprendentes.

Asesoramiento genético

Muy acertadamente se hace énfasis en la salud de la madre puesto que es fundamental proporcionar al bebé un medio sano para su desarrollo. Pero también es muy importante la salud del padre. Solamente los hombres sanos producen espermatozoides sanos, abundantes y normales que representan la mejor probabilidad de una unión sana entre el huevo y el espermatozoide. Si hay defectos notorios en el espermatozoide del padre o en el óvulo de la madre, quizás no puedan unirse para formar un embrión. Si los defectos son leves es posible que se desarrolle un bebé no totalmente normal. En los Estados Unidos cada año nacen 150.000 niños con malformaciones congénitas. La mayoría no se pueden prever y ocurren sencillamente por selección aleatoria. Sin embargo, si alguno de los progenitores tiene antecedentes de alguna enfermedad que se haya presentado en distintos miembros y generaciones de su familia, es necesario buscar asesoramiento genético. Entre tales enfermedades están la hemofilia y el síndrome de Down. Ciertamente no queda descartado el tener un hijo, pero el análisis de un especialista puede apoyarlos en su decisión de concebir. Los recuentos de cromosomas quizás les sirvan para hacerse una idea sobre los riesgos de tener un niño anormal. Se trata de un procedimiento sencillo e indoloro, que consiste en un raspado suave de células de la boca que son examinadas bajo el microscopio.

Todos corremos un riesgo, aunque minúsculo, cuando decidimos engendrar un hijo. Conocer cuáles son sus riesgos en comparación con los demás, es una información indispensable. Si se trata de un riesgo pequeño, seguramente decidirán intentarlo, pero si es muy grande, tal vez resuelvan que es mejor tratar de adoptar un niño.

EL SIDA

La posibilidad de que las mujeres contraigan el SIDA es muy real y las más vulnerables son las que tienen compañeros bisexuales. Es necesario que toda mujer sepa cómo protegerse contra el SIDA e insista en tomar las medidas de seguridad.

Más del 75% de las mujeres que contraen el virus VIH lo hacen a través de relaciones heterosexuales y no existe un patrón social determinado. El riesgo varía de persona a persona y de compañero a compañero — algunas mujeres no se contagian tras cientos de contactos con una persona infectada, mientras que otras adquieren el virus al primer contacto. Tal parece que las más afectadas son las mujeres jóvenes. Un estudio realizado en Zaire demostró que la probabilidad de adquirir la enfermedad era cuatro veces mayor para las mujeres entre los 15 y los 30 años en comparación con los hombres de esas mismas edades.

Si una mujer está infectada con el virus del SIDA, su hijo nacerá infectado puesto que el virus atraviesa la placenta y afecta al feto en desarrollo. Son pocos los bebés con SIDA que sobreviven a la primera infancia, de manera que es preciso tener cautela con los hombres que se muestren reservados acerca de su pasado sexual. Hay que desconfiar en extremo de un hombre así y evitarlo del todo si se enoja cuando usted habla del tema.

Si cree que le conviene confirmar si es portadora del virus del SIDA, solicite un examen de sangre. Si el resultado indica que tiene el virus, busque asesoría acerca del riesgo de desarrollar la enfermedad. No piense en tener hijos si la prueba es positiva.

Todas las mujeres deben exigir su derecho a tener relaciones sexuales seguras tanto por ellas mismas como por sus futuros hijos. Todo encuentro sexual debe ir precedido de una conversación muy franca sobre el SIDA o el virus VIH; la protección mínima durante un contacto sexual casual es usar condón y una crema espermicida.

FECUNDACION

Por regla general, la fecundación sucede aproximadamente una semana después de terminada la menstruación o 14 días después del comienzo del último período menstrual. Transcurridos de 7 a 10 días, el huevo fecundado se implanta en la pared del útero. Una semana más tarde está firmemente adherido a través de su placenta primitiva, que une al embrión en desarrollo con su madre (véase página 83). La placenta es el órgano a través del cual pasan el alimento de la madre al hijo, y los desechos del hijo a la madre. Es un órgano absolutamente vital para el embarazo porque produce las hormonas destinadas a mantener la salud del feto, el útero y los órganos genitales de la mujer, y a preparar el cuerpo de la madre para el parto y el nacimiento.

El óvulo es fecundado cuando ha recorrido cerca de una tercera parte de la trompa de Falopio, por un espermatozoide depositado en la vagina tras la eyaculación. Unos cuantos segundos después de que se produzca la eyaculación, los espermatozoides, invisibles a simple vista, se movilizan agitando sus colas en forma de látigo. Este movimiento los puede sacar a máxima velocidad del medio vaginal ácido para llevarlos hasta el cuello uterino, que se ha tornado más líquido durante la ovulación e invita a entrar en la cavidad uterina. En pocos segundos, los espermatozoides cruzan el útero y entran en la trompa de Falopio. Los espermatozoides son atraídos químicamente por el óvulo, comparativamente enorme, y se adhieren como lapas sobre toda

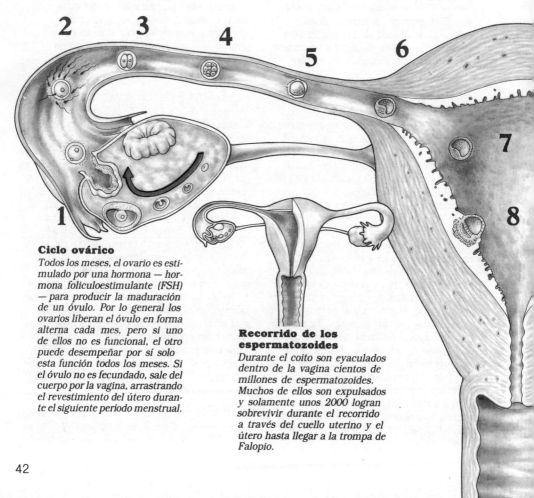

Ciclo ovárico
Todos los meses, el ovario es estimulado por una hormona — hormona foliculoestimulante (FSH) — para producir la maduración de un óvulo. Por lo general los ovarios liberan el óvulo en forma alterna cada mes, pero si uno de ellos no es funcional, el otro puede desempeñar por sí solo esta función todos los meses. Si el óvulo no es fecundado, sale del cuerpo por la vagina, arrastrando el revestimiento del útero durante el siguiente período menstrual.

Recorrido de los espermatozoides
Durante el coito son eyaculados dentro de la vagina cientos de millones de espermatozoides. Muchos de ellos son expulsados y solamente unos 2000 logran sobrevivir durante el recorrido a través del cuello uterino y el útero hasta llegar a la trompa de Falopio.

su superficie. Sin embargo, solamente un espermatozoide perfora la capa exterior del óvulo. Instantáneamente el huevo pierde su atracción, su capa exterior se endurece y los espermatozoides sobrantes se despegan. Todo este proceso desde la eyaculación hasta la fecundación generalmente dura menos de 60 minutos.

El óvulo maduro sobrevive solamente cerca de 12 horas, 24 como máximo, y los espermatozoides conservan su capacidad de fecundación durante 24 horas, con un límite de 36 horas. Por lo tanto, es improbable que haya fecundación a menos que el acto sexual tenga lugar uno o dos días antes o inmediatamente después de la ovulación. Solamente la cabeza del espermatozoide se une con el óvulo para formar una sola célula, ya que el cuerpo y la cola se pierden.

La célula se divide en dos en las primeras 24 horas y al cuarto día es una masa esférica constituida por más de 100 células. Durante los tres primeros días, esta masa celular flota libremente en la cavidad uterina, y se nutre con la "leche" uterina secretada por las glándulas de las paredes del útero. Al cabo de la primera semana de vida ha penetrado profundamente el revestimiento — esto se denomina implantación — etapa durante la cual se baña continuamente en una fuente de sangre de la madre, que facilita el paso de alimentos y desechos hacia y desde el embrión. Hasta la octava semana del embarazo, el bebé en desarrollo se conoce como embrión. Después de este tiempo se denomina feto, que en latín significa "joven".

1 *El óvulo es liberado desde la superficie del ovario hacia el día 14 del ciclo. Se aloja en el extremo en forma de embudo de la trompa de Falopio y es impulsado a lo largo de ella por contracciones musculares.*

2 *La fecundación por parte de un espermatozoide generalmente ocurre después de recorrida una tercera parte del camino aproximadamente.*

3 *La célula fecundada se divide en dos en un lapso de 24 horas.*

4 *Una masa celular esférica se forma después de varias divisiones celulares.*

5 *El huevo continúa dividiéndose a medida que es arrastrado a lo largo de la trompa.*

6 *En la masa de células se forma una cavidad hueca llamada blastocisto.*

7 *El blastocisto llega a la cavidad uterina.*

8 *La implantación comienza hacia el séptimo día, por lo general en la parte superior del útero en cualquiera de los lados, según la ovulación haya ocurrido en el ovario derecho o en el izquierdo. Hacia el décimo día el embrión está firmemente adherido.*

CONCEPCION DE GEMELOS

Si el óvulo liberado por el ovario es fecundado y se divide luego en dos, el resultado son gemelos idénticos que tienen el mismo sexo y comparten la misma placenta. Es más común (70% de los gemelos) que dos óvulos sean fecundados por dos espermatozoides. El resultado son gemelos fraternales con placentas y sacos amnióticos diferentes.

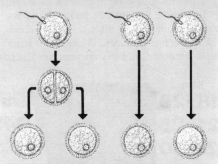

Gemelos idénticos
El óvulo es fecundado y luego se divide en dos células distintas. Esta división puede ocurrir incluso cuando el huevo está ya implantado en el útero.

Gemelos fraternales
En la mayoría de los casos de gemelos, dos óvulos pasan a la trompa de Falopio y son fecundados independientemente por espermatozoides distintos.

INFERTILIDAD

De 10 millones de mujeres en edad reproductiva en Gran Bretaña, cerca de un millón son subfértiles e ineptas para tener hijos.
Esta relación de uno a diez es bastante constante en los países occidentales. Sin embargo, la infertilidad no atañe independientemente a una persona sino a la pareja como unidad. La fertilidad del uno no se puede separar de la fertilidad del otro y de la de la pareja. En ciertas circunstancias, la elevada fertilidad de un miembro de la pareja puede compensar la baja fertilidad del otro. Por otra parte, una fertilidad marginal en los dos puede llevar a la esterilidad de la pareja. Esto explica la paradoja de una pareja sin hijos que se separa y puede tener hijos sin dificultad cuando establecen una nueva unión.

Infertilidad femenina

En la mujer, uno de los factores determinantes de la fertilidad es la edad. La fecundidad comienza a disminuir a partir de los 25 años aproximadamente (véase abajo). Después de los 45 solamente son ovulatorios la mitad de los ciclos de una mujer, de tal manera que tiene solo la mitad de los períodos fértiles que tenía cuando era más joven y, por consiguiente, la posibilidad de embarazo se reduce considerablemente. El descenso de la fertilidad masculina es más gradual. Es igual al de la mujer a los 20 años y disminuye lentamente hasta un 10% alrededor de los 60 años.

En muchas mujeres, el deseo de tener hijos puede ser intenso y abrumador. Muchas

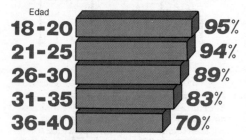

Edad

18-20	**95%**
21-25	**94%**
26-30	**89%**
31-35	**83%**
36-40	**70%**

Disminución de la fertilidad femenina

La disminución de la fertilidad es muy leve hasta los 35, edad en que se hace más difícil la concepción y aumentan los riesgos del embarazo (véase página 64).

veces se enferman a causa del anhelo de concebir. Comprendo este deseo incontrolable. También yo fui infértil — en cierto sentido — entre el nacimiento de mi primer hijo y el segundo. Cada mes buscaba en mi cuerpo los signos de la menstruación y me sentía morir de tristeza cuando llegaba. Estaba tan obsesionada y deprimida como cualquier mujer que no puede tener hijos. Solo después del primer año, tras haberme obligado a tomar las cosas con calma, ocurrió la concepción.

Los obstáculos a la fertilidad pueden ser de origen físico, psicológico y emocional. Para muchos se trata de un tema difícil y bochornoso, pero si como pareja desean una investigación sobre su subfertilidad, será necesario buscar la ayuda de un médico, un consejero matrimonial o un psiquiatra. Esto significa que los dos tendrán que abordar temas delicados abierta y sensatamente.

El estudio de la infertilidad de la mujer puede requerir los siguientes procedimientos:

- registros diarios del ciclo menstrual para determinar si hay ovulación
- examen de las secreciones vaginales para determinar si responden al tratamiento hormonal
- exploración quirúrgica, generalmente laparoscopia, que consiste en pasar un instrumento semejante a un telescopio a través de la pared abdominal para apreciar la condición del aparato genital
- pasar un colorante a través de las trompas de Falopio para detectar si existe bloqueo al hacer el estudio radiológico
- tomar muestras de sangre u orina para determinar los niveles de progesterona.

Se trata de un proceso absorbente, prolongado y frustrante, de forma que debe estar psicológicamente preparada para someterse a él. Es posible estimular con fármacos la ovulación o la producción de un número suficiente de espermatozoides. Tanto el hombre como la mujer pueden usar las mismas sustancias químicas, aunque los resultados son mejores en la mujer. Primero se utiliza una droga bastante simple en dosis que aumentan gradualmente a fin de estimular la ovulación, hasta que ésta ocurra con regularidad. Si este tratamiento inicial fracasa, se puede pensar en una terapia hormonal. Cerca de dos terceras partes de las pacientes que reciben esta forma de terapia quedan embarazadas, generalmente al poco tiempo, transcurridos solo tres o cuatro meses. Con un ajuste cuidadoso de la dosis, cada día son menos frecuentes los embarazos múltiples. Sin embargo, en estos embarazos inducidos pueden ocurrir abortos espontáneos con una frecuencia de uno por cada ocho casos.

Infertilidad masculina

Son dos las causas principales de infertilidad en el hombre. Un bloqueo de los túbulos entre los testículos y el pene, y la producción inadecuada de espermatozoides. Para poder descartar estos dos problemas es necesario acudir al especialista y efectuar exámenes de laboratorio. La producción inadecuada de espermatozoides implica tres tipos de deficiencias: un bajo recuento espermático, poca movilidad de los espermatozoides o grandes cantidades de espermatozoides anormales. Estas características deben estudiarse no solo en el laboratorio sino también en la mujer, después del coito.

Inseminación artificial

Si el esposo es impotente, la inseminación artificial con su propio semen puede producir un embarazo. Esto se conoce como inseminación artificial con semen del cónyuge. Sin embargo, si la causa es escasez de espermatozoides o gran número de espermatozoides anormales, se puede recurrir al semen de un donante. En muchos países se cuestiona la legalidad de este tipo de inseminación. Algunos médicos consideran la inseminación artificial con semen de un donante como antiética y tienen derecho a rehusar cooperar. En los casos en que no hay problemas en la mujer, cuatro de cada cinco mujeres pueden concebir dentro de un lapso de seis meses después de iniciado el tratamiento.

Algunas parejas consideran la inseminación con semen de un donante como una especie de adopción, pero con más semejanzas entre ellos y este hijo que con el niño adoptado. Otro argumento en contra de la inseminación con semen de un donante es la preocupación social por sus efectos sobre el matrimonio y la familia. Los principales motivos de preocupación siguen siendo la ambigüedad legal sobre la legitimidad, la condición del niño y la culpabilidad de la esposa que recurre a este sistema sin el consentimiento de su esposo. De hecho, se trata de un tema sumamente delicado pues da lugar a dos consideraciones éticas: la inseminación artificial (como procedimiento) y la aceptación del semen de un tercero, ajeno a la pareja.

RIESGOS LABORALES

Si usted o su pareja trabajan con ciertas sustancias químicas, plomo o radiación, su fertilidad puede verse afectada. Es sabido que ciertas sustancias industriales pueden causar daño a los espermatozoides y producir malformaciones en los fetos o abortos espontáneos. Si no está segura acerca de los agentes químicos a los que están expuestos y de los efectos que pueden tener sobre la concepción, consulte a su médico, a su representante sindical o al jefe de personal. Si no puede evitar el contacto con ciertas sustancias industriales dudosas, cumpla estrictamente con las normas de seguridad y use trajes protectores, evite aspirar polvo o gases, y rehúya el contacto con la piel. Son numerosas las sustancias utilizadas en la industria y muy pocas aquéllas en que se exige un umbral de seguridad. Sin embargo, este umbral de seguridad a la exposición no tiene en cuenta el efecto de las sustancias sobre la fertilidad. En lugar de correr riesgos, si uno de los dos trabaja con una sustancia peligrosa, sería mejor cambiar de trabajo antes de engendrar un hijo.

Si ya está embarazada, quizás sea contraproducente que continúe desempeñando un trabajo peligroso; su bebé podría correr un riesgo. Solicite que le den un trabajo más seguro durante su embarazo. No obstante, averigüe cuáles son sus derechos, ya que podrían despedirla justificadamente si no existen trabajos "seguros" para mujeres embarazadas en su empresa, o si ya no está capacitada para desempeñar el trabajo adecuadamente.

2 ¿Está embarazada?

Descubrir que se está embarazada es una experiencia que presenta dos aspectos bastante distintos. El primero se relaciona con la confirmación de su estado, que usted puede obtener observando ciertos signos corporales como la presencia de náuseas, la necesidad de evacuar la vejiga con más frecuencia que de costumbre, y la dilatación de las venas en la superficie de los senos. Pero otro aspecto totalmente diferente es la aceptación intelectual y emocional del embarazo. El primero puede ir matizado de emoción y ansiedad y el segundo, para la mayoría, conlleva sentimientos de ambivalencia. No importa cuán grande haya sido el deseo de tener un hijo, casi todas reaccionamos con sentimientos encontrados ante la noticia.

Es normal una mezcla de sentimientos negativos y positivos ante la confirmación y no debemos sentirnos culpables. Sus pensamientos estarán concentrados en usted misma, su pareja y su relación. Muchas parejas se revaloran mutuamente antes de aceptar ese cambio. Finalmente descubrirán que el hecho de convertirse en padres puede ser un gran paso en la vida, que les abre las puertas hacia una tarea emocionante y plena de satisfacciones.

PRIMEROS SINTOMAS DEL EMBARAZO

Tal vez el primer signo del embarazo sea la sensación de que realmente está encinta. Quizás haya habido otras ocasiones en que usted haya creído estar embarazada, pero creo que toda mujer sabe cuándo realmente lo está. Esta sensación no tiene que ver solo con sospechas; existe una conciencia definida del estado y pienso que se relaciona más con la secreción de las primeras hormonas del embarazo que con cualquier otra cosa. Las hormonas afectan su cuerpo en todos los sentidos, incluyendo su mente y su forma de sentir.

Otro de los primeros signos es el cansancio. Aunque algunas mujeres sienten renovada energía, la mayoría, si se las interrogase, confesarían sentir fatiga. Es un tipo de cansancio que no habían experimentado antes. Algunas afirman quedarse dormidas a cualquier hora del día, a veces al poco tiempo de haber salido de la cama, y otras aseguran sentir tal somnolencia a principios

de la tarde que se ven obligadas a suspender su trabajo por unos minutos hasta que desaparezca la fatiga. Otras sienten cansancio pronunciado al llegar la noche. Esta fatiga, cuando ocurre, es a menudo incontrolable y exige el sueño. Este fenómeno se conoce como narcolepsia.

Nunca he encontrado una explicación para este extraño deseo de dormir. Podría ser un efecto de la progesterona que alcanza niveles elevados en la sangre a comienzos del proceso. Esta hormona actúa como sedante en los seres humanos (es un anestésico en los caballos), y ciertamente posee efectos hipnóticos y tranquilizantes poderosos. También es responsable de esa apariencia plácida y beatífica asociada clásicamente con la gestación. En las etapas posteriores se presenta otro tipo de fatiga (véase página 154) debida simplemente al cansancio corporal, pero rara vez ocurre en el primer trimestre del embarazo.

Ausencia de menstruación (amenorrea)

Al cabo de dos semanas de ocurrida la fecundación notará la ausencia de menstruación. Este es un signo clásico del embarazo. Aunque radique en ello la causa más común de amenorrea, no es la única, de tal forma que no piense automáticamente que tendrá un bebé. Una enfermedad física grave, un "shock" muy fuerte, el efecto de un viaje en avión, e incluso una operación o la ansiedad pueden retrasar la menstruación. Por otra parte, es bastante común tener una menstruación escasa después de establecido el embarazo, lo cual explica por qué en algunos casos parece tener una duración de ocho meses solamente (véase página 93).

Mareos matutinos

Muchas mujeres experimentan diversos malestares, debido a los niveles elevados de hormonas en la circulación. Una de ellas, denominada gonadotropina coriónica humana (GCH), se produce en el torrente sanguíneo para mantener el suministro de estrógeno y progesterona y evitar la menstruación o, en otras palabras, para mantener el embarazo. La presencia de la GCH en la orina es lo que confirma el nuevo estado (véase página 48). El aumento de esta hormona casi coincide con la hora en que muchas mujeres sienten náuseas, y su disminución comienza a partir de las 12 o 14 semanas. El tropel repentino de las hormonas puede tener un efecto irritante directo sobre las paredes estomacales, que se manifiesta en forma de náuseas. También producen la rápida eliminación del azúcar de la sangre, cuyo efecto puede ser una sensación de hambre y malestar. La náusea, acompañada de vómito en algunos casos, aparece a partir de la sexta semana aproximadamente. Rara vez se prolonga después de los tres primeros meses, cuando empieza a desaparecer gradualmente (véase página 150).

Gustos y antojos

El cambio en el gusto y la preferencia por ciertos alimentos puede ser también uno de los primeros signos y ocurren incluso antes de ausentarse la menstruación. Es común el rechazo a ciertos alimentos y bebidas, por lo general las frituras, el café, el alcohol, y también el humo de los cigarrillos. A menudo se describe como un sabor metálico en la boca que afecta el gusto por los alimentos. Se piensa que los antojos se deben al aumento de los niveles hormonales y algunas veces se experimentan durante la segunda mitad del ciclo menstrual por el mismo motivo. No satisfaga antojos con alimentos de alto contenido calórico, cuyo poder nutritivo puede ser muy bajo.

Deseos frecuentes de orinar (micción)

A medida que se distiende el útero, presiona la vejiga que está cerca. Los cambios hormonales alteran el tono muscular y afectan también a la vejiga. Por ello, ésta trata de expulsar incluso pequeñas cantidades de orina, y muchas mujeres sienten deseos frecuentes de orinar desde la primera semana después de la concepción; quizás descubra que se ve obligada a ir al cuarto de baño cada hora. A menos que sienta ardor o dolor al orinar, no consulte al médico. Hacia las 12 semanas, el tamaño del útero habrá aumentado, de modo que subirá y saldrá de la cavidad pélvica. Esto reducirá la presión sobre la vejiga y la frecuencia de la micción.

Senos

Los cambios que ocurren en los senos al comienzo del embarazo (véase página 94) no son otra cosa que una forma exagerada de lo que sucede en la segunda mitad de cada período menstrual debido al estímulo de la progesterona. Incluso antes de faltar la menstruación sentirá molestia y dolor en los pezones, y los senos posiblemente estarán pesados y sensibles y habrán aumentado de tamaño. Muy al comienzo del embarazo se tornan más prominentes las venas superficiales de los senos, y los nódulos de color claro que rodean el pezón pueden aumentar de tamaño. Los pezones también comienzan a agrandarse y oscurecerse. Su cuerpo se está preparando para alimentar al recién nacido.

LA NOTICIA

La mayoría de nosotras experimentamos cierta ambivalencia hacia el embarazo, y nuestros sentimientos cambian con nuestro estado de ánimo. Es totalmente normal albergar sentimientos encontrados sobre el embarazo y la maternidad. Sería absurdo imaginar que la vida seguirá igual después de la llegada del bebé, y es mejor pensar en ello de antemano. No se culpe por el conflicto de sentimientos ni trate de suprimirlo, pues resulta mucho más sensato reconocer y enfrentar esos sentimientos que tratar de llegar a una situación libre de conflictos.

La experiencia de un embarazo es una fase de su propio desarrollo emocional que, una vez culminada, le permitirá conocerse y comprenderse mejor a sí misma.

PRUEBAS DE EMBARAZO

La prueba más común del embarazo es aquella que permite determinar la presencia de la gonadotropina coriónica humana (véase página 94) en la orina. Al comienzo del embarazo aumenta progresivamente la producción de esta hormona.

Predictor de embarazo

Se necesita una muestra de orina y seguir las instrucciones del fabricante porque cada prueba debe realizarse de acuerdo con un método especial. En algunos casos es cuestión de agregar unas gotas de una sustancia a la orina. Es muy importante usar la primera orina de la mañana porque la concentración de la hormona del embarazo será mayor al no haberse consumido alimento alguno durante varias horas.

Examen de orina

Tome una muestra de la primera orina de la mañana en un recipiente limpio sin vestigios de jabón. El médico, la clínica o un químico se harán cargo del examen. El resultado negativo del examen de orina no significa necesariamente que no esté embarazada. Si los demás signos persisten, ensaye de nuevo una semana más tarde, quizás el primer examen se haya hecho demasiado pronto. Los predictores de embarazo y los exámenes de orina realizados en el laboratorio tienen una confiabilidad del 95%.

Examen interno

El médico, al introducir dos dedos en la vagina y palpar el abdomen con la otra mano, podrá detectar el ablandamiento general de los órganos genitales y el aumento en el tamaño del útero. El examen no afecta al embrión y por lo general se efectúa en el momento de inscribirse en la consulta (véase página 72). No es fiable antes de la octava semana, pero a partir de ella es 100% fiable.

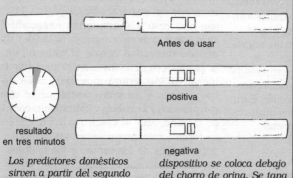

Antes de usar

positiva

resultado en tres minutos

negativa

Los predictores domésticos sirven a partir del segundo día de retraso. En ese predictor, la punta del dispositivo se coloca debajo del chorro de orina. Se tapa y al cabo de tres minutos se ve el resultado.

Yo sugiero no usar tabletas de hormonas en dosis elevadas como prueba del embarazo, pues si éste ya ha comenzado podrían afectar al embrión.

Reacciones dispares

Quizás su reacción ante la confirmación del embarazo no sea la que esperaba. Es posible que las circunstancias personales hayan cambiado y el embarazo no sea bien acogido. Una mujer puede rebelarse ante el hecho de que su embarazo gobierne su cuerpo, y sentir amargura al ver obstaculizada su actividad diaria. Algunas mujeres se deprimen cuando reciben la noticia e incluso piensan en el aborto.

Este es un panorama negativo, quizás más pesimista de lo que resulta en realidad para la mayoría. Sin embargo, la parte más importante de la noticia de un embarazo consiste en que usted y su pareja lo acepten plenamente. No piense que puede olvidarse de él y continuar como si nada estuviese sucediendo, simplemente porque no haya cambios visibles en las primeras semanas o los primeros meses. Los dos deben reflexionar sobre el embarazo con realismo y no como si fuera algo ilusorio.

Cómo calcular la fecha probable de parto (FPP)

La duración media de un embarazo es de 266 días desde el momento de la concepción, o 280 días desde el primer día de la última menstruación. Para determinar la fecha probable de parto, busque la fecha de su última menstruación en las columnas impresas en negritas. La fecha probable de parto será la que se encuentre al lado. También puede calcularla de la siguiente forma:

Última menstruación:
$$\begin{array}{ll} & 17\text{-}9\text{-}92 \\ +\ 9\ meses & 17\text{-}6\text{-}93 \\ +\ 7\ días & 24\text{-}6\text{-}93 \end{array}$$

Recuerde que 280 días es un promedio y quizás usted no encaje dentro de ese promedio. La probabilidad de que su hijo nazca en la fecha probable de parto depende del hecho de tener ciclos mensuales constantes de 28 días. Todo lo que pueden decir los médicos es que un embarazo normal puede durar entre 39 y 41 semanas.

Ene/Oct		Feb/Nov		Mar/Dic		Abr/Ene		May/Feb		Jun/Mar		Jul/Abr		Ag/Mayo		Sep/Jun		Oct/Jul		Nov/Ag		Dic/Sep	
1	8	1	8	1	6	1	6	1	5	1	8	1	7	1	8	1	8	1	8	1	8	1	7
2	9	2	9	2	7	2	7	2	6	2	9	2	8	2	9	2	9	2	9	2	9	2	8
3	10	3	10	3	8	3	8	3	7	3	10	3	9	3	10	3	10	3	10	3	10	3	9
4	11	4	11	4	9	4	9	4	8	4	11	4	10	4	11	4	11	4	11	4	11	4	10
5	12	5	12	5	10	5	10	5	9	5	12	5	11	5	12	5	12	5	12	5	12	5	11
6	13	6	13	6	11	6	11	6	10	6	13	6	12	6	13	6	13	6	13	6	13	6	12
7	14	7	14	7	12	7	12	7	11	7	14	7	13	7	14	7	14	7	14	7	14	7	13
8	15	8	15	8	13	8	13	8	12	8	15	8	14	8	15	8	15	8	15	8	15	8	14
9	16	9	16	9	14	9	14	9	13	9	16	9	15	9	16	9	16	9	16	9	16	9	15
10	17	10	17	10	15	10	15	10	14	10	17	10	16	10	17	10	17	10	17	10	17	10	16
11	18	11	18	11	16	11	16	11	15	11	18	11	17	11	18	11	18	11	18	11	18	11	17
12	19	12	19	12	17	12	17	12	16	12	19	12	18	12	19	12	19	12	19	12	19	12	18
13	20	13	20	13	18	13	18	13	17	13	20	13	19	13	20	13	20	13	20	13	20	13	19
14	21	14	21	14	19	14	19	14	18	14	21	14	20	14	21	14	21	14	21	14	21	14	20
15	22	15	22	15	20	15	20	15	19	15	22	15	21	15	22	15	22	15	22	15	22	15	21
16	23	16	23	16	21	16	21	16	20	16	23	16	22	16	23	16	23	16	23	16	23	16	22
17	24	17	24	17	22	17	22	17	21	17	24	17	23	17	24	17	24	17	24	17	24	17	23
18	25	18	25	18	23	18	23	18	22	18	25	18	24	18	25	18	25	18	25	18	25	18	24
19	26	19	26	19	24	19	24	19	23	19	26	19	25	19	26	19	26	19	26	19	26	19	25
20	27	20	27	20	25	20	25	20	24	20	27	20	26	20	27	20	27	20	27	20	27	20	26
21	28	21	28	21	26	21	26	21	25	21	28	21	27	21	28	21	28	21	28	21	28	21	27
22	29	22	29	22	27	22	27	22	26	22	29	22	28	22	29	22	29	22	29	22	29	22	28
23	30	23	30	23	28	23	28	23	27	23	30	23	29	23	30	23	30	23	30	23	30	23	29
24	31	24	1	24	29	24	29	24	28	24	31	24	30	24	31	24	1	24	31	24	31	24	30
25	1	25	2	25	30	25	30	25	1	25	1	25	1	25	1	25	2	25	1	25	1	25	1
26	2	26	3	26	31	26	31	26	2	26	2	26	2	26	2	26	3	26	2	26	2	26	2
27	3	27	4	27	1	27	1	27	3	27	3	27	3	27	4	27	3	27	3	27	3	27	3
28	4	28	5	28	2	28	2	28	4	28	4	28	4	28	5	28	4	28	4	28	4	28	4
29	5			29	3	29	3	29	5	29	5	29	5	29	6	29	5	29	5	29	5	29	5
30	6			30	4	30	4	30	6	30	6	30	6	30	7	30	6	30	6	30	6	30	6
31	7			31	5			31	7			31	7	31	7			31	7			31	7

Ene/Nov · Feb/Dic · Mar/Ene · Abr/Feb · May/Mar · Jun/Abr · Jul/Mayo · Ag/Jun · Sep/Jul · Oct/Ag · Nov/Sep · Dic/Oct

LA MUJER QUE TRABAJA

La mayoría de los países poseen leyes que señalan el período de tiempo que una mujer debe trabajar para recibir prestaciones económicas y las condiciones que debe respetar la empresa con respecto a su regreso al trabajo. Aparte de dichas leyes, la mayoría de las empresas están dispuestas a cooperar con cualesquiera que sean sus planes para interrumpir su trabajo antes del parto y reanudarlo posteriormente. Sin embargo, no podrá pedirle a ningún empresario que reaccione favorablemente si usted no hace mención alguna de sus intenciones. Hacia finales del primer trimestre debe comenzar a pensar en el futuro de su trabajo. Una vez que haya analizado todas las alternativas y tomado una decisión, hable con su jefe para ver la forma en que sus planes personales puedan acomodarse a los de la empresa. En la mayoría de los países rige un período mínimo de notificación a la empresa a fin de conservar el derecho de regresar al trabajo una vez cumpla el permiso de maternidad.

Trabajo durante el embarazo

A menos que su trabajo exija esfuerzo físico fuerte, o se desarrolle en un ambiente contaminado por agentes químicos o gases nocivos (véase página 45), no hay motivo para no continuar con su actividad hasta bien avanzado el embarazo. El tiempo durante el cual pueda trabajar dependerá de su estado físico, la clase de trabajo y sus motivos para desempeñarlo. Un beneficio psicológico del trabajo que no debe olvidarse es que alienta a quienes la rodeen a ver el embarazo como algo normal. Además, su trabajo le proporcionará una sensación de seguridad y estabilidad en momentos en que deberá experimentar cambios físicos y psicológicos.

La mayoría de las autoridades médicas piensan que el trabajo debe interrumpirse a las 32 semanas. Es en esta época cuando

Cualquiera que sea su trabajo, comprobará que sus compañeros se interesan por su estado.

el corazón, los pulmones y otros órganos vitales como los riñones y el hígado deben soportar una carga y se produce un gran esfuerzo físico en la columna vertebral, las articulaciones y los músculos. Es una etapa en la cual debe proporcionarle a su cuerpo mucho reposo, si siente fatiga. Esto es difícil si continúa en su trabajo, aunque su empleo sea sedentario.

Sea cual sea su trabajo, deberá modificar su rutina diaria. A medida que avanza el embarazo perderá parte de su agilidad y se sentirá exhausta después de una larga jornada y unas pocas horas de sueño. No podrá concentrarse durante el día y quizás

se quede dormida en cualquier momento. En lo que se refiere a las labores del hogar, trate de adoptar una actitud diferente hacia ellas, alterando el orden de prioridades. Su salud y la del hijo que va a nacer son mucho más importantes que una casa impecable y un refrigerador bien provisto.

La madre que trabaja

Para algunas mujeres el embarazo significa solo una interrupción de su trabajo, en el cual permanecen hasta horas antes del parto y al cual regresan al poco tiempo de haber nacido el bebé. Evitan el dilema emocional de amamantar o no al bebé, y optan por

SUGERENCIAS PARA EL DIA DE TRABAJO

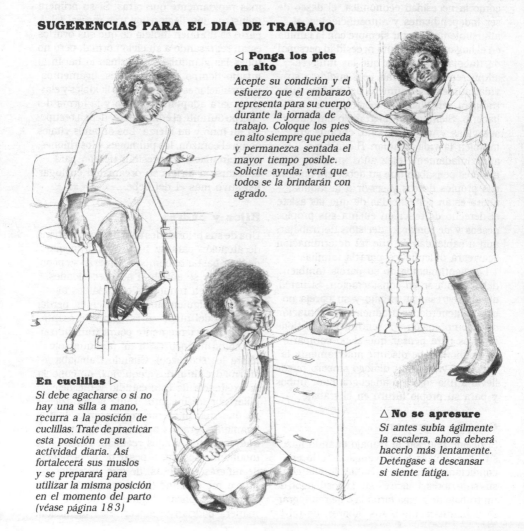

◁ **Ponga los pies en alto**
Acepte su condición y el esfuerzo que el embarazo representa para su cuerpo durante la jornada de trabajo. Coloque los pies en alto siempre que pueda y permanezca sentada el mayor tiempo posible. Solicite ayuda; verá que todos se la brindarán con agrado.

En cuclillas ▷
Si debe agacharse o si no hay una silla a mano, recurra a la posición de cuclillas. Trate de practicar esta posición en su actividad diaria. Así fortalecerá sus muslos y se preparará para utilizar la misma posición en el momento del parto (véase página 183)

△ **No se apresure**
Si antes subía ágilmente la escalera, ahora deberá hacerlo más lentamente. Deténgase a descansar si siente fatiga.

no hacerlo. Sin embargo, otras madres no pueden aceptar esto. Desean permanecer en casa para cuidar de sus hijos y cualquier cosa que las aleje de ellos es motivo de infelicidad. Las mujeres que tienen un fuerte instinto maternal se preocuparán no solamente por no privar a sus hijos de su afecto, sino también por los sacrificios que ellas mismas hacen. Estas mujeres anhelan la presencia y compañía de sus hijos la mayor parte del tiempo y puede ser motivo de angustia dejarlos incluso durante unas horas cuando son pequeños.

No obstante, muchas son las madres que insisten en trabajar por varias razones, como la necesidad económica, el deseo de ser independientes y autosuficientes, el aburrimiento de estar siempre con la familia en el hogar, y la absoluta necesidad personal de trabajar. A medida que las mujeres adquieren más libertad para moldear su vida, aumenta el número de madres que trabajan sencillamente por el gusto de hacerlo. Sienten que el trabajo enriquece sus vidas y, de este modo, enriquecerá también la vida familiar. Hasta hace aproximadamente diez años, muchas mujeres pensaban que su deber era ignorar sus propios deseos y servir a la familia; ahora están convencidas de que las asiste el derecho de tener en cuenta sus propios deseos y de tomar la decisión de trabajar, aun a sabiendas de que tal determinación acarreará dificultades para la familia.

Los sentimientos de su pareja también deben tomarse en consideración. Si usted decide regresar al trabajo y su pareja no está de acuerdo, se producirá una situación de incomprensión y resentimiento. Si tiene motivos para pensar que él no comparte su opinión, debe discutir abiertamente la cuestión, ya que un diálogo sincero puede llevar a una solución adecuada para ambos y para su propio futuro en el trabajo.

Cuándo regresar

Si decide regresar al trabajo cuando nazca su bebé, quizás le convenga hacerlo en condiciones diferentes. Hable de ello con sus superiores. Puede existir la posibilidad de un trabajo de media jornada o de reintegrarse paulatinamente a sus labores, de tal manera que, en realidad, pueda trabajar tiempo parcial durante un año después del nacimiento del bebé. Quizás resulte conveniente estudiar la posibilidad de compartir el trabajo o desempeñar alguna actividad independiente que le permita trabajar en casa. Es el momento de pensar en todas estas alternativas y de hacer planes para concretarlas.

Cuando reflexione sobre el momento de regresar al trabajo, sea justa con usted misma. Se necesitan cerca de nueve meses para que el metabolismo de una mujer vuelva a la normalidad después del embarazo. Unas partes del cuerpo se recuperan más rápidamente que otras. Si su primera menstruación llega a los tres meses del parto es un buen indicio de que sus ovarios están regresando a su ciclo normal, pero no todas las glándulas endocrinas lo harán al mismo tiempo. Los músculos, ligamentos y articulaciones se tornan más flexibles y elásticos para adaptarse al peso y la forma del cuerpo durante el embarazo, y deben recuperar su tono y su fuerza. Los órganos vitales como el corazón, los pulmones y los riñones, y la circulación, necesitan tiempo para adaptarse a dirigir su organismo en lugar del suyo más el del bebé.

Hijos y padres

Una de sus prioridades será un buen sistema de atención para su hijo, y tendrán que dedicar bastante tiempo y esfuerzo a encontrar el que se adapte a sus necesidades. Si se sienten renuentes o culpables al confiar a alguien su bebé, y temen perder el afecto del niño, un estudio interesante realizado recientemente podrá tranquilizarlos como me ocurrió a mí (aunque solo ahora lo reconozco). Cuando trabajaba y era madre de niños pequeños, no conocía la existencia de este estudio y me dejé guiar por mi instinto. Tenía la certeza de que mis hijos me reconocerían instintivamente, gracias a la señal biológica que yo emitía y ellos recibían. Estaba totalmente segura, a pesar de la presencia de niñeras cariñosas, de que mis hijos nunca me confundirían con una de ellas. No podía explicar claramente de qué manera podrían establecer esta distinción,

VENTAJAS Y DESVENTAJAS DE SER MADRE TRABAJADORA

Ventajas

- mayor independencia
- beneficios económicos; posibilidad de elevar el nivel de vida de la familia
- realización profesional; posibilidad de aplicar la educación y capacitación recibidas
- interacción más intensa con el hijo mientras está en el hogar
- necesidad intelectual de trabajar; la casa produce aburrimiento y soledad
- necesidad de conservar una buena posición en el campo escogido.

Desventajas

- sentimiento de culpa al pensar que está descuidando al hijo
- aislamiento con relación a la comunidad
- cansancio
- gran tensión debido a la doble responsabilidad y a la necesidad de hacer planes de antemano constantemente
- resentimiento de las madres de la comunidad que no trabajan
- preocupación por encontrar y conservar buena atención para los hijos.

pero me figuraba que quizás podría ser por el olor de mi piel, y hasta que tuvieron 18 meses me aseguraba de que sintieran y olieran mi piel a la hora de recibir su alimento y mientras jugaba con ellos.

Lo que demostró la investigación fue que los bebés tienen una capacidad más agudizada para distinguir a sus padres entre los demás seres humanos de la que yo había imaginado. El factor determinante no es la vista, o el olfato y ni siquiera el contacto físico, sino los cuidados llenos de amor e interés que solo los padres pueden brindar a sus hijos, y un bebé aísla este factor entre todos los demás estímulos. El aspecto más sorprendente de esta investigación es el tiempo tan corto de contacto con sus padres que el bebé necesita; es menos de una hora diaria. La cantidad de tiempo que pasan con su madre es mucho menos importante que la calidad del tiempo que requieren para su sano desarrollo. El amor no se mide en tiempo sino en lo que se da durante ese tiempo, independientemente de su duración.

Doble función

Uno de los aspectos de ser una madre que trabaja, que dificulta mucho la vida, es la necesidad de dedicar todo el tiempo libre a la familia. Se trata ni más ni menos que de desempeñar dos trabajos a la vez. En ocasiones no es muy difícil. Por ejemplo, si su trabajo exige mucho esfuerzo intelectual,

tendrá suficiente energía física para bañar a los niños, jugar con ellos, leerles historias y escucharlos con paciencia cuando llegue a su hogar. Sin embargo, si usted es maestra o enfermera, durante el día de trabajo consumirá gran parte de la capacidad de atención que sus hijos requieren. Es entonces cuando las cosas se vuelven muy difíciles y poco hay que hacer al respecto.

Estoy firmemente convencida de que un niño, especialmente en edad preescolar, tiene derecho de esperar y recibir la atención de sus padres cuando éstos regresan a casa después del trabajo. Pero el precio de este derecho es elevado. En lugar de arrellanarse en un sillón al regresar a casa, tendrá que alzar al bebé y hacer todo lo demás con una sola mano hasta que el niño se duerma. En lugar de darse un baño para tranquilizar sus nervios destrozados, tendrá que bañar y alimentar al bebé. Cuando finalmente se retire a dormir, lo más probable es que no pueda hacerlo en toda la noche. No es cuestión de tener un espíritu generoso, sino de sacrificio. Ser una madre que trabaja tiene sus ventajas y desventajas (véase la lista), y lo mejor para usted es aquello que la haga feliz. Esté preparada, sin embargo, para enfrentarse a sentimientos de culpabilidad, pero recuerde que mientras usted y su pareja sean felices, el niño crecerá alegre tanto si permanece en casa como si sale a trabajar.

3 Alternativas para el parto

La mayoría de las mujeres de hoy saben que tienen muchas alternativas para el parto y, siempre y cuando el embarazo haya sido normal, pueden tomar muchas decisiones según sus preferencias personales. Casi en todo el territorio del Reino Unido, los médicos y las parteras forman equipos de trabajo muy flexibles cuyo objetivo es dar gusto a la mujer en caso de que desee dar a luz en cuclillas o sin ningún tipo de analgésico. En la actualidad es posible experimentar el nacimiento como un suceso sobre el cual se tiene pleno control y que además se puede disfrutar. Es muy raro el hospital que impide la presencia del compañero o de una buena amiga durante el parto. También se han hecho más comunes los partos en la casa gracias al nuevo esquema de grupos de parteras puesto que ya no es necesaria la presencia del médico, salvo cuando hay complicaciones.

COMO ORGANIZARSE

Son muchas las mujeres que se sienten defraudadas por su experiencia del parto, no por el parto en sí sino por la forma como fue llevado, por como fueron tratadas, por su incapacidad para obtener lo que deseaban y la ayuda inadecuada para resolver sus problemas. Si espera tener el tipo de parto que desea, primero tendrá que conocerse a sí misma, saber lo que quiere. En segundo lugar, deberá conocer las alternativas. La forma de lograrlo es leyendo, preguntando, solicitando información y orientación, y mostrándose más firme que nunca para no aceptar ninguna cosa que no la satisfaga plenamente. En tercer lugar, tendrá que aprender a comunicarse. Una cosa es decidir lo que desea pero si no puede comunicarlo a los demás, sus esperanzas nunca se verán realizadas. Es buena idea anotar las cosas para organizarlas de manera lógica y saber exactamente lo que desea. Tendrá que encontrar la firmeza y la determinación para expresar sus deseos. Si no tiene mucha confianza en sí misma, recurra a un buen amigo, o mejor aún, a su pareja, en busca de

apoyo moral, cuando deba enfrentar una situación que la atemorice.

Uno de los propósitos de este capítulo es ayudarle a planear el tipo de parto que considere mejor después de analizar sus necesidades físicas y emocionales, para luego optar definitivamente por una de las alternativas. Otro propósito consiste en proporcionarle la confianza necesaria para hablar con conocimiento de causa a los médicos y parteras. Tendrá que asumir muchas responsabilidades y no dejar que se tomen decisiones a sus espaldas.

Una vez que decida qué prefiere, anote todas sus ideas en su plan personal para el nacimiento (véanse páginas 240-43). Pida que anexen el plan a su historia o llévelo consigo el día del parto.

Obtenga información

Como cualquier otro ser viviente en estado de preñez, usted debe dedicar algo de tiempo para informarse sobre dónde y cómo nacerá su bebé. Una de las primeras cosas que debe hacer es hablar con su doctor, quien podrá proporcionarle suficiente información

DONDE TENER EL BEBE

Los dos elementos importantes de su decisión tienen que ver con su elección de un parto natural o dirigido por el médico, y su deseo de tener al hijo en su casa o en un hospital. Existen defensores acérrimos del parto en un medio hospitalario de alta tecnología que, según ellos, es la única forma de garantizar el bienestar de la madre y el recién nacido en caso de emergencia. En el otro extremo están los defensores del parto natural que apoyan enérgicamente sus métodos. Algunas mujeres piensan que solo el centro de salud podrá proporcionarles la seguridad que necesitan. Otras desean el calor de su hogar en el momento de dar a luz a sus hijos.

En la casa

El parto en la casa es prácticamente ideal para las mujeres que han tenido un embarazo normal, y cuyo parto es también normal. En una época, la opinión de los médicos se inclinaba totalmente a favor del parto en el centro médico, ya que se lo consideraba más seguro; existen, por otra parte, estudios que han demostrado que las mujeres se sienten más felices en su casa. Se ha probado que el parto en la casa es igualmente seguro para una madre sana y para su hijo.

Esquema combinado

Su atención prenatal estará a cargo de la partera de su distrito y de su propio médico. Cuando se inicie el parto, la partera, o quien esté disponible en ese momento, la llevará al centro médico para el alumbramiento. Podrá regresar a casa en un lapso de 6 a 48 horas después del nacimiento y allí será atendida por la partera, si todo marcha bien.

Unidades de medicina general

Están disponibles solamente en ciertos países o regiones. Su médico y una partera se encargarán de su atención pre y posnatal. Ellos la atenderán durante el parto en un ambiente hospitalario donde todo sucede con más tranquilidad que en un gran hospital.

Unidad especializada de maternidad

En ella se proporciona atención obstétrica especializada en un hospital general, esencial para mujeres que puedan tener complicaciones durante el embarazo y el parto mismo. Usted asiste a la consulta prenatal en el hospital donde será controlada por diferentes médicos y parteras en cada visita, con lo que la continuidad de la atención es escasa, aunque en la actualidad son muchos los hospitales que han adoptado el esquema de los grupos de parteras (véase página 6) y existen centros con piscinas para dar a luz y otras instalaciones para cumplir con los deseos de cada mujer. Para quienes van a tener el primer hijo, el apoyo de otras madres y del personal del hospital es una ventaja durante los primeros días, aunque el bullicio y la actividad de la institución pueden representar una molestia para algunas.

sobre las facilidades disponibles en su localidad y las distintas personas que podrían ayudarle. Su médico también le dirá cuál es el tipo de parto que él prefiere, y usted podrá saber si se entenderá bien con él o si puede existir algún conflicto. Toda esta información útil le ayudará a tomar una decisión. Al mismo tiempo, póngase en contacto con la partera de la localidad. Cada día es mayor el número de mujeres que prefieren ser atendidas por una de ellas y aunque es aconsejable que trabaje conjuntamente con el médico, algunas sostienen, con razón, que éste no es indispensable. En muchos países se considera ilegal que actúen independientemente.

PARTO EN LA CASA

Si su embarazo ha sido normal y se espera que su parto también lo sea, tener a su hijo en la casa tiene algunas ventajas aunque se trata de una alternativa poco frecuente. Una de las primeras molestias que elimina es la fatiga del viaje hasta el hospital y el traslado de una sala a otra cuando ya ha comenzado el parto. Lógicamente se evitará una intervención médica excesiva y tendrá a la misma partera durante todo el embarazo y en el momento del parto.

El proceso de amamantar es siempre más fácil si se inicia en casa. Otro factor importante reside en que mantiene la responsabilidad del nacimiento de su hijo en sus manos. Es usted quien marca las pautas, y otros quienes la apoyan.

Se sentirá tranquila además si no tiene que preocuparse por lo que estén haciendo sus otros hijos.

Movilidad

Una de las grandes ventajas es que podrá moverse a su antojo. La mayoría de las mujeres se sienten mejor cuando pueden moverse (véase página 64) y ello también contribuye al mejor funcionamiento del útero y proporciona excelente oxigenación para el bebé. Algunas veces se reduce el suministro de oxígeno al bebé cuando la madre permanece tendida (véase página 65).

El grupo familiar

Si permanece en su casa evitará la tristeza producida por la separación de la familia. La mayor ventaja será probablemente poder permanecer al lado de su bebé durante los primeros minutos y horas después del nacimiento. También es importante para su pareja, porque durante esos primeros momentos es cuando se desarrolla la unión emocional y física con el bebé (véase página 214).

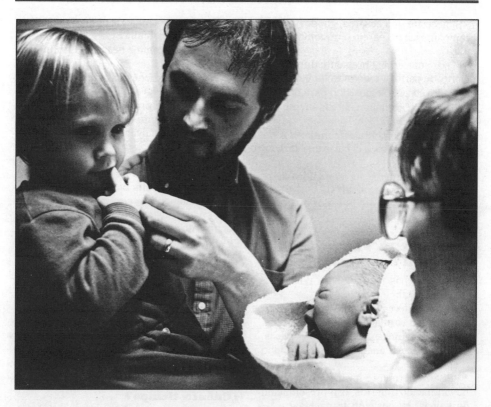

El parto en la casa ayuda a que los otros hijos sientan el nacimiento como algo normal en la vida, y conozcan al bebé inmediatamente después de nacer.

Confianza

Probablemente estará tranquila y confiada de encontrarse en un lugar familiar, y esto es una ventaja para todos los que la rodean. El bienestar emocional puede influir decisivamente en la función del útero. El nacimiento, sencillamente, es mejor si usted está feliz. También evitará la posibilidad de infección cruzada por contacto con el personal médico y otras madres y bebés recluidos en el hospital. Permaneciendo en su casa, sencillamente evitará algunos aspectos desagradables de la atención médica, y esto representará un beneficio.

Planes para un parto en su casa

El primer paso consiste en consultar a su médico y preguntar si podrá proporcionarle atención médica. Quizás deba recurrir a alguien más para recibir atención durante su embarazo. Muchos médicos prefieren que el parto no sea en la casa, en especial si se trata del primer hijo, y hay autoridades de salud que lo prohiben. Si en donde usted vive no hay un médico que pueda atenderla en su casa, pida asesoría y ayuda a una organización competente.

PARTO EN EL HOSPITAL

En el caso de algunas mujeres, la decisión de tener su hijo en el hospital la toman los médicos, en razón de su condición física o de su historia obstétrica. Sin embargo, si usted necesita o desea dar a luz en el hospital, antes de decidir en cuál, existen varias preguntas que debe formular y algunos puntos que debe aclarar.

☐ ¿Podrá acompañarme mi pareja o una amiga durante y después del nacimiento?

☐ Si necesito una cesárea, ¿podrá acompañarme mi pareja o un amigo o amiga?

☐ ¿Podré moverme libremente durante los dolores de parto si todo marcha bien?

☐ ¿Podré escoger la posición para dar a luz?

☐ ¿Se rompe artificialmente la fuente en todas las mujeres?

☐ ¿Cuál es el porcentaje de mujeres a quienes se les provoca el parto en este centro de salud?

☐ ¿Cuántas mujeres son sometidas a monitoría electrónica fetal?

¿POR QUE EL PARTO EN EL HOSPITAL?

Existen buenas razones para dar a luz en el hospital:

• Si sus antecedentes médicos incluyen enfermedad cardíaca, enfermedad renal, presión sanguínea elevada, tuberculosis, asma, diabetes, anemia grave, obesidad o epilepsia.

• Si anteriormente ha tenido hijos que hayan nacido muertos, con presentación de nalgas, en posición transversal u oblicua (es decir, cuando el bebé está de medio lado en la pelvis). Si ha tenido dolores de parto antes de las 37 semanas de embarazo, insuficiencia placentaria, o sea que la placenta no haya servido para nutrir adecuadamente al bebé, partos difíciles con fórceps, o retención de placenta.

• Si las siguientes razones obstétricas son aplicables en su caso: el bebé es demasiado grande para pasar por la pelvis, posmadurez verdadera, toxemia materna, gemelos, sangrado vaginal hacia el final del embarazo, placenta colocada en la parte inferior del útero (placenta previa), exceso de líquido alrededor del bebé, factor Rh negativo con exámenes que hayan demostrado que el número de anticuerpos que contiene su sangre es suficiente para afectar al bebé, cicatriz uterina por operación cesárea anterior, o más de 35 años de edad, si se trata de su primer hijo.

☐ ¿En qué porcentaje de mujeres se practica la episiotomía?

☐ ¿En qué porcentaje de mujeres se utilizan los fórceps?

☐ ¿Podré dar órdenes para que no me suministren analgésicos?

☐ Cuando se ha programado una operación cesárea, ¿en cuántos casos se utiliza anestesia epidural y en cuántos anestesia general?

☐ ¿Podré disponer de todo el tiempo que desee para arrullar a mi bebé después del parto si todo marcha bien?

☐ Si soy sometida a cesárea, ¿podremos yo y/o el padre sostener al bebé después del nacimiento?

☐ ¿Puedo utilizar aceites de aromaterapia para masajes durante todo el trabajo de parto?

☐ ¿Podré amamantarlo cuando llore, incluso durante la noche?

☐ ¿Podrán visitarme a cualquier hora?

☐ ¿Podrá mi pareja ayudar a bañar y cambiar al bebé?

☐ ¿Es posible salir del hospital a las 12 o 24 horas?

¿Cuánto tiempo?

Su permanencia en el hospital podría limitarse a seis horas. El período más común es de 48 horas, pero puede prolongarse hasta 8 o 10 días si se trata de su primer hijo. Sin embargo, usted tiene el derecho de darse de alta, bajo su propia responsabilidad, en cualquier momento, aunque quizás insistan para que no lo haga. Si cuenta con ayuda y apoyo adecuados, y no hay ninguna complicación con usted o con el bebé, no hay razón para que no pueda irse a casa.

¿Quién le ayudará durante el parto?

Si desea que su pareja participe de cerca en el embarazo y durante el nacimiento de su hijo, él será la persona indicada para ayudarle. Podrá convertirse en la partera más amorosa y alentadora. Su participación desde un principio mejorará la comunicación entre los dos como preparación para la llegada del bebé. Permanecerá a su lado durante las clases e incluso podrá practicar con usted los ejercicios de relajación.

En el momento del trabajo de parto y el alumbramiento su pareja es la persona que se interesa por usted y le presta la mayor atención. Si lo prefiere, solicite la presencia de una amiga.

La partera

La supervisión del embarazo y el parto por parte de una partera garantiza aquello que la mayoría de las mujeres desean y que falta en muchos casos de atención hospitalaria — la continuidad de la atención. Siem-

pre que asista a la consulta prenatal verá a la misma y será ella quien probablemente la asista durante el parto.

El médico

Sin embargo, algunas mujeres se sienten engañadas, nerviosas, e incluso inferiores,

La mayoría de las mujeres se sienten más tranquilas cuando su pareja permanece a su lado en el momento de dar a luz en el hospital.

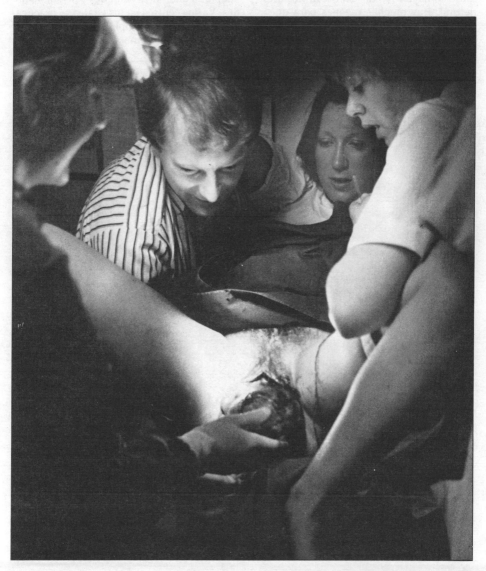

si no tienen a su lado un médico en el momento del parto. A pesar de saber que nada puede salir mal, sencillamente se sienten mejor en manos de un especialista. Existe además otro grupo de mamás para quienes el parto en el hospital es exactamente el tipo de acontecimiento que desean. Los médicos son personas ocupadas y el que usted eligió quizás no esté disponible el día de su parto. Es posible que no llegue a ver al mismo médico en la consulta prenatal. Si decide optar por el seguro privado, obtenga una lista para decidir sobre el que más le convenga.

PARTO NATURAL

No es sorprendente que la mayoría de las mujeres hayan tenido éxito con el parto natural. Hay muchas razones para que deseen tener un hijo en forma "natural" — sin temor, sin intervención médica innecesaria y en una atmósfera tranquila — y muchas mujeres en mayor o menor grado persiguen con ahínco este objetivo. Existen varios métodos para escoger, los cuales se pueden adaptar a diferentes enfoques y personalidades. Varios centros en los cuales se practica el parto natural y simplificado han tomado lo que consideran mejor de todos estos

Después del nacimiento los dos sentirán que han trabajado juntos para lograr un milagro.

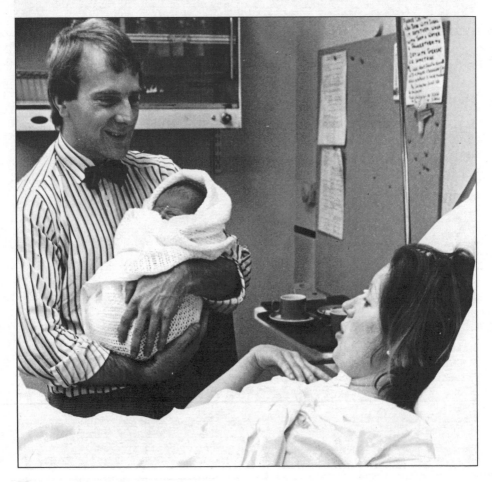

métodos para ofrecer el resultado como propio. Sin embargo, en un principio existieron cada uno de estos métodos en su forma pura.

Realmente no existe una forma natural. Sea cual fuera la forma, usted tendrá que prepararse física y mentalmente, y esto lo puede hacer sin formalidades en su propia casa con su pareja y su familia, o asistiendo a clases. Recuerde que no existe un enfoque único y mejor para todos los casos, y que independientemente de lo que haga, debe dejarse guiar por sus sentimientos.

Grantly Dick-Read

En su libro *Childbirth without Fear* (*Parto sin temor*), publicado por primera vez en los años 40, el Dr. Grantly Dick-Read atrajo la atención del público hacia los principios del parto natural. Su filosofía consistía en tratar de disminuir y eliminar en lo posible el temor, la tensión y el dolor producido por estas emociones, mediante la educación y el apoyo moral adecuados. El método de Grantly Dick-Read le enseñará a controlar la tensión, aunque da mucho énfasis al hecho de que el conocimiento destruye el temor y evita la tensión, con lo cual se controla a su vez el dolor. Para lograr todo esto existen cursos que comprenden ejercicios respiratorios y control de la respiración, relajación muscular (véase página 143), información sobre lo que debe suceder en una situación normal y sobre lo que puede hacer para ayudarse a sí misma. Este método también enseña a buscar apoyo en forma de orientación, estímulo y comprensión. Grantly Dick-Read atribuye gran importancia a la preparación para la maternidad y al parto mismo.

Psicoprofilaxis

Implica aprender métodos de respiración como preparación para el parto. Las técnicas fueron lanzadas en Rusia e introducidas en Occidente por el doctor Fernand Lamaze. El método de Lamaze es el más difundido en los Estados Unidos y constituye la base de la enseñanza en el National Childbirth Trust de la Gran Bretaña. Estimula a la mujer a responder por sí misma, a hacer amistad con sus compañeras, amigas y consejeras. Atribuye

gran valor al trabajo en equipo. La mujer debe preparar su cuerpo a lo largo del embarazo con ejercicios especiales y debe entrenar su mente para responder automáticamente a cada tipo de contracción que sienta durante el parto. La pareja sirve de "entrenador" y proporciona apoyo moral. Debe asistir al curso con la futura madre y cooperar con ella en el hogar para realizar los ejercicios de condicionamiento e igualmente debe animarla, persuadirla y consolarla durante los dolores de parto y el alumbramiento.

La filosofía de Leboyer

Se basa en varios preceptos fundamentales y se relaciona más con el bebé que con la madre y su progreso durante el embarazo. En su libro *Birth without Violence* (*Parto sin violencia*), el Dr. Frederick Leboyer afirma que el recién nacido siente todo, y refleja todas las emociones que le rodean: ira, ansiedad, impaciencia, etc. y que el bebé es en extremo sensible a través de la piel, los oídos y los ojos. Por ese motivo cree que se debe reducir al mínimo todo estímulo para el bebé, disminuyendo la intensidad de la luz, los sonidos y los contactos, y sumergiendo al recién nacido en agua a la temperatura del cuerpo, para que su llegada al mundo sea lo más similar posible a su vida en el útero.

Este concepto no concuerda plenamente con la fisiología de lo que ocurre en el momento del nacimiento, desde el punto de vista del bebé. Es el contacto con el aire y con una temperatura diferente lo que obliga al bebé a inhalar aire por primera vez para dar comienzo a la función esencial de los pulmones, y a cambiar la circulación fetal por circulación madura.

Tampoco es válido afirmar que el oído de un bebé pueda ser tan sensible como para verse afectado por los sonidos del medio ambiente. Los sonidos de los vasos uterinos dentro de la matriz son semejantes a los de una máquina aspiradora ruidosa. Leboyer considera además que la madre es un "enemigo y un monstruo" que empuja y tritura al bebé en su paso por el canal del parto. La compara con un verdugo. Muchas mujeres se oponen a este punto de vista, ya que miniza e incluso menosprecia su función.

El Dr. Leboyer piensa que el bebé no debe entrar en contacto con otro material que no sea la piel humana. Lo ideal es colocar al bebé boca abajo sobre el abdomen de la madre y rodeado con sus brazos. Se ha demostrado experimentalmente, aunque no lo ha hecho Leboyer, que éste es un medio mucho más efectivo para conservar el calor del bebé que los calentadores artificiales. La investigación ha demostrado que el recién nacido puede expulsar más fácilmente el moco de las vías respiratorias cuando se encuentra boca abajo sobre el abdomen de la madre, que cuando se utiliza el tubo de succión.

Leboyer sugiere que las cortinas y las persianas de la sala de partos estén cerradas y que la intensidad de la luz debe ser mínima. Algunas autoridades médicas se oponen a esto pues sostienen que es imposible evaluar la condición del bebé con poca luz.

Son muy pocos los centros donde se aplica el método puro de Leboyer, pero en muchos se practica el parto basado en dicho método. Cuando leí por primera vez a Leboyer me pareció que todo lo que había hecho era formalizar lo que las parteras habían venido haciendo, en principio, durante años. Actualmente es bastante difícil encontrar métodos puros de Leboyer, o incluso adaptados, en los centros docentes modernos, donde el énfasis está en la velocidad y la alta tecnología. Estas autoridades médicas no se han apresurado a adoptar el método de Leboyer porque la investigación ha demostrado que los bebés traídos al mundo mediante dicho método no parecen recibir mayores beneficios en comparación con los demás, aunque las "madres Leboyer" piensen lo contrario.

Michel Odent

Michel Odent, médico francés que ejerce en Inglaterra, trabaja con el principio de colocar a la madre en un ambiente cálido y hogareño, brindándole total libertad para actuar y estimulándola a llegar a un nuevo nivel de conciencia animal en el cual pueda olvidar sus inhibiciones y regresar a un estado biológico primitivo. El Dr. Odent cree que se debe dar rienda suelta a los altos niveles de endorfinas — el narcótico natural del organismo — en el cuerpo de la madre. Naturalmente sostiene que si la mujer recibe analgésicos, se suprime la acción de las endorfinas y pierde su propio agente para aliviar el dolor.

La clínica del doctor Odent en Pithviers, Francia, donde puso por primera vez en práctica las técnicas para el parto natural, se convirtió en el centro preferido de quienes deseaban cambiar la forma de pensar y de proceder con respecto al nacimiento. El doctor Odent cree que el trabajo de parto debe transcurrir en una atmósfera tranquila, con música y un decorado suave. La mujer que está en trabajo de parto debe poder sentarse, caminar, permanecer de pie, comer y beber. No se produce ninguna interferencia y puede adoptar la posición que más le convenga durante cualquiera de las etapas del parto. Abandonadas a sus propios recursos, muchas mujeres se colocan a gatas, ya que esta posición parece aliviar el dolor. En una etapa posterior del parto, pueden ponerse de pie o en cuclillas para ayudarse mediante la fuerza de gravedad, lo que es muy natural y que se practica en muchas tribus primitivas. Odent prefiere la posición en cuclillas con apoyo, en la cual él, o la pareja de la parturienta, se coloca detrás de ella sosteniéndola por las axilas y los antebrazos, para que pueda doblar las rodillas y descansar todo su peso sobre el brazo de su pareja.

El doctor Odent piensa que el propósito principal de las piscinas para dar a luz, las cuales emplea con mucha frecuencia para partos en la casa, es aliviar el dolor. El bebé no necesariamente tiene que llegar al mundo debajo del agua, aunque el doctor Odent no tiene inconveniente en que así sea. Tal parece que no hay evidencia de que el nacimiento debajo del agua sea peligroso para el bebé, siempre y cuando le saquen inmediatamente la cabeza a la superficie.

El Dr. Odent recurre con poca frecuencia a la episiotomía, los fórceps y la cesárea. La posición de cuclillas con apoyo es la que evita los desgarramientos severos del perineo durante el parto. Como la madre ha estado en posición vertical durante el nacimiento, permanece sentada con el cordón intacto y el bebé sobre sus rodillas.

El recién nacido huele inmediatamente la piel de su madre, y se cree que esto es importante para el bebé al establecerse la lactancia. A los pocos segundos, la mayoría de las madres alzan instintivamente al niño y lo acercan al pecho. No hay necesidad de decirle a ningún padre que rodee con sus brazos y su cuerpo a la madre y al niño. Cada quien hace lo que siente deseos de hacer en esos momentos tan personales.

Métodos basados en el yoga

Este método no es sólo para quienes ya practican el yoga. Durante el alumbramiento la mujer debe concentrar su conciencia en ser una sola con lo que le está sucediendo. A través del método yogui puede controlar su conciencia de acuerdo con su capacidad y tolerancia, de tal forma que unas veces puede olvidar las contracciones y otras estar plenamente consciente de ellas. Puede recurrir a la meditación y al canto, y al apoyo de la participación espiritual de los grupos de yoga. Quienes practican los métodos yoguis creen que se puede manejar el parto con madurez y serenidad. La educación para el parto mediante este método se basa en la creencia de que la mujer tiene la capacidad para crear o destruir su propio dolor y felicidad durante el alumbramiento.

PROCEDIMIENTOS MEDICOS Y DE ENFERMERIA

Son pocos los hospitales que practican los procedimientos que se describen a continuación, pero algunos lo hacen. Lo que antes era rutina, como aplicar lavados y rasurar el vello púbico, son procedimientos que rara vez se realizan en la actualidad a menos que haya una buena razón para hacerlo. Muchos empleados hospitalarios jamás cuestionan la justificación o necesidad de lo que hacen durante el parto, o si el nacimiento podría ser mejor, más seguro o más agradable sin ellos. En mi opinión, esas rutinas hospitalarias deben ponerse en tela de juicio y deseo proporcionar esta información para que usted pueda llegar a una decisión sobre la justificación y la aplicación en su caso de ciertos procedimientos médicos.

Enemas

Se aplican generalmente en forma de lavado rectal con agua tibia jabonosa o de una cápsula de acción lenta insertada a través del recto. Sin embargo, el comienzo del trabajo de parto muchas veces va acompañado de varias defecaciones a medida que los músculos intestinales comienzan a contraerse al unísono con el músculo uterino. Muchas veces la madre expulsa materia fecal en el momento en que asoma la cabeza del bebé, pero a menos que esa posibilidad la preocupe o le produzca vergüenza, no hay razón para que le pongan un enema. Es probable que el enema le produzca una reacción intensa y que tenga que correr a evacuar, con la consiguiente sensación de angustia y vergüenza.

Afeitado del vello púbico

A menos que la vayan a someter a una cesárea, no tiene objeto que la rasuren. Anteriormente se decía que el vello púbico podía ser fuente de infección y dificultaba la esterilización del perineo, en caso de ser necesaria la episiotomía. Ahora, en caso de necesitarse la episiotomía, basta con limpiar la vulva con gasa para eliminar los restos de sangre y moco y aplicar un antiséptico para evitar cualquier posibilidad de infección.

Reposo en cama

No existe una razón válida para que la mujer deba permanecer en cama durante los dolores del parto, salvo el hecho de que se ha convertido en norma rutinaria del procedimiento obstétrico, encaja con facilidad en las costumbres del pabellón, y existe una resistencia al cambio. Es muy antinatural, por no decir incómodo, que una mujer permanezca en una misma posición durante el parto. Pero la mayoría de las mujeres que van al hospital deben permanecer en cama principalmente debido a la monitoría electrónica del feto (véase página 202). Esto implica que solo puede adoptar un número limitado de posiciones. Lo mismo sucede con la mesa de partos que impone a la mujer una posición automática e ineficaz para el parto. Un estudio excelente realizado en América Latina demostró que en un grupo de primigestantes, la duración del parto fue dos veces más corta en las mujeres a quienes se les permitió deambular a su antojo que en aquéllas que tuvieron que guardar cama. De acuerdo con los resultados totales, el parto en el grupo móvil fue 25% más rápido que en el otro grupo.

El estudio también determinó que el 95% de las madres que pueden actuar libremente prefieren permanecer en posición vertical, ya que así están más cómodas. Cuando pueden adoptar diferentes posiciones durante el parto, sienten menos dolor y mayor comodidad cuando están sentadas, de pie, de rodillas o en cuclillas.

El estudio concluye que en los casos de parto normal y espontáneo, las mujeres que pueden permanecer en posición vertical progresan con mayor facilidad, dan a luz más rápidamente y sienten menos malestar y dolor. En vista de todo esto, parece injusto negar a la mujer en parto normal el derecho de escoger la posición o posiciones en que se sienta más a gusto durante las etapas iniciales del parto, ya que seguramente dichas posiciones serán probablemente las más convenientes de acuerdo con la forma de su pelvis y la posición del bebé. No acepto el argumento de que es más conveniente para el médico o la partera que la mujer permanezca acostada. Es el médico quien debe amoldarse a su paciente.

Posiciones para el parto

Antes de finales del siglo XVII, cuando las salas de parto eran el dominio femenino, nadie soñaba con interferir en el comportamiento normal de una mujer. Se le permitía deambular a su antojo, asumir cualquier posición que considerara cómoda, comer y beber a su gusto, y adoptar cualquier posición para el parto. Posteriormente los doctores invadieron la sala de partos, y en esa época todos los médicos eran hombres. Un médico francés de la corte propuso que las mujeres se acostaran sobre la espalda en lugar de recurrir a la posición vertical o al taburete de parto, a fin de facilitar el examen vaginal y las maniobras obstétricas, pero no porque fuese mejor para la madre o el bebé.

DESVENTAJAS DEL PARTO EN POSICION HORIZONTAL

Si permanece boca arriba:
- su presión sanguínea puede descender, reduciendo el aporte de sangre y oxígeno al bebé;
- el dolor es mayor que en posición vertical;
- la necesidad de practicar la episiotomía es mayor;
- aumenta la probabilidad de tener que usar fórceps;
- se inhibe la expulsión espontánea de la placenta;
- aumenta la probabilidad de un esfuerzo lumbar indebido.

Posición para el parto

Es más eficaz dar a luz en posición semivertical. La fuerza de la gravedad ayuda a empujar el bebé hacia abajo y no hacia la cama, como sucede cuando usted está totalmente acostada.

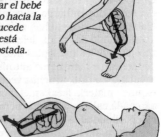

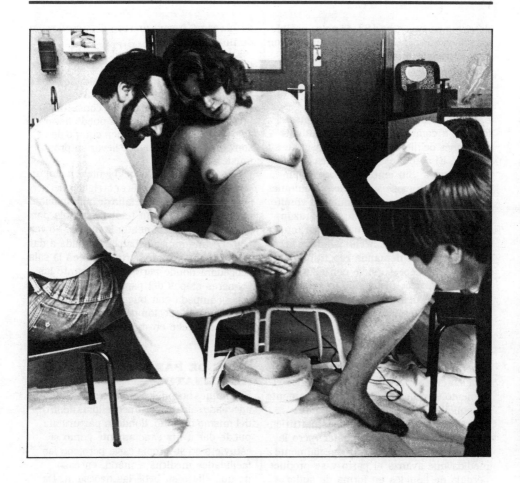

El taburete de parto le permite permanecer en posición vertical para que la fuerza de la gravedad ayude a la salida del bebé.

Es natural que la mujer adopte una posición semivertical para el alumbramiento, no solo por su comodidad sino por la eficiencia mecánica de esta posición. En ella, las contracciones uterinas se dirigen hacia abajo, empujando al bebé hacia el suelo. Cuando la mujer no puja, hace esfuerzo en la misma dirección, con la fuerza de la gravedad a su favor. Cuando está boca arriba, las contracciones empujan al bebé hacia la cama y no hacia la vagina, de tal manera que se pierde la ventaja adicional de la fuerza de la gravedad. El resultado es

que, en la posición decúbito, la mujer debe empujar al bebé hacia arriba, en contra de la fuerza de la gravedad. Esto no solo prolonga el parto sino que contribuye a aumentar la probabilidad de complicaciones, incluyendo la necesidad de una episiotomía.

Una posición que se ha adoptado en muchos hospitales es aquélla en que los tobillos de la mujer se colocan sobre unos estribos.

Se llama posición de litotomía, y no tiene razón científica ni lógica. En algunas unidades obstétricas progresistas se ha tomado conciencia de esto y se ha abandonado el uso de esta costumbre obsoleta. Averigüe cuáles son los métodos utilizados en la unidad que escoja y si permitirán que usted pueda tener su bebé en una de las posiciones descritas en la página 183. Si no es posible y le dicen que debe tener su hijo en posición decúbito, quizás deba reconsiderar su decisión de dar a luz en esa unidad.

Ayuno

En muchas culturas, a la parturienta se le insta a comer y beber, especialmente infusiones de hierbas, a fin de conservar su energía. El ayuno es una práctica relativamente nueva. Sin embargo, parece que la actividad gástrica se suspende, y cualquier alimento o bebida puede inducir el vómito. No existe absolutamente ninguna razón lógica para privar de alimento a la mujer durante el parto y, de hecho, algunas veces se presenta una demanda repentina de energía, que debe suplirse con azúcar. Si no hay azúcar disponible, el cuerpo recurre a los depósitos de grasa para obtener esa energía.

La razón que se da para suspender toda alimentación durante el parto es la posibilidad de tener que aplicar anestesia general con urgencia. Pero esta razón no es suficientemente buena para suspender el alimento en todos los casos y no solamente en aquéllos que presentan riesgo de intervención quirúrgica. Muchas parturientas no sienten deseos de comer, pero la mayoría necesitan líquidos, especialmente a medida que avanza el parto y se produce pérdida de líquidos en forma de sudor. Por lo tanto, opino que si una mujer pide agua, se le debe dar. De lo contrario, se tendrá que aplicar un goteo intravenoso para administrar una solución de glucosa directamente a la madre, sin pasar por el estómago, aumentando el grado de intervención médica durante el parto.

Traslado a la sala de partos

En condiciones ideales, el parto debe desarrollarse sin incidentes, en un ambiente tranquilo y apacible. Cualquier trastorno puede afectar adversamente su evolución. La etapa de transición es la que ocasiona el mayor grado de tensión durante el parto. Es en ese momento cuando, en el hospital, la parturienta se ve obligada a someterse a la agitación física y emocional de bajarse

de una cama, pasar a una camilla y ser llevada de una sala a otra.

En la mayoría de las unidades hospitalarias hay una sala especial para partos. En la mayoría de las unidades hospitalarias hay una sala de partos. Pregunte por ella durante las consultas prenatales y visítela. Quizás pueda llevar algo para ayudarse. Si tienen equipo de sonido, pregunte si puede llevar su propia música.

No existen pruebas concluyentes en ningún sentido que puedan explicar la rigidez del personal médico y su triste falta de imaginación, la cual demuestra un total desinterés por lo que pueda experimentar la madre. No veo por qué una mujer deba ser obligada a dar a luz en una sala de partos y no en la sala acogedora donde permanece durante las primeras etapas del parto, la cual puede estar equipada con buenas luces, oxígeno y aparatos de succión para despejar las vías aéreas del bebé en caso necesario.

SALA DE PARTOS ALTERNATIVA

En algunos hospitales progresistas se han adecuado salas de parto acogedoras dentro del mismo hospital, donde la parturienta puede dar a luz exactamente como si estuviera en su propia casa, pero con las facilidades médicas a mano, en caso de que ella o su bebé las necesiten. De este modo, no se produce la interrupción brusca del parto para ir a otra sala y no es necesario yacer sobre la mesa de partos rodeada de instrumental clínico. Para muchas mujeres, esta sala de partos alternativa es el equilibrio ideal entre un parto despersonalizado y tecnológico de hospital, y el parto en el hogar.

Las piscinas para dar a luz son cada vez más comunes en los hospitales generales. Si no hay piscina en el hospital donde va a nacer su hijo pero la sala es apropiada, y el personal se lo permite, piense en alquilar una. Pero no olvide que el objeto principal de la piscina es tener bebé *dentro* del agua, no *debajo* de ella. También puede recurrir a la aromaterapia, con un aceite para masajes y para perfumar el agua de la piscina y la almohada.

COMO ELEGIR LA FORMA DE ALIMENTACION

El aspecto más importante de la alimentación del recién nacido, es que ésta se produzca. La mayoría de los bebés se desarrollan sanos bien sea con la leche materna o el biberón. Partiendo de esta base, y sin que ni en sus peores momentos olvide esta prioridad fundamental, existen otras consideraciones. No puede dejar de lado sus propias preferencias. La alimentación surtirá los mejores efectos si usted se siente feliz con el sistema escogido, y a fin de elegir y tomar una decisión, debe conocer las ventajas y desventajas de cada uno de los métodos o de la combinación de ambos. Debe pensar en lo mejor para su bebé. No cabe duda de que, en lo que respecta al bienestar del bebé, la leche materna es superior.

Ventajas de amamantar

☐ Una buena razón para amamantar es que es lo más natural. La mayoría de las mujeres sienten el impulso natural de amamantar y son pocas las que no están dotadas físicamente para hacerlo. Aunque los senos sean muy pequeños, podrán producir suficiente leche para alimentar y sostener al bebé. Incluso las mujeres con pezones invertidos pueden, mediante diagnóstico precoz, alimentar a sus hijos (véase página 95). Es natural que la madre se sienta orgullosa de nutrir a su hijo con un alimento producido por ella misma, y es natural ansiar el contacto físico y el placer, y saber que está contribuyendo a desarrollar una relación estrecha entre ella y su hijo.

☐ Los bebés alimentados con leche materna son menos propensos a las enfermedades que los que se alimentan con biberón. Todos los anticuerpos de la madre contra las infecciones virales y bacterianas están presentes en el calostro, la primera leche fabricada por los senos y presente en ellos desde el quinto mes de embarazo. Por lo tanto, durante los primeros días de vida, cuando el bebé recibe únicamente el calostro de alto contenido proteico, vive protegido por los anticuerpos de su madre. Estos desempeñan un efecto protector en el intestino, pero también forman parte importante de la protección del bebé contra las infecciones,

al ser absorbidos directamente y sin alteración por el sistema del bebé. Tomemos el ejemplo de la madre que posee anticuerpos contra la poliomielitis. Puesto que esos anticuerpos aparecen en el calostro, el virus no puede atacar al pequeño mientras se esté alimentando exclusivamente de leche materna. Los anticuerpos presentes en el intestino del niño matarán al virus antes de que pueda causar algún daño. Además, la leche materna es antibacteriana pues contiene sustancias que destruyen las bacterias. Aunque estas mismas sustancias se encuentran en la leche de vaca, la protección que recibe el bebé alimentado con biberón no es la misma porque al calentar la leche de vaca se produce una inactivación de los anticuerpos.

☐ La leche materna es la mejor fuente de alimento para un ser humano recién nacido, ya que contiene la cantidad exacta de minerales y proteínas. La leche de vaca, que es para los terneros, tiene un porcentaje de proteínas más elevado y un alto contenido de caseína, que es la parte menos digestible y sale en la deposición en forma de leche cuajada. La leche materna contiene la cantidad exacta de sodio para un recién nacido, lo cual es muy importante porque los riñones inmaduros del neonato no pueden elaborar altos niveles de sodio en la sangre. La leche de vaca contiene más sodio que la humana. Aunque las dos contienen la misma cantidad de grasa, las gotas de grasa de la leche materna son más pequeñas y más digestibles. La grasa de la leche materna es rica en poliinsaturados y pobre en colesterol y puede proteger contra una futura cardiopatía. También contiene más azúcar (lactosa) que la de vaca, y su contenido de minerales y vitaminas es diferente.

☐ Amamantar es conveniente para la figura. Las investigaciones han demostrado que la mujer pierde la mayor parte de la grasa acumulada durante el embarazo cuando amamanta. Si no da el pecho a su bebé, probablemente tardará más en regresar a su peso original.

☐ Es falso que los senos pierdan su forma y firmeza con la lactancia. Los cambios que ocurren en los senos son el resultado del embarazo y no de la producción de leche o de amamantar al bebé. El acto de amamantar también tiene la ventaja de liberar la oxitocina, hormona que estimula al útero a regresar a su tamaño normal, acelerando el retorno de la pelvis y la cintura a su forma original.

☐ Tampoco debe olvidarse la comodidad que supone amamantar.

☐ Si el bebé se alimenta con la leche materna, se produce una unión automática entre él y su madre. Mientras se amamanta al bebé, su rostro está cerca del de la madre, e incluso un recién nacido puede enfocar su vista a esta distancia. El acto de establecer un contacto visual y sonreír mientras el bebé succiona, ayuda a crear una unión física y emocional entre la madre y el bebé que difícilmente se podrá romper durante el resto de la vida.

Desventajas de amamantar

Una de las objeciones más comunes a la lactancia materna es que restringe la actividad social. Esto no tiene por qué ser así. Si usted necesita ausentarse, puede extraer suficiente leche de sus senos con un succionador (véase página 236) para satisfacer las necesidades del bebé mientras regresa. Puede almacenar su propia leche en frascos estériles dentro del refrigerador o el congelador, para que quien lo cuide lo alimente en su ausencia. Recuerde, aunque solamente

El aspecto fundamental del método que escoja para alimentar a su bebé es que los dos estén a gusto y que el bebé se desarrolle sano.

alimente a su bebé durante dos semanas, es mejor que no hacerlo, y significará para él un buen comienzo en la vida. Dicho sea de paso, una de las ventajas de extraer parte de su leche, es que el padre podrá tomar parte activa en la alimentación del bebé.

El biberón

☐ Así como no existen argumentos contundentes en contra de la leche materna, no existen tampoco argumentos a favor del biberón. No obstante, quizás a usted no le resulte posible amamantar a su bebé debido a sus circunstancias y predilecciones particulares, y en ese caso el biberón será la alternativa. Si ésta es su situación, no piense que su hijo no recibirá lo mejor.

☐ Los niños alimentados con biberón crecen y son perfectamente felices. Recuerde que necesitan más el amor y la ternura que la leche materna. El biberón, el amor y los cuidados son una opción excelente para cualquier bebé.

☐ Seguramente habrá madres que no tengan otra alternativa que alimentar a su bebé con biberón. Son aquéllas que deben tomar fármacos durante mucho tiempo debido a enfermedades como la epilepsia, cuyo control exige el uso de barbitúricos, y la depresión crónica, para la cual se prescriben antidepresivos. La persona puede enfermar seriamente y requerir hospitalización. Si usted no se encuentra en condiciones físicas óptimas para amamantar a su bebé, no lo haga. Si debe tomar medicamentos con regularidad, averigüe si pueden aparecer en la leche y cuáles podrían ser los efectos para la lactancia y el bebé. Con mucha frecuencia resulta posible cambiar los medicamentos de las madres que dan de mamar.

☐ Algunos bebés minusválidos o con deformidades físicas tales como la fisura palatina o la deformidad de la mandíbula y la boca tienen problemas para succionar y quizás deban ser alimentados con biberón.

☐ Si cree que la cantidad de leche que produce es inadecuada y observa que el bebé no crece, consulte a la partera o a un asesor en lactancia antes de cambiar por el biberón.

☐ Algunas madres sienten una repulsión física hacia el acto de amamantar y les resulta una tarea tediosa. Una mujer que siente esta fuerte repulsión estará siempre bajo tensión, lo cual podrá interferir con la producción y el flujo de la leche. Si cree que su bebé no está recibiendo suficiente alimento, esta sensación negativa aumentará su desagrado. Trate de esclarecer sus sentimientos antes del nacimiento del bebé con una amiga o partera comprensiva, y no olvide hablar de ello con el padre del bebé.

☐ Una de las ventajas principales del biberón es que el padre puede participar activamente en la alimentación del bebé desde un principio. También permite elaborar un horario compartido que le deje tiempo suficiente para descansar, dormir sin interrupciones y cuidar de sí misma.

☐ Una de las ventajas cuestionables del biberón es que los bebés duermen más tiempo entre una comida y otra durante las primeras semanas. Esto puede deberse al hecho de que el contenido de caseína es más elevado en la leche de vaca y por lo tanto la digestión es más lenta.

☐ El biberón le permite saber exactamente cuánta leche ha ingerido el bebé, lo cual es motivo de tranquilidad.

Desventajas del biberón

La orina y la materia fecal del bebé alimentado con biberón tienen un olor bastante desagradable. Otro problema importante es la alergia a la leche de vaca, que se presenta si el recién nacido es sensible a la proteína extraña de dicha leche. Para estos casos de alergia existen sustitutos a base de soya; se aconseja dar leche materna o este tipo de sustitutos a los bebés de familias con antecedentes de asma o eccema.

Por otra parte, la esterilización de los frascos y el equipo, y la cuidadosa preparación del alimento toman más tiempo en comparación con la accesibilidad de la leche materna.

4 Atención prenatal

La atención prenatal es la clave para un embarazo feliz, una madre saludable y un bebé sano, y es necesario recalcar este punto. La mayoría de los médicos han llegado a aceptar que la única forma de mejorar las estadísticas relativas al parto es mediante una atención prenatal oportuna y positiva.

Para la mayoría de las mujeres, la asistencia a la consulta prenatal, bien sea en el hospital o en un centro local, es una experiencia agradable y tranquila. Hablando con otras madres, y con los médicos y enfermeras, usted aprenderá mucho más sobre el embarazo y el parto, lo cual la hará sentirse más tranquila y confiada acerca de lo que ocurrirá. Gran parte de la atención prenatal es cuestión de rutina, pero en la consulta podrá hacer preguntas y estudiar las distintas circunstancias en que podrá tener a su hijo, para poder planear de antemano el tipo de nacimiento que desea.

VISITAS AL MEDICO

Tan pronto como sospeche o esté segura de que está embarazada, visite a su médico. El le preguntará cuál fue la fecha de su última menstruación, ya que se calcula el embarazo a partir de ese día. Según lo avanzado de la gravidez, su médico hará el tipo de examen pertinente — un examen de orina (véase página 48) o un examen interno si el embarazo tiene ya ocho semanas por lo menos. El médico confirmará el embarazo aunque usted ya haya utilizado un aparato comercial para hacerlo y esté segura de su estado.

La primera visita es importante no solo para confirmar el embarazo, sino porque en esta primera cita usted deberá describir en términos generales cuáles son sus preferencias con respecto al nacimiento (véanse páginas 54-69), por lo tanto, deberá pensar un poco en ello antes de visitar al médico. Sus preferencias pueden estar en conflicto con el deseo del médico de seguir sus procedimientos de rutina, que tal vez no desea modificar. Si tiene ideas muy definidas

acerca de su embarazo o del parto, pero teme que la induzcan a aceptar otros planes, busque apoyo moral en la compañía de su pareja o de una buena amiga. Su sola presencia le dará ánimo para plantear su caso y ser firme.

Si tiene más de 35 años o una historia familiar de desórdenes genéticos, es probable que le soliciten una biopsia coriónica (véase página 79). Esta debe hacerse hacia la octava semana. Use a su médico como fuente de información: pídale material para leer. Si su médico no es especialista en obstetricia, podrá haber otro en el mismo consultorio que pueda encargarse de su atención prenatal y del parto, o podrá ser remitida a otro consultorio en que puedan proporcionarle atención prenatal y un parto en su hogar, si eso es lo que desea. La otra alternativa consiste en recurrir al hospital local o al sanatorio de su elección dentro de la zona donde viva, en cuyo caso será atendida por el personal médico del hospital y no por su propio doctor.

CONSULTAS PRENATALES

Una vez confirmado el embarazo, su médico tomará las medidas necesarias para que usted reciba atención prenatal, la cual dependerá del tipo de parto que desee. En la mayoría de los casos, la atención prenatal se presta, en parte, en las consultas prenatales, bien sea en los centros de salud, hospitales pequeños o grandes hospitales regionales. A menudo es desastroso asistir a las consultas prenatales de los grandes hospitales. El personal no da la impresión de estar bien organizado, y el tiempo de espera puede ser muy largo. Muchas mujeres se sienten despersonalizadas en estas circunstancias frustrantes. La reacción, por demás lógica, es sentirse humillada y degradada. Todo esto puede agravarse como consecuencia de la atención despersonalizada. Es muy posible que una misma mujer tenga que ver a una persona distinta en cada visita. Esto se puede evitar en buena medida si usted opta por una clínica de medicina general o por una atención compartida entre su médico y la consulta prenatal.

ACTITUD HACIA LA CLINICA

Si se siente tratada como un número, humillada y atrapada por los procedimientos de la consulta prenatal, trate de aprovechar su tiempo lo mejor posible, preparándose para su visita así:

- hágase acompañar por una amiga o lleve un buen libro, o algo para coser o tejer
- lleve algo de comer en caso de que no pueda tomar un refrigerio en el hospital
- tome nota de las preguntas que desee formular y anote cualquier inquietud aunque no esté segura de si se relaciona con el embarazo o no
- trate de conseguir a alguien que cuide a sus hijos mientras está en la consulta; si va con ellos pueden aburrirse y ponerla nerviosa.

El tiempo transcurrirá rápidamente si planea con anticipación su visita a la consulta y se ocupa en algo agradable.

EXAMENES PRENATALES NORMALES

Nombre	Propósito	Importancia
Estatura y tamaño del pie (primera visita)	Evaluar el tamaño de la pelvis y la salida pélvica	Una estatura muy corta puede ser sinónimo de abertura pelviana muy reducida y, por lo tanto, de un parto difícil.
Peso (todas las visitas)	Controlar el crecimiento del feto. Trate de que su ropa sea siempre de peso semejante para no producir fluctuaciones innecesarias.	La pérdida de peso es motivo de estudio, aunque es común durante el primer trimestre si ha tenido náuseas o vómito. Un aumento repentino de peso puede ser un indicio de preeclampsia (véase página 162).
Senos (primera visita a menos que haya un problema)	Buscar masas y verificar la condición de los pezones.	Si hay retracción de los pezones y usted desea amamantar, tendrá que utilizar un protector (véase página 95), hacer masajes suaves a los pezones o sencillamente esperar. Es posible que se corrijan por sí solos durante el embarazo.
Corazón, pulmones, cabello, ojos, dientes, uñas (primera visita)	Comprobar el estado general de su salud.	Quizás requiera cuidados especiales y suplementos alimenticios (véase página 113) o simplemente consejos generales sobre la dieta. Le pedirán que visite al odontólogo.
Manos y piernas (todas las visitas)	Buscar várices o inflamación (edema) de los tobillos, las manos y los dedos.	Los casos de hinchazón extrema pueden ser un signo de preeclampsia (véase página 162). Recibirá indicaciones sobre lo que debe hacer para las várices (véase página 154).
Orina (intermedia) (primera visita)	Buscar infección renal. Después de limpiar la vulva con gasa estéril, recoja una muestra de orina en un recipiente estéril. Deje caer las primeras gotas al retrete y recoja únicamente la orina intermedia.	Una infección renal existente de la que usted no tenga conocimiento puede convertirse en un problema grave durante el embarazo. Será tratada con antibióticos.
Orina (todas las visitas)	1. Examen de las proteínas, en caso de que los riñones no estén funcionando bien. 2. Examen para determinar la presencia de azúcar; si se encuentra repetidas veces, usted podrá tener diabetes. 3. Exàmen de las cetonas; si se encuentran, casi siempre son signo de diabetes.	1. La presencia de proteínas en la orina hacia el final del embarazo es signo de preeclampsia (véase página 162). Probablemente le prescriban reposo en cama. 2. El embarazo puede desenmascarar la diabetes (véase página 157), la cual debe tratarse y estabilizarse. Puede desaparecer después del parto y volver a presentarse durante embarazos posteriores. 3. La presencia de cetonas indica una deficiencia de azúcar en el organismo. Recibirá tratamiento para la diabetes. Sin embargo, las cetonas rara vez se encuentran en estos exámenes.
Examen interno (primera visita)	Confirmar el embarazo y verificar que el tamaño del útero corresponda a las fechas. Tomar una citología del cuello ute-	Se excluye cualquier problema del cuello uterino o la cavidad pélvica. Si la prueba del cáncer es positiva deberá discutir las alternativas con

Nombre	Propósito	Importancia
	rino para excluir la posibilidad de cáncer. Buscar anomalías pélvicas. Verificar que el cuello uterino esté herméticamente cerrado.	el médico. Deberán mencionar en la consulta si usted o su pareja han sufrido alguna vez de herpes genital, ya que puede producirle meningitis al bebé. Si tiene una infección activa al término del embarazo, será sometida a cèsárea.
Latidos fetales (todas las visitas)	Confirmar que el feto vive y que el corazón y la frecuencia cardíaca son normales.	Si la partera escucha el corazón del bebé con un instrumento sónico (mediante vibraciones ultrasónicas), el sonido del latido será amplificado y usted podrá escucharlo.
Palpación abdominal (todas las visitas)	Evaluar la altura del fondo (parte superior del útero — véase página 97); el tamaño y la posición del feto.	Proporciona una guía de la duración del embarazo y la posición del feto en el útero. Esto es importante si a las 32 semanas el feto no ha cambiado de la posición de nalgas a la posición cefálica (véase página 173).
Presión sanguínea (todas las visitas)	Se trata de medir la presión con la cual su corazón bombea la sangre. La lectura consta de dos cifras: la mayor es la presión sistólica, cuando el corazón se contrae, empuja la sangre hacia afuera y "late". Se escucha al apretar el brazalete. La inferior es la presión diastólica o presión de reposo entre latidos. Una lectura normal es 120/70.	La hipertensión puede ser indicio de varios problemas, entre ellos la preeclampsia. Los chequeos periódicos permitirán controlarla si aumenta súbitamente, por encima de 140/90, por ejemplo. Si aumenta puede requerir reposo en el hospital. Cualquier elevación de la cifra inferior o presión diastólica es motivo de preocupación.
Examen de sangre (primera visita y una vez durante el tercer trimestre)	1. Determinar su principal grupo sanguíneo ABO. 2. Determinar el grupo de su factor Rh. 3. Determinar su nivel de hemoglobina (prueba repetida). Es la medición de las sustancias que transportan el oxígeno en los glóbulos rojos. Los niveles normales, medidos en gramos, oscilan entre 12 y 14 g. 4. Niveles de alfa-feto-proteína. Examen especial a las 16 semanas. 5. Determinar la presencia de anticuerpos para la rubéola. 6. Prueba de VDRL, Kahn o Wasserman para la detección de sífilis. 7. Detectar la anemia drepanocítica o la talasemia, dos formas de anemia que atacan a las personas de piel oscura y a los habitantes de los países del Mediterráneo. **8. Determinar la presencia de anticuerpos contra el SIDA, en caso de que usted pertenezca a un grupo de alto riesgo o que haya solicitado el examen.**	1. Se requiere en caso de una transfusión de emergencia. 2. En caso de incompatibilidad Rh. 3. Durante el embarazo puede bajar el nivel de hemoglobina, porque las mujeres embarazadas tienen mayor circulación de sangre, pero si desciende por debajo de 10 g, recibirá tratamiento contra la anemia. Los suplementos de hierro y ácido fólico elevarán el nivel de hemoglobina para poder llevar más oxígeno al bebé. 4. Véase página 79. 5. Si no es inmune a esta enfermedad, se le advertirá no entrar en contacto con ella durante el embarazo. 6. Si ha contraído esta infección, debe someterse a tratamiento antes de las 20 semanas de embarazo; después podrá transmitirla al bebé. 7. Puede afectar al bebé y el embarazo. Se hará un examen de su sangre para buscar esta enfermedad, si usted pertenece a una raza afectada por ella. **8. El virus del SIDA puede atravesar la placenta y afectar al bebé; un bebé con SIDA no vive mucho tiempo.**

La primera visita

El objeto de su primera visita a la consulta prenatal aproximadamente a las 12 semanas es proporcionar información al personal de la consulta a fin de que puedan determinar si su embarazo y alumbramiento serán normales o no. Si desea dar a luz en su casa, deberá responder preguntas sobre los aspectos sociales y domésticos de su vida, para determinar si esas circunstancias lo permiten.

El personal le hará también ciertos exámenes para determinar si está sana (página 72). Por ejemplo, le tomarán la presión sanguínea, muestras de sangre y le harán un examen de orina. Quizás sea necesario enviar las muestras de sangre y orina a un laboratorio, y los resultados estarán disponibles para su siguiente visita.

Aproveche la ocasión para preguntar usted también. Es importante que usted adquiera

HISTORIA PRENATAL

En la primera entrevista deberá responder algunas o todas las siguientes preguntas relativas a sus antecedentes médicos y obstétricos:
- nombre, edad, raza, fecha y lugar de nacimiento, fecha de matrimonio, si la hay
- enfermedades de la niñez y si ha sido hospitalizada o ha sufrido alguna enfermedad grave o ha sido sometida a alguna cirugía
- si en su familia o la de su pareja hay alguna enfermedad
- si hay gemelos en alguna de las familias
- si ha utilizado medios anticonceptivos, de qué tipo, y la fecha de su interrupción
- sobre su menstruación, la fecha del primer período menstrual, su duración promedio y la fecha del primer día de su última menstruación
- si tiene algún síntoma de embarazo y sobre su estado de salud en general
- sobre el nacimiento de sus otros hijos, o sobre cualquier aborto espontáneo
- si está tomando algún medicamento por prescripción; si sufre de alergias
- su trabajo y el de su pareja, y si todavía continúa trabajando

seguridad al aclarar sus dudas. Aunque no es esencial en la primera visita, conviene dejar anotadas en la historia sus preferencias con relación a la analgesia durante el parto, la salida del hospital y las medidas que desearía que se tomaran en caso de retrasarse el parto. Su historia y sus notas estarán a su disposición, especialmente si ha solicitado atención compartida con su propio médico.

Al final de la visita probablemente recibirá tabletas de hierro (véase página 113). Pida una cita con una nutricionista si necesita información sobre nutrición y alimentación.

Se le pedirá que asista a la consulta prenatal cada cuatro semanas hasta las 28 semanas, cada dos semanas hasta las 36 semanas, y luego semanalmente hasta que se inicie el parto. Es normal que se practiquen otros análisis de sangre después de las 32 semanas para confirmar que todo marcha bien.

En el momento de concurrir a la primera consulta prenatal será informada acerca de los cursos prenatales y recibirá la lista de los lugares donde se dictan y los horarios.

El personal médico

La partera es una enfermera con capacitación especial en el campo de la atención de mujeres embarazadas y el parto. Si todo marcha bien, una partera la asistirá durante el parto, bien sea en su casa o en el hospital.

Su médico de cabecera puede estar parcialmente a cargo de su atención prenatal. También él estará presente durante el parto en la casa o en una unidad especial de medicina general.

El obstetra es el médico especializado en embarazos y nacimientos, y es quien está a cargo del equipo de parteras, enfermeras y otros médicos que brindan atención prenatal y traen al mundo a los niños. El obstetra consultor, por lo general, atiende únicamente los partos difíciles.

La mujer mayor

Tan importante como la edad de la madre son su historia clínica, su dieta y su estilo de vida (véase página 34). Sin embargo, durante la primera visita prenatal, la primigrávida ya mayor deberá responder a muchas preguntas pues estadísticamente

LA CONSULTA

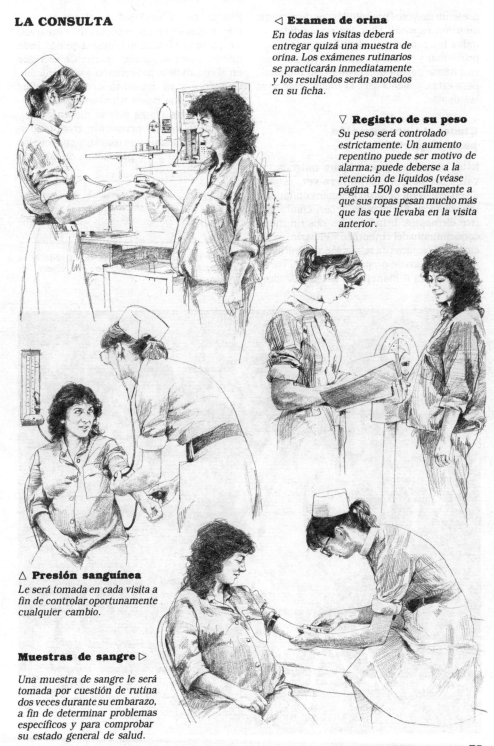

◁ Examen de orina

En todas las visitas deberá entregar quizá una muestra de orina. Los exámenes rutinarios se practicarán inmediatamente y los resultados serán anotados en su ficha.

▽ Registro de su peso

Su peso será controlado estrictamente. Un aumento repentino puede ser motivo de alarma; puede deberse a la retención de líquidos (véase página 150) o sencillamente a que sus ropas pesan mucho más que las que llevaba en la visita anterior.

△ Presión sanguínea

Le será tomada en cada visita a fin de controlar oportunamente cualquier cambio.

Muestras de sangre ▷

Una muestra de sangre le será tomada por cuestión de rutina dos veces durante su embarazo, a fin de determinar problemas específicos y para comprobar su estado general de salud.

presenta mayores probabilidades de requerir atención especial. Una vez respondidas todas las preguntas, identificados los problemas y realizados los exámenes necesarios (véase página 80), la atención prenatal para estas mujeres será la misma que para las demás.

Clases de preparación para el parto

Estas clases, en especial para quienes van a ser padres por primera vez, están diseñadas a fin de proporcionar confianza e información. En ellas se deben combinar tres elementos: brindar a los dos un mejor conocimiento del embarazo y el parto, explicarles las técnicas de relajación y respiración y los ejercicios de preparación para el parto; y enseñarles a manejar al recién nacido.

Busque en su localidad las clases que hagan énfasis en los aspectos del embarazo y el parto que le sean más desconocidos. Pida información a su médico o partera, o averigüe en el centro de salud cercano a su domicilio. Comience a su debido tiempo para poder obtener lo que desea. Conviene asistir también a las clases que se dictan en el hospital ya que le permitirán comprender los procedimientos que usarán y conocer las salas de parto y los pabellones de cuidado posnatal.

La sala de partos no le resultará extraña si se familiariza con ella durante las clases de preparación.

CONTENIDO DE LA FICHA MEDICA

En la primera visita a la consulta prenatal recibirá una ficha médica. En cada visita subsiguiente, el médico o la partera anotarán en ella los detalles de los exámenes y el desarrollo de su embarazo. Lleve su ficha a todas las citas y no la olvide cuando abandone el área donde reside. En caso de requerir atención médica, toda la información estará disponible. La mayoría de las especificaciones se explican a continuación:

P de O normal	Nada anormal en la orina.
Alb.	Albúmina en la orina (nombre de una de las proteínas encontradas en la orina).
P.S.	Presión sanguínea.
Fetocardia (+ o -)	Se escuchan o no se escuchan los latidos fetales.
Fetocardia	Corazón del feto.
M.F.	Se sienten los movimientos fetales.
Posición Cefálica	Cefálica, la cabeza del bebé apunta hacia abajo.
Vértex	Vértex, el bebé está de cabeza.
Posición pélvica	Nalgas, las nalgas del bebé apuntan hacia abajo.
U.R.N.	Ultima regla normal.
F.P.P	Fecha probable de parto.
Hb	Niveles de hemoglobina para control de anemia.
Enc.	Encajado, la cabeza del bebé ha encajado en la pelvis en preparación para el parto.
N. E.	No encajado
$G_1 P_0$	La mujer no ha tenido otros hijos.
$G_2 P_1$ (etc.)	La mujer ha tenido un hijo.
Fe	Se ha recetado hierro.
Control	Nueva cita.
Altura del fondo	Altura de la parte superior del útero. El bebé empuja esta parte hacia arriba a medida que crece, y esta altura se utiliza con frecuencia para calcular la duración del embarazo. En algunas clínicas se mide la altura del fondo uterino (desde la parte superior del pubis hasta la parte superior del útero) con una cinta marcada en centímetros. Esta cifra siempre es aproximadamente igual a la duración del embarazo en semanas.
Estación	Se refiere al anillo de la pelvis. La parte de presentación del bebé con respecto a la pelvis durante las últimas etapas del embarazo será la parte que se encuentra lista en el cuello uterino para nacer primero.
T.P.E.	Toxemia preeclámptica.
Edema	Edema.
Posición long.	Posición longitudinal. El bebé está localizado paralelamente a la columna vertebral.
S.D.A.	Sacro derecho anterior; la presentación de nalgas más común.
AFP	Alfa-feto-proteína.
Ces.	Operación cesárea.
H/T	Hipertensión.
O.M.M.	Muestra de orina a la mitad de la micción.
Primigrávida	Primer embarazo.
Multigrávida	Más de un embarazo.
T.V.	Tacto vaginal.

Posición del bebé

Algunas abreviaturas describen la forma en que el bebé está localizado dentro del útero (véanse páginas 173 y 204); se refieren a la posición de la corona de la cabeza del bebé (occipucio) con relación al cuerpo de la madre, es decir si está hacia la izquierda o la derecha, o hacia adelante (anterior) o hacia atrás (posterior).

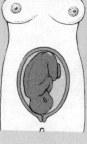

ODA　　　　OIA　　　　ODP　　　　OIP

EXAMENES ESPECIALES

Ultrasonido o ecografía

Con este examen se produce una imagen fotográfica a partir de los ecos de las ondas sonoras que rebotan en las distintas partes del cuerpo según su consistencia. De este modo, a diferencia de los rayos X, el ultrasonido puede representar detalladamente los tejidos blandos, produciendo una imagen muy fiel del feto en el útero. Por lo tanto, el ultrasonido es muy útil para determinar la edad del feto, la posición de la placenta y la fecha probable del parto.

La primera ecografía se realiza a las 16 semanas pero se puede realizar en cualquier momento durante el embarazo. En algunos centros no existe el equipo, pero en caso de considerar necesario el examen, será remitida por el personal médico a otro centro.

El examen ecográfico dura entre 5 y 10 minutos. Es necesario retirar parte de la ropa y le solicitarán que no orine y que beba líquidos para que la vejiga llena se distinga claramente en la imagen. Después

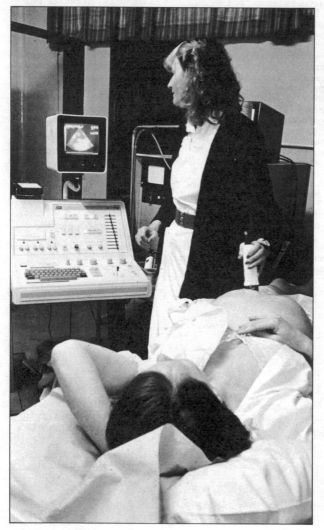

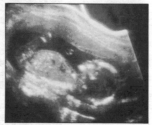

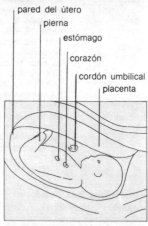

pared del útero
pierna
estómago
corazón
cordón umbilical
placenta

El feto dentro del útero

Es muy emocionante ver la imagen del bebé dentro del útero. Quizás las formas no tengan mucho sentido para usted, así que solicite que le indiquen dónde están la cabeza, las extremidades y los órganos de su bebé. El procedimiento es indoloro; si se somete al examen durante la etapa inicial de su embarazo, deberá tener la vejiga llena. No se preocupe por esto. Acuda temprano y beba varios vasos de agua.

de aplicar aceite tibio o gelatina sobre su abdomen se pasa por encima de él un transductor. Este transmite las señales que aparecen en un monitor en blanco y negro. No hay dolor, sólo una suave sensación de deslizamiento.

USOS DEL ULTRASONIDO

El personal médico utiliza la ultrasonografía para:
• determinar la edad del feto midiendo la cabeza y el cuerpo
Si se efectúa a comienzos del embarazo, el margen de error es de una semana
• medir el crecimiento y el retraso en el mismo, cuando el examen clínico indica que hay un problema. La evaluación seriada, es decir cierto número de estudios a lo largo de un período, permite controlar el crecimiento fetal y establecer la fecha probable del parto
• determinar la posición exacta del feto y la placenta antes de la amniocentesis (véase la página siguiente)
• ubicar la posición de la placenta y su estado, en caso de desalojarse durante las últimas etapas del embarazo
• determinar si hay más de un feto en caso de que se encuentre elevado el nivel de alfa-feto-proteína
• detectar anomalías visibles del bebé, tales como problemas cerebrales o renales
• identificar cualquier masa presente en la madre, que pueda obstaculizar el parto.

Detección de la AFP

La alfa-feto-proteína es una sustancia que se encuentra en distintos niveles en la sangre de la mujer embarazada. Entre las 16 y 18 semanas, los niveles son generalmente bajos, de tal manera que si se efectúa un examen para detectar su presencia en ese momento y se descubre que los niveles son altos, podría significar que el bebé tiene algún defecto del conducto raquídeo, tal como espina bífida u otras anomalías del desarrollo cerebral. Sin embargo, los niveles elevados no son prueba concluyente de un defecto del conducto raquídeo. Para estar seguros, la alfa-beto-proteína debe estar también presente en cantidades

anormales en el líquido amniótico. No obstante, como los niveles aumentan cuando se trata de gemelos y también a medida que el embarazo avanza, el ultrasonido servirá para verificar si se trata de gemelos o para confirmar las fechas en caso de que el embarazo esté más avanzado. Se hará un nuevo examen de sangre si las pruebas son negativas y la amniocentesis se tendrá en cuenta únicamente si se requiere corroboración. Los defectos menores del conducto raquídeo como un pequeño lunar peludo en el extremo de la columna vertebral son en realidad bastante comunes.

Niveles de AFP inferiores a lo normal indican riesgo de síndrome de Down; le sugerirán una amniocentesis.

Biopsia de la vellosidad coriónica

Esta prueba se realiza entre las ocho y las diez semanas para diagnosticar anormalidades fetales, cuando las mujeres son mayores de 35 años o tienen una historia familiar de alteraciones genéticas.

Se toma una muestra pequeña del corión (el tejido externo que rodea al feto y a la placenta) para analizarla en el laboratorio. El procedimiento puede ser ambulatorio y tarda menos de una hora. Se realiza introduciendo un tubo hueco por la vagina hasta el útero, bajo guía ecográfica. Con una jeringa conectada a la punta del tubo se extrae una pequeña cantidad de células coriónicas que son idénticas a las del feto. El análisis cromosómico de estas células permite saber cómo es el feto.

En ocasiones, este procedimiento puede romper el saco amniótico y producir infección y sangrado. Aún así, tal parece que el riesgo de un aborto espontáneo aumenta tan sólo en un 1%.

La prueba tiene la ventaja de realizarse a comienzos del embarazo; los resultados se obtienen muy rápidamente. No hay que esperar hasta las 16 o 18 semanas para una amniocentesis y luego otras 3 o 5 semanas para tener los resultados.

Amniocentesis

Se utiliza para detectar una serie de defectos congénitos como la espina bífida y el síndrome de Down (ver más adelante). No se trata de un examen rutinario y se realiza únicamente si en la familia hay algunos desórdenes hereditarios o relacionados con el sexo, o si el médico sospecha alguna anomalía que no pueda detectarse mediante otras pruebas. Aunque ahora se efectúa más comúnmente, constituye una interferencia seria con el embarazo. Implica tomar una muestra del líquido que rodea al bebé dentro del útero. Las células desprendidas y que flotan en dicho líquido sirven para obtener un recuento exacto de cromosomas y para detectar cualquier estructura cromosomática anormal. También es posible determinar la cantidad de oxígeno y bióxido de carbono presentes en el líquido y averiguar si el feto está recibiendo suficiente oxígeno. A muchas mujeres de más de 35 años les preocupa la posibilidad de que su hijo tenga alguna anormalidad. Si realmente se siente intranquila por el hecho de que su edad pueda afectar al niño, consulte a su médico al respecto. La mayoría estará de acuerdo con practicar el examen, si esto contribuye a su tranquilidad.

También recomendarán la amniocentesis si usted ya ha tenido un niño anormal o si existe historia familiar de anormalidad. El sexo del bebé se puede determinar estudiando algunas células de la piel y así es posible averiguar si ha heredado algún trastorno relacionado con el sexo. El médico se negará a efectuar el examen con el único objeto de averiguar el sexo del bebé. En casos de incompatibilidad Rh, el contenido de bilirrubina en el líquido indicará si el bebé requiere una transfusión intrauterina (véase página 163).

COMO FUNCIONA LA AMNIOCENTESIS

El feto traga el líquido amniótico y luego lo expulsa por la boca o la vejiga. Este líquido contiene células de la piel y de otros órganos, cuyo análisis proporciona información sobre el estado del bebé. La amniocentesis es un procedimiento sencillo para extraer este líquido del útero. Cerca de 75 enfermedades de tipo genético se pueden someter a análisis cromosomático. El examen se realiza en el hospital, por lo general solo después de transcurridas 16 semanas desde el último período menstrual. Antes de ese tiempo no habrá suficiente líquido en el saco y por lo tanto tampoco habrá células para analizar.

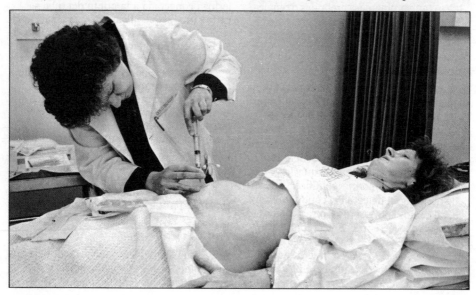

Riesgos de la amniocentesis

Realizada por un experto y con la ayuda del ultrasonido para determinar la posición exacta de la placenta y del bebé, el riesgo de aborto espontáneo es mínimo: 1.2% en la Gran Bretaña, 0.5% en los Estados Unidos. La decisión de someterse a la amniocentesis debe evaluarse a la luz de las razones para efectuarla, considerando seriamente la probabilidad de tener que actuar de determinada manera, conocidos los resultados.

Quizás el peor aspecto de la amniocentesis sea la tensión que produce la espera de los resultados. Es posible también que se efectúe un análisis para detectar una sola anormalidad, de tal suerte que aunque los resultados sean negativos, no reflejarán cualquier otro problema. Comuníquele a su médico si desea los resultados de todas las pruebas posibles que puedan aplicarse a su caso.

RAZONES PARA PRACTICAR LA AMNIOCENTESIS

Se le ofrecerá esta posibilidad si:
- tiene más de 40 años, cuando el riesgo de anormalidades cromosomáticas aumenta considerablemente
- existen ciertas enfermedades en la familia como fallas de metabolismo
- es portadora de trastornos de tipo genético como la hemofilia o ciertas formas de distrofia muscular, a causa de las cuales un bebé de sexo masculino tiene un 50% de probabilidades de ser afectado
- los niveles de AFP son elevados, lo cual indica la posibilidad de espina bífida
- se ha programado una cesárea, ya que las pruebas revelarán la madurez de los pulmones del bebé. Cuando los pulmones son inmaduros, el neonato puede sufrir el síndrome de dificultad respiratoria.

FORMA DE EXTRAER EL LIQUIDO

Después de hacer un examen con ultrasonido para determinar la posición del feto y de la placenta, se limpia con alcohol una pequeña región del abdomen y luego se inserta cuidadosamente en el útero una aguja larga y hueca montada sobre una jeringuilla. Se retiran cerca de 14 g de líquido del saco amniótico. El líquido se centrifuga luego para separar las células desprendidas del feto del resto del líquido. Estas células se cultivan durante un período que oscila entre $2^1/_2$ y 5 semanas.

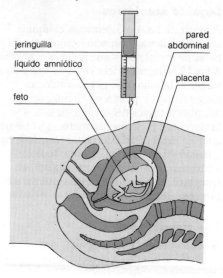

jeringuilla
líquido amniótico
feto
pared abdominal
placenta

SINDROME DE DOWN

Es producido por anormalidades de los cromosomas del bebé. En la mayoría de los casos, un cromosoma adicional generado antes o inmediatamente después de la fecundación hace que el feto nazca con 47 cromosomas en cada célula, en lugar del número normal que es 46 (véase página 40). La causa precisa se desconoce, pero la edad de la madre es un factor importante, ya que el riesgo de tener un niño con síndrome de Down aumenta considerablemente después de los 35 años.

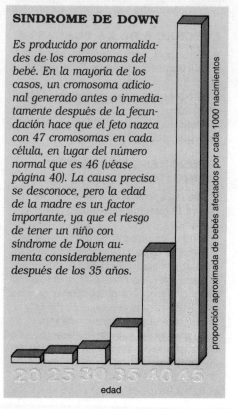

proporción aproximada de bebés afectados por cada 1000 nacimientos

20 25 30 35 40 45

edad

5 Desarrollo del feto

Es imposible ver cómo se desarrolla el feto dentro del útero, pero ahora se sabe mucho acerca de los cambios increíbles que ocurren. La secuencia de las etapas de su desarrollo se puede dividir aproximadamente en tres partes o trimestres de aproximadamante 12 semanas cada uno. Al terminar el primer trimestre, el feto tiene figura humana reconocible aunque mide 7.5 cm. El segundo trimestre es un período de crecimiento rápido y durante el tercer trimestre el bebé aumenta de tamaño y comienza a acumular grasa.

SISTEMAS DE APOYO A LA VIDA

El factor esencial para el adecuado crecimiento y desarrollo del feto es una placenta sana, que constituye el vínculo vital entre el cuerpo de la madre y el del bebé. La placenta es el órgano que le permite apoyarse en usted, y que su cuerpo funcione para la salud y bienestar del bebé. Actúa, además, como unidad procesadora de desechos, y limpia el cuerpo del bebé, eliminando la materia indeseada. Lo hace a través de su estructura única, que permite la mezcla de la sangre materna con la sangre fetal. Podríamos decir que la placenta madura es un espacio lleno de sangre que limita por un lado con la superficie materna y por el otro con la superficie fetal.

FUNCIONES DE LA PLACENTA

- Permite el paso de oxígeno, nutrientes y anticuerpos protectores de la madre al bebé
- produce hormonas esenciales para el embarazo
- pasa los desechos fetales a la madre para que ella los elimine.

FUNCIONES DEL LIQUIDO AMNIOTICO

- Brinda apoyo al feto mientras se mueve libremente ejercitando sus músculos
- mantiene una temperatura constante
- sirve de cojín para proteger al bebé en caso de ser golpeado el útero
- ejerce presión constante hacia afuera sobre el útero, para proporcionar espacio suficiente para el crecimiento del feto
- durante el parto forma una cuña para proteger la cabeza del bebé, contribuyendo a la vez a la dilatación del cuello uterino
- recibe las sustancias excretadas por el feto a través de la orina.

Líquido amniótico

A partir de las 4 o 5 semanas el líquido amniótico llena el espacio formado por la bolsa de membranas que rodea al embrión. A las 12 semanas el feto ya ha comenzado a tragar el líquido, que es absorbido por los intestinos y pasa a su circulación. De allí pasa a través del cordón umbilical y la placenta a la circulación materna (véase página siguiente). Parte del líquido continúa circulando en esta forma durante todo el embarazo, pero al comenzar el segundo trimestre, el feto empieza ya a utilizar sus propios riñones y a orinar.

Las membranas

Son dos membranas delgadas, semejantes al papel, el amnios y el corion, que revisten el útero y forman la bolsa de agua dentro de la cual se desarrolla el bebé.

SISTEMA DE APOYO PARA LA VIDA DEL BEBE

El espacio amniótico y la placenta constituyen el sistema de apoyo para la vida del bebé. El espacio amniótico se desarrolla inicialmente en la profundidad del blastocisto, formado a partir del óvulo fecundado. Por lo tanto, contiene rastros de células que portan información sobre el sexo del embrión y su configuración genética (véase página 40). El espacio está rodeado de membranas y contiene el líquido amniótico.

La placenta está unida al feto por el cordón umbilical. Este último está formado por tres vasos sanguíneos enlazados entre sí. Dos de ellos llevan la sangre del bebé a la placenta para su limpieza y purificación, y el tercero transporta sangre oxigenada y nutrientes. El cordón está recubierto primero por una sustancia gelatinosa (gelatina de Wharton) y luego por una membrana. La placenta, por su parte, está firmemente adherida a la pared del útero.

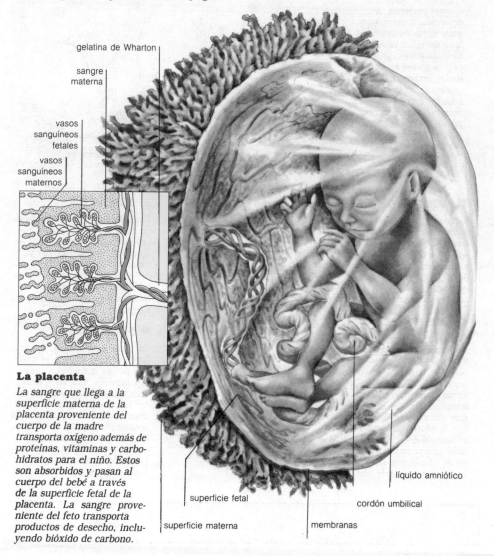

gelatina de Wharton

sangre materna

vasos sanguíneos fetales

vasos sanguíneos maternos

La placenta

La sangre que llega a la superficie materna de la placenta proveniente del cuerpo de la madre transporta oxígeno además de proteínas, vitaminas y carbohidratos para el niño. Estos son absorbidos y pasan al cuerpo del bebé a través de la superficie fetal de la placenta. La sangre proveniente del feto transporta productos de desecho, incluyendo bióxido de carbono.

superficie fetal

superficie materna

líquido amniótico

cordón umbilical

membranas

Primer trimestre

Hacia el final del primer trimestre ya se han desarrollado los sistemas del cuerpo del feto, y muchos órganos están más o menos completos. Los nervios y músculos funcionan, y se empiezan a establecer los reflejos. El corazón bombea casi 30 litros de sangre al día a través del sistema fetal. El bebé es capaz de moverse espontáneamente, aunque la madre no puede percibir sus movimientos.

DESARROLLO DEL EMBRION

Entre las 5 y 7 semanas el embrión, aunque todavía pequeño, se desarrolla físicamente a un ritmo acelerado. A las 7 semanas ya se han formado los intestinos y es posible ver los brotes de las extremidades. El embrión comienza a adquirir apariencia humana. Las siluetas pequeñas representan el tamaño aproximado del embrión.

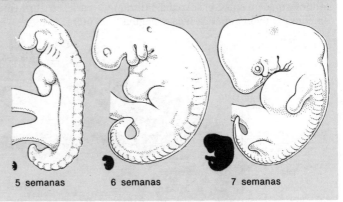

5 semanas   6 semanas   7 semanas

5 SEMANAS

Es bastante difícil ver el embrión a simple vista. Se comienza a desarrollar la columna vertebral. Comienzan a aparecer los fundamentos del cerebro y la médula espinal.
Longitud: 2 mm

6 SEMANAS

Comienza a formarse la cabeza, seguida del tórax y el abdomen. El corazón, que es solo un tubo, ya palpita. Se fabrican las células de la sangre y circulan con cada latido. Se forman los vasos sanguíneos que unen el cordón umbilical con la placenta, fortaleciendo el vínculo entre la madre y el bebé. Hay pequeñas depresiones en el sitio donde se formarán los ojos, y se puede distinguir el comienzo de la boca. El maxilar inferior es visible. Se aprecian los brotes de brazos y piernas.
Longitud: 6 mm

7 SEMANAS

Se aprecian las marcas sobre las cuales se formarán los dedos de los pies y las manos. Los intestinos están casi totalmente formados. Ya se han formado los pulmones pero todavía son sólidos. Se produce un desarrollo sorprendente de la cabeza. Se están formando las partes internas del oído y también los ojos. Aparecen los hoyos para las fosas nasales, y también células óseas en lo que había sido hasta ahora hueso cartilaginoso. Este hecho marca el paso de embrión a feto.
Longitud: 20 mm

8 SEMANAS

Todos los órganos internos están en su lugar. Son visibles las articulaciones principales de los hombros, codos, caderas y rodillas. La columna tiene movimiento. Los órganos genitales son visibles, aunque el feto aún tiene apariencia de pez.
Longitud: 25 mm

9 SEMANAS

La boca comienza a desarrollarse y ya se aprecia la nariz. Las partes que crecen más rápidamente son las extremidades, las manos y los pies. Se ha desarrollado el mecanismo auditivo. Aunque no es posible percibir sus movimientos, el feto está bastante activo.
Longitud: 3 cm
Peso: 2 g

10 SEMANAS

Comienzan a crecer las partes externas del oído y los ojos están bien formados. La cabeza todavía es grande en comparación con el resto del cuerpo, y su desarrollo es pronunciado. Se distinguen los dedos de las manos y los pies, pero unidos por membranas de piel.
Longitud: 4.5 cm
Peso: 5 g

11 SEMANAS

Se han formado los ovarios y testículos, al igual que los órganos genitales externos. El corazón bombea sangre a todas las partes del cuerpo. Al final de las 11 semanas, todos los órganos internos están totalmente formados y funcionando. En esta etapa, muy raramente podrán ser afectados estos órganos por infecciones, sustancias químicas o drogas.
Longitud: 5.5 cm
Peso: 10 g

12 SEMANAS

Es posible distinguir los párpados cerrados a medida que el rostro se forma. Empiezan a desarrollarse los músculos, lo cual hace más pronunciado el movimiento de las extremidades. Se coordinan el cerebro y los músculos. Las articulaciones se contraen, los dedos de los pies se enrollan, y el feto succiona. Los dedos de las manos y los pies están completamente formados y han aparecido las uñas. El bebé puede tragar e ingiere líquido amniótico.
Longitud: 75 cm
Peso: 18 g

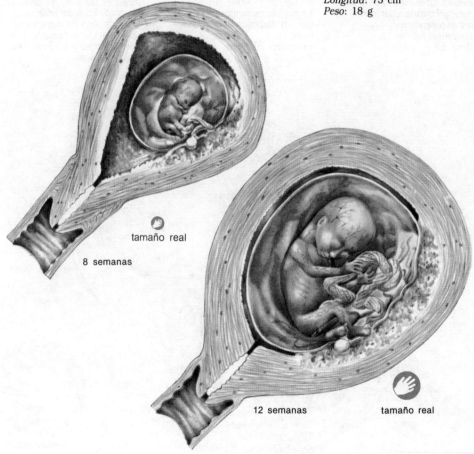

tamaño real

8 semanas

12 semanas

tamaño real

Segundo trimestre

El tercio intermedio del embarazo es el período durante el cual usted comenzará a sentir los primeros movimientos, a partir de las 18 semanas aproximadamente. El bebé también comienza a adquirir apariencia de ser humano, con cabello, incluso pestañas, y a comportarse como tal cuando empieza a chupar el pulgar. Por esta época comenzará a notarse el embarazo.

13 SEMANAS

Su bebé está completamente formado. Durante el resto del embarazo se limitará a crecer, de tal manera que, cuando llegue el momento del nacimiento, sus órganos vitales habrán madurado lo suficiente para permitirle vivir como un ser independiente.
Longitud: 8.5 cm
Peso: 28 g

14 SEMANAS

El aumento de peso es notable. Los músculos principales responden ante el estímulo cerebral. Los brazos se pueden doblar a la altura del codo y la muñeca; los dedos pueden encogerse y cerrar el puño. Es posible escuchar el corazón con un dispositivo de ultrasonido.
Longitud: 10.5 cm
Peso: 65 g

16 SEMANAS

Las extremidades y las articulaciones están completamente formadas y los músculos se fortalecen. El movimiento es vigoroso aunque rara vez se percibe durante esta etapa cuando se trata del primer embarazo. Se desarrolla un vello muy fino (lanugo) sobre todo el cuerpo y comienzan a crecer las cejas y las pestañas.
Longitud: 16 cm
Peso: 135 g

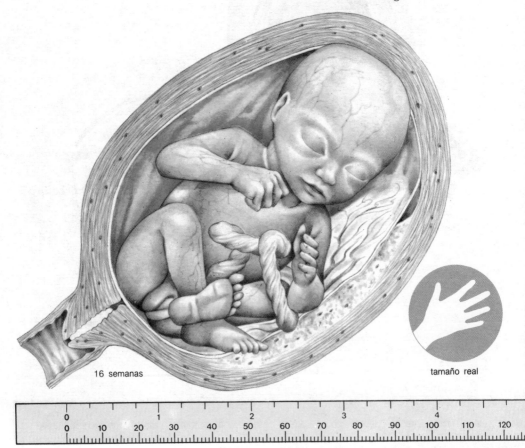

16 semanas

tamaño real

20 SEMANAS

Su bebé está creciendo rápidamente. Los dientes se empiezan
a formar en los maxilares, y
comienza a aparecer el cabello.
La fuerza de los músculos va
en aumento. Los movimientos
son más vigorosos y usted
empieza a percibirlos. Son
aleteos leves que se asemejan
a burbujas que revientan
contra el abdomen.
Longitud: 25 cm
Peso: 340 g

24 SEMANAS

El bebé chupa el pulgar en
forma intermitente y puede
toser y tener hipo. Aún no ha
acumulado depósitos de grasa
y todavía es delgado.
Longitud 33 cm
Peso: 570 g

28 SEMANAS

La cabeza está más proporcio-
nada con el cuerpo. Comienzan
a acumularse depósitos de grasa. El cuerpo se halla cubierto
por una grasa espesa (vérnix)
que evita que la piel se sature
de líquido amniótico. Los pulmones están llegando a la madurez y el bebé podría respirar si
naciera.
Longitud: 37 cm
Peso: 900 g

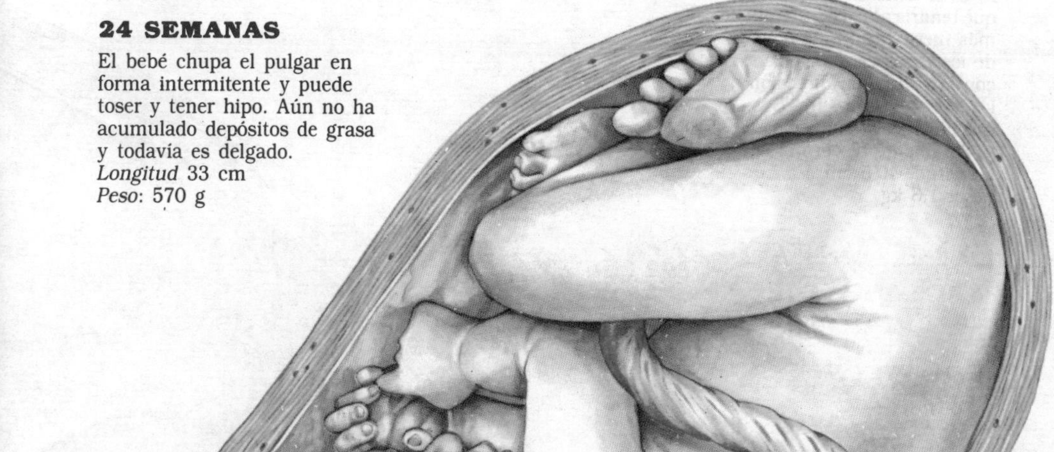

28 semanas

tamaño real

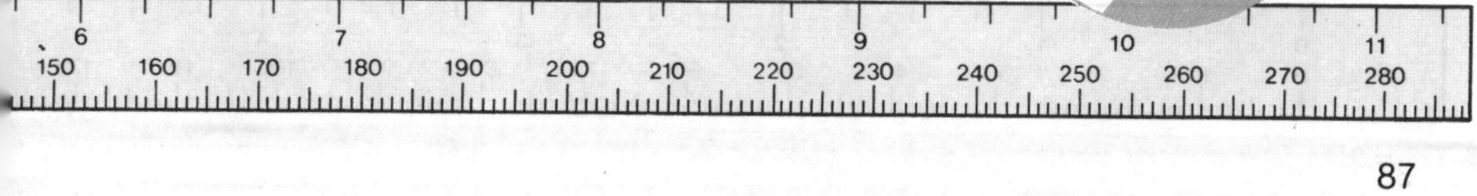

6   7   8   9   10   11
150   160   170   180   190   200   210   220   230   240   250   260   270   280

Tercer trimestre

A partir de las 28 semanas el bebé es considerado viable por ley, es decir, que tiene la capacidad de vivir como ser humano independiente, con cuidados especiales. Puede tener problemas respiratorios y dificultad para conservar su temperatura, pero con las instalaciones modernas de cuidados especiales son altas sus probabilidades de sobrevivir.

32 SEMANAS

El bebé tiene las proporciones que tendría al nacer. Es mucho más fuerte y en más del 90% de los casos está localizado con la cabeza en dirección a la pelvis de la madre. Sus movimientos son muy vigorosos y claramente discernibles.
Longitud: 40.5 cm
Peso: 1.6 kg

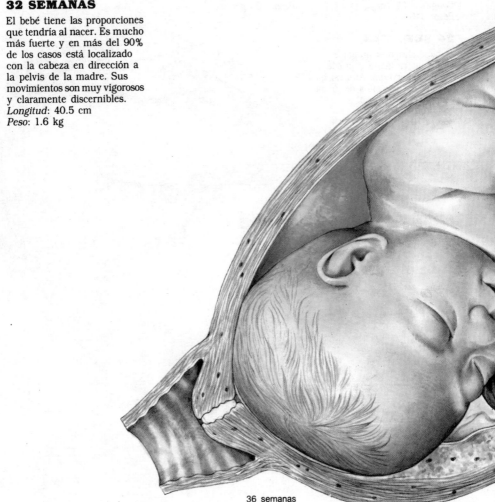

36 semanas

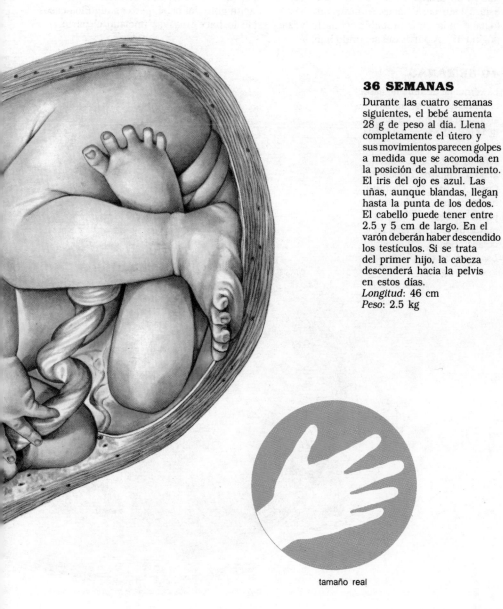

36 SEMANAS

Durante las cuatro semanas siguientes, el bebé aumenta 28 g de peso al día. Llena completamente el útero y sus movimientos parecen golpes a medida que se acomoda en la posición de alumbramiento. El iris del ojo es azul. Las uñas, aunque blandas, llegan hasta la punta de los dedos. El cabello puede tener entre 2.5 y 5 cm de largo. En el varón deberán haber descendido los testículos. Si se trata del primer hijo, la cabeza descenderá hacia la pelvis en estos días.

Longitud: 46 cm
Peso: 2.5 kg

tamaño real

6	7	8	9	10	11	
150 160 170	180 190 200	210 220 230	240 250	260 270	280	

Término

Al cabo de cuarenta semanas desde el primer día de su última menstruación, su bebé estará listo para nacer, aunque rara vez lo hace en la fecha probable del parto (véase página 49). A partir del segundo hijo, la cabeza del bebé encaja en la abertura pélvica aproximadamente una semana antes del nacimiento del bebé, pero en algunos casos solo lo hace una vez iniciado el parto.

40 SEMANAS

La vérnix ha disminuido hasta el punto de quedar apenas algunos vestigios en los pliegues de la piel, alrededor del cuello, las axilas y la ingle. Las uñas son largas y deberán cortarse al poco tiempo del nacimiento. Cuando el bebé está despierto, mantiene los ojos abiertos y puede distinguir la luz. La mayor parte del lanugo ha desaparecido.
Longitud: 51 cm
Peso: 3.4 kg

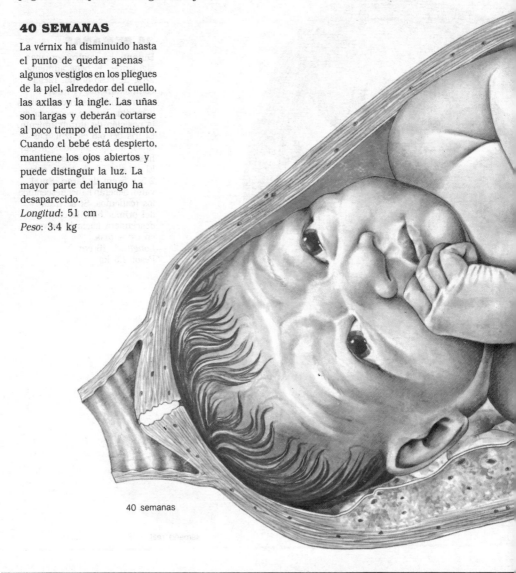

40 semanas

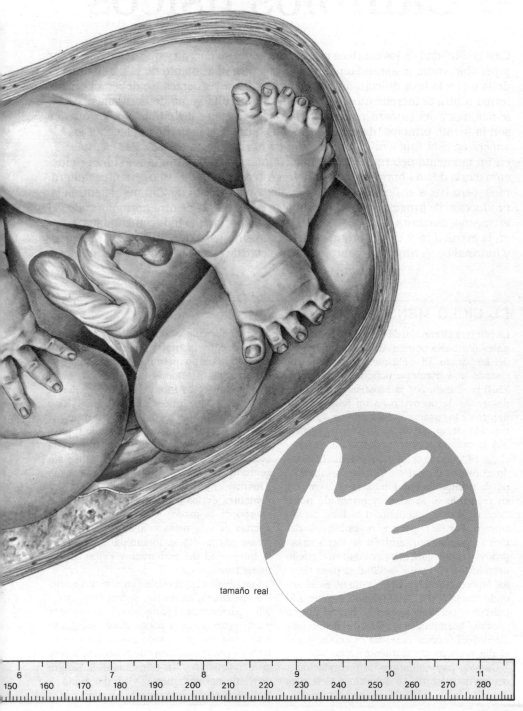

tamaño real

6   7   8   9   10   11
150   160   170   180   190   200   210   220   230   240   250   260   270   280

6 Cambios físicos

Casi la totalidad de los cambios que experimenta su cuerpo y que usted puede ver y percibir, como el agrandamiento de los senos, el aumento de la pigmentación de la piel y la leve dificultad para respirar si hace esfuerzos, se deben de una forma u otra al incremento en la producción de una gama de hormonas femeninas y del embarazo. Durante las fases iniciales del embarazo, los ovarios son la fuente principal de estas hormonas, pero rápidamente la placenta los supera en esta función. La producción de hormonas es colosal. Por ejemplo, en un momento determinado de un ciclo menstrual común, la máxima producción diaria de una hormona clave, la progesterona, sería de unos cuantos miligramos, pero hacia el final del embarazo, llega a ser hasta de 250 mg. Mientras la producción de progesterona aumenta 50 o 60 veces, la de otra hormona clave, el estrógeno, aumenta 20 o 30 veces. Todas las hormonas inducen cambios en la estructura y en los procesos del organismo para que éste pueda sostener y nutrir al bebé. Ningún órgano escapa al efecto de estas alteraciones bioquímicas.

EL CICLO MENSTRUAL

La primera alteración de los patrones hormonales normales ocurre muy a comienzos del embarazo. El ciclo menstrual se inicia cuando una hormona (foliculoestimulante, FSH) producida por la hipófisis estimula el desarrollo de un óvulo en un folículo, dentro de los ovarios (véase página 42). En un ciclo menstrual de 28 días (véase página 39), la ovulación ocurre aproximadamente el día 14, cuando el folículo revienta liberando el óvulo, el cual comienza a avanzar por la trompa de Falopio hacia el útero. En su recorrido es ayudado y orientado por "dedos" que se encuentran al final de la trompa. Por esta época, el revestimiento del útero (endometrio) también se torna más grueso y se adelgaza la mucosidad en el cuello uterino (cérvix) para facilitar el paso de los espermatozoides. Si el óvulo no es fecundado, hacia el día 24 el folículo degenerado (cuerpo lúteo) comienza a marchitarse y otros cambios hormonales producen el desprendimiento del endometrio el día 28 y el sangrado el día primero del siguiente ciclo.

Cuando hay embarazo, la fecundación ocurre hacia el día 14 del ciclo y siete días después, hacia el día 21, se inicia la implantación del óvulo en la pared uterina. Por lo tanto, entre la implantación y la regresión usual del cuerpo lúteo transcurren solo tres o cuatro días. El organismo cuenta únicamente con este corto intervalo para detener la regresión y suprimir la menstruación. Esto probablemente se logra mediante una hormona poderosa llamada gonadotropina coriónica humana (GCH), producida por el óvulo fecundado y cuya función inmediata se cree que es mantener un cuerpo lúteo sano y los niveles de estrógeno y progesterona provenientes de los ovarios. En esta forma, el cuerpo de la madre y el embrión, que apenas es una masa celular minúscula (véase página 42), cooperan para mantener la integridad del embarazo y evitar la menstruación.

Los niveles hormonales en algunas mujeres embarazadas no son suficientemente altos para evitar el sangrado el primer mes y en algunos casos puede haber sangrado leve también al segundo mes e incluso al tercero, por la época en que debería aparecer la menstruación. En estos casos, la sangre proviene del endometrio y no del óvulo fecundado, y la hemorragia no afecta al

CICLO MENSTRUAL DE 28 DIAS

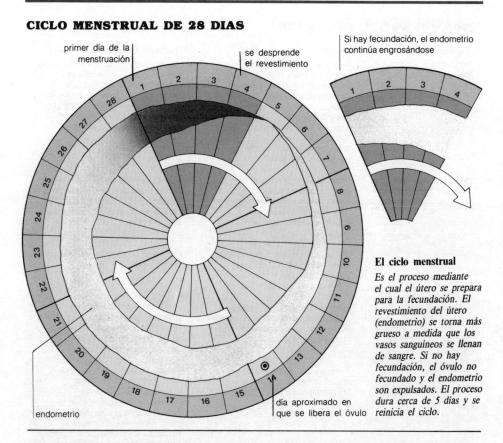

primer día de la menstruación

se desprende el revestimiento

Si hay fecundación, el endometrio continúa engrosándose

endometrio

día aproximado en que se libera el óvulo

El ciclo menstrual

Es el proceso mediante el cual el útero se prepara para la fecundación. El revestimiento del útero (endometrio) se torna más grueso a medida que los vasos sanguíneos se llenan de sangre. Si no hay fecundación, el óvulo no fecundado y el endometrio son expulsados. El proceso dura cerca de 5 días y se reinicia el ciclo.

---

bebé. Sin embargo, si los niveles hormonales son muy deficientes, lo más probable es que se produzca un aborto espontáneo (véase página 160).

La placenta

A fin de implantarse, una porción del óvulo fecundado produce protrusiones microscópicas semejantes a dedos (vellosidades coriónicas), que se incrustan en la pared del útero. Estas protrusiones se convierten en la placenta, la cual suministra alimento y

oxígeno al bebé y elimina los productos de desecho. Ya avanzado el primer trimestre, la placenta es una fábrica química muy eficaz que produce cantidades cada vez mayores de hormonas femeninas y del embarazo con dos funciones específicas. Primero, estas hormonas alteran el cuerpo de la madre para mantener el embarazo y prepararlo para la lactancia. Segundo, garantizan que los órganos reproductivos estén sanos y que la placenta funcione eficientemente, nutriendo al bebé para mantenerlo vivo.

SENOS

El tamaño y la forma varían de una persona a otra de acuerdo con la época del período menstrual. Durante la segunda mitad del ciclo, después del día de la ovulación, la mayoría de las mujeres experimentan agran-

damiento de los senos. Inmediatamente antes de la menstruación, la consistencia se torna nodular al agrandarse las glándulas secretoras de leche, las áreas de color alrededor de los pezones (areolas) se vuelven

HORMONAS DEL EMBARAZO

Nombre	Acción	Efecto sobre la madre y el bebé
Gonadotropina coriónica humana (GCH)	Producida por la vellosidad coriónica, hace que el ovario produzca más progesterona (ver abajo), suprimiendo así la menstruación para sostener el embarazo. Llega a su nivel máximo de producción hacia el día 70, y disminuye hasta un valor constante durante el resto del embarazo. Mantiene la función de los ovarios hasta que la placenta los reemplaza.	Los altos niveles circulantes coinciden con la época en que la mujer sufre de náuseas durante el embarazo (véase página 47). Puede tener relación con los mareos matutinos. La detección de esta hormona en la orina es prueba confiable de embarazo (véase página 48).
Lactógeno placentario humano (LPH)	Producido por la placenta, es esencial para la elaboración normal de leche. Su presencia sirve como prueba indicadora de la eficiencia de la placenta durante las etapas finales de la gestación.	Agranda los senos y produce secreción de calostro a partir del quinto mes aproximadamente. Un bajo nivel indica que la placenta no está trabajando adecuadamente para nutrir al bebé.
Relaxina	Producida probablemente por la placenta. En experimentos con animales se determinó que afloja el cuello uterino. Relaja las articulaciones de la pelvis.	Puede tener un efecto de relajación sobre los ligamentos y articulaciones.
Estrógenos	Producidos en la placenta mediante sustancias desencadenantes provenientes de las glándulas suprarrenales de la madre y el bebé.	Afectan todos los aspectos del embarazo. Tienen particular importancia para mantener la salud del aparato genital, los órganos reproductivos y los senos.
Progesterona	Producida de la misma manera que los estrógenos. Sostiene el embarazo y relaja los músculos lisos.	Afecta todos los aspectos del embarazo. Prepara los senos para la lactancia. La relajación de los ligamentos y articulaciones como preparación para el parto puede afectar los movimientos intestinales causando estreñimiento (véase página 148) y consecuente dolor lumbar (véase página 152). Eleva la temperatura del cuerpo.
Hormona estimulante de los melanocitos (HEM)	Se encuentra en niveles superiores a lo normal durante el embarazo. Estimula la producción de pigmento de la piel.	Aumenta el color de los pezones y hace aparecer parches de pigmentación oscura en el rostro, la cara interna de los muslos y una línea oscura que desciende por el centro del abdomen (véase página 100). Algunas mujeres no sufren todos estos cambios.

irregulares a medida que se agrandan las glándulas sebáceas, y los pezones se tornan sensibles. Los cambios en los senos durante el embarazo pueden ser uno de los primeros signos que la mujer observe.

La mayoría de las mujeres con un ciclo medio de 28 días sentirán un claro agrandamiento de los senos hacia la 6 u 8 semana de gestación, 2 o 4 semanas después de la fecha en que hubiese debido comenzar el período menstrual. Los senos se sentirán firmes y sensibles y las venas superficiales serán más grandes que de costumbre. La sensación de comezón es común, al igual que las punzadas ocasionales. Las glándulas sebáceas de las areolas (tubérculos de Montgomery) adquieren apariencia prominente, nodular y rosada.

Las glándulas mamarias están compuestas principalmente por millones de células productoras de leche y sus pequeños conductos, los cuales se unen para abrirse luego

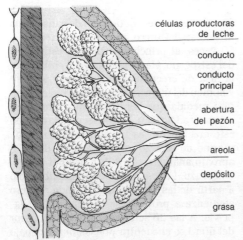

células productoras
de leche

conducto

conducto
principal

abertura
del pezón

areola

depósito

grasa

*El corte transversal de una glándula mamaria
en período de lactancia se asemeja a un árbol
con muchas hojas y ramas.*

en el pezón. Aunque ciertamente se produce superposición respecto a los efectos de las hormonas, el estrógeno estimula el crecimiento de los conductos mientras que la progesterona estimula el agrandamiento de las glándulas mismas. Desde el comienzo del embarazo, los senos producirán una forma de leche llamada calostro (véase página 221); la cual puede aparecer involuntariamente. No debe producirse tanto calostro durante el embarazo como para causarle molestia.

La mayor parte del crecimiento de los conductos y del aumento de peso y tamaño de los senos tiene lugar durante el primer trimestre. Es el resultado del aumento del número de conductos galactóforos como preparación para la lactancia. En este momento, durante el primer trimestre, debe utilizar un buen sostén, quizás dos tallas más grande. También necesitará sostenes especiales para la lactancia, cuando nazca el bebé (véase página 137). Debe tomar la medida aproximadamente un mes antes de nacer el bebé. Si usted proporciona buena sustentación al peso de sus senos durante el embarazo y la lactancia, volverán a ser tan firmes como antes cuando termine dicho período. En algunos casos el tamaño de los senos se reduce después del destete, debido a que el tejido adiposo original ha sido reemplazado por conductos galactóforos. Hacia el final del primer trimestre observará uno de los últimos cambios de sus senos: el oscurecimiento de pezones y areolas ocasionado por un aumento general de la pigmentación (véase página 100) que es otra de las características del embarazo.

Pezones invertidos

Sabrá si tiene pezones invertidos si éstos no sobresalen cuando tiene frío, cuando está excitada sexualmente o cuando amamanta. En la primera consulta prenatal le examinarán los senos y los pezones. Si son invertidos puede usar protectores rígidos debajo del sostén durante el embarazo, o ensayar un ejercicio conocido como la técnica de Hoffman. Coloque el dedo índice a un lado de la areola y hale el pezón. Repítalo con un dedo arriba y otro abajo de la areola. Practique el ejercicio un par de veces al día durante el embarazo. El bebé puede ayudar a superar el problema, aunque tendrá dificultades para agarrar el pezón.

Pezones planos o invertidos

Esta situación puede mejorar con el uso de protectores debajo del sostén a partir de las 15 semanas aproximadamente. Uselos por pocas horas al principio y aumente gradualmente hasta varias horas al día durante el tercer trimestre. Los protectores son de plástico o vidrio y tienen un agujero a través del cual es succionado suavemente el pezón. No duelen.

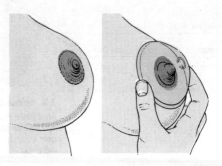

UTERO

El útero cumple tres funciones primordiales durante el embarazo. Es el lugar de implantación para el óvulo fecundado, aloja al feto y expulsa al bebé cuando llega la hora. A fin de cumplir con la segunda de estas funciones, el útero debe crecer y distenderse, evitando la tendencia normal a contraerse cuando hay algo dentro de él, mientras su salida, el cuello uterino, se resiste al estiramiento.

Expansión

A fin de alojar al feto, la placenta y los líquidos, el volumen interno del útero debe ampliarse, pasando de ser un espacio potencial a tener capacidad para cerca de 5 litros, aumento de casi 1000 veces. Durante la primera mitad del embarazo, el útero aumenta de peso rápidamente debido sobre todo al incremento del tamaño de las fibras musculares. El tamaño de cada célula muscular del útero aumenta cerca de 50 veces, al principio debido al estímulo del estrógeno. Hacia la mitad del embarazo, la tasa de crecimiento disminuye, pero el volumen del útero aumenta luego rápidamente a medida que las fibras musculares se estiran y adelgazan. La consecuencia de todo este crecimiento es un aumento del peso uterino de casi 20 veces, pasando de 40 g, aproximadamente, a 800 g al final del embarazo. La expansión es perceptible solo a partir de las 16 semanas, cuando el útero comienza a proyectarse por encima de la pelvis. A las 36 semanas, la parte superior del útero se encuentra precisamente debajo del esternón. Cuando la cabeza del bebé encaja en la pelvis (véase página 171) el útero desciende de nuevo.

Expansión del útero

El volumen del útero aumenta cerca de 1000 veces durante el embarazo y, al hacerlo, comprime los demás órganos. Esto puede producir problemas como necesidad de orinar con frecuencia, acidez, falta de aliento y estreñimiento.

diafragma

estómago

intestinos

útero

feto

vejiga

vagina

recto

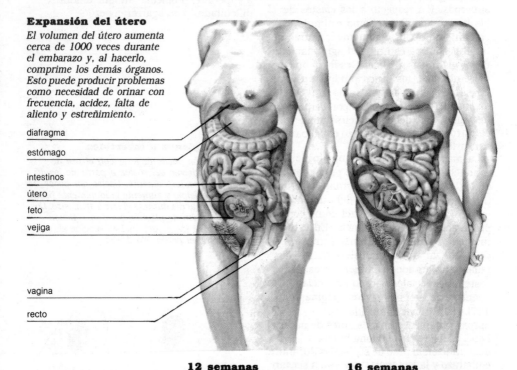

12 semanas
Mediante palpación abdominal apenas se puede sentir el útero que emerge de la cavidad pélvica.

16 semanas
El útero se expande rápidamente, la cintura desaparece, y el embarazo es evidente.

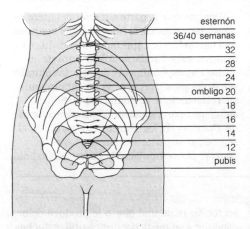

esternón
36/40 semanas
32
28
24
ombligo 20
18
16
14
12
pubis

Altura del fondo del útero

Puede determinarse mediante palpación abdominal o con una medida en centímetros tomada desde el pubis. Sirve de guía para la duración del embarazo.

Contracciones

Una de las características normales del músculo uterino es que sufre contracciones que rara vez se perciben. Durante todo el embarazo el útero se contrae leve y brevemente y esas contracciones podrán pasar desapercibidas. Sin embargo, si coloca la mano sobre el abdomen sentirá el endurecimiento del músculo. Estos movimientos leves e indoloros se conocen como contracciones de Braxton Hicks y ocurren aproximadamente cada 20 minutos durante todo el embarazo. Son importantes ya que garantizan una buena circulación sanguínea en todo el útero y contribuyen al crecimiento uterino. Probablemente no percibirá estas contracciones de Braxton Hicks sino en el último mes del embarazo. Pueden resultar bastante fuertes y ser tomadas por contracciones de parto. Esto se conoce como "falso parto" (véase página 173).

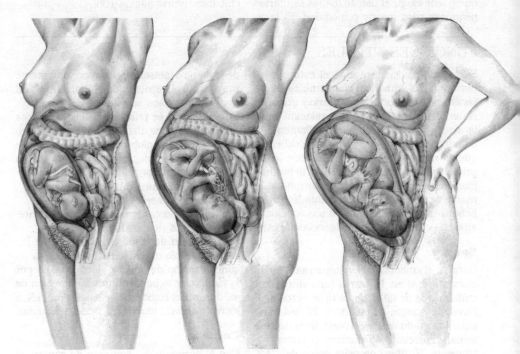

28 semanas

La piel del abdomen comenzará a estirarse y la presión ascendente puede alterar su digestión.

36 semanas

El útero ejerce presión sobre las costillas, por lo cual puede sentir un dolor punzante en esa región.

40 semanas

La cabeza del bebé encaja en la cavidad pélvica y presiona sobre la ingle y la pelvis.

Hasta las 12 o 14 semanas, el feto se puede acomodar fácilmente en el espacio proporcionado por el útero, pero después de este tiempo la unión entre el útero y la parte superior del cuello uterino comienza a distenderse para dar más espacio al bebé. Esta parte se denomina segmento interior del útero. Es esencial que la distensión de este segmento no permita que el cuello del útero se dilate antes de que el bebé esté listo para nacer.

Mientras que la parte superior del útero es muscular y elástica, la mitad inferior contiene una banda fuerte y apretada de tejido fibroso. Aunque esta banda se afloja durante el embarazo, especialmente durante las últimas semanas para preparar el alumbramiento, su resistencia a la dilatación suele ser suficiente para soportar las contracciones de Braxton Hicks. Durante el parto, es el segmento superior del útero el que se contrae para empujar al bebé hacia la salida.

VAGINA

Al comienzo del embarazo también se produce un cambio en los tejidos vaginales a fin de facilitar la dilatación de este canal durante el parto. Las células musculares se agrandan y las membranas mucosas que revisten las paredes se tornan más gruesas. Un efecto secundario de esto es el aumento de secreciones vaginales (véase página 154) que puede exigir el uso de toallas sanitarias pequeñas para mayor comodidad. Si la

secreción tiene mal olor o le produce dolor, consulte a su médico y nunca utilice duchas vaginales durante el embarazo. Otra consecuencia de esta mayor lubricación y de la inflamación de la vagina puede ser la intensificación del placer sexual. Sin embargo, esto varía de una mujer a otra y también durante las distintas etapas del embarazo (véase página 106).

FUNCIONES VITALES

Su cuerpo reaccionará ante el estímulo hormonal del embarazo con cambios en los sistemas circulatorio, respiratorio y urinario. Anteriormente se creía que la relación entre la madre y el embrión era sencillamente la de huésped y parásito, pero ahora sabemos que es mucho más compleja. Desde los primeros días y como respuesta a la producción elevada y diversificada de hormonas, la madre se adelanta a las necesidades de su bebé: a través de cambios en sus funciones vitales, se anticipa a las exigencias de éste.

Sangre

Durante el embarazo, el volumen sanguíneo aumenta casi en 1.5 litros (una mujer no embarazada de talla media tiene cerca de 5 litros de sangre circulante). El volumen aumenta gradualmente a partir de la décima semana, nivelándose durante el tercer trimestre. El útero necesita cerca del 25% de esa sangre adicional, y el aporte sanguíneo aumenta también en los senos y otros órganos vitales, e incluso en las encías (véase página 101). El aumento de la parte líquida

de la sangre (plasma) es proporcionalmente mayor que el aumento de glóbulos rojos. Si los glóbulos rojos se diluyen demasiado, esta situación se reflejará en los exámenes prenatales en una disminución en la concentración de hemoglobina, la cual se conoce como anemia fisiológica, que no es lo mismo que la anemia por falta de hierro (véase páginas 73). En una mujer embarazada normal, el número de glóbulos rojos se multiplica constantemente, especialmente si la dieta es rica en hierro.

Otro efecto derivado del aumento de la sangre circulante es la reducción en la concentración de sodio, que es la razón por la cual no se debe disminuir la ingestión de sal durante el embarazo (véase página 115), a menos que haya mucha retención de líquidos.

Corazón

Con el aumento del volumen de sangre, el corazón tiene una carga adicional. Hacia el final del segundo trimestre, el trabajo del corazón habrá aumentado en un 40 por ciento. El corazón se agranda para cumplir con su función pero resulta sorprendente que la frecuencia de pulsación sea casi la misma que antes del embarazo. La mayor parte del aumento del volumen circulatorio está destinado al útero. También aumenta el flujo sanguíneo a los riñones. De la misma manera, la cantidad de sangre que fluye por la piel aumenta y, por eso, se ve más rosada, es más tibia y transpira más. Durante el tercer trimestre el útero puede presionar la vena principal del abdomen si usted se acuesta sobre la espalda. Esto puede producir un descenso de la presión sanguínea que la hará sentir débil y mareada.

Pulmones

A fin de mantener bien oxigenada esa sangre adicional, los pulmones también tienen que trabajar más. Si usted recibe mucho aire puro y hace ejercicio, mejorará el aporte de sangre a sus pulmones. Durante el tercer trimestre, en especial si se trata de un embarazo múltiple o si el tamaño del útero es excesivo, éste ejercerá presión también sobre los pulmones, lo que podrá causarle molestia y sensación de sofoco. La posición vertical ayuda, incluso en la cama.

Riñones

Sus riñones tendrán que limpiar y filtrar un 50% más de sangre. Por consiguiente, la eficiencia de la función renal aumenta y el cuerpo elimina más rápidamente los productos de desecho, tales como la urea y el ácido úrico. Pero los riñones no distinguen los nutrientes de los productos de desecho, de tal forma que la glucosa también es eliminada, rápidamente, junto con los minerales y vitaminas, por ejemplo, la vitamina C soluble en agua y el ácido fólico, el cual es excretado a una velocidad cuatro o cinco veces mayor. Este es uno de los motivos por los cuales es necesario prestar mucha atención a la nutrición y mantener una ingestión apropiada de vitaminas y minerales durante el embarazo; asimismo explica la necesidad de tomar suplementos de ácido fólico (véase página 115).

Además de la mayor cantidad de orina que se debe eliminar, el útero en contracción irrita la vejiga que se encuentra muy cerca, por lo que quizás aumente la frecuencia de la orina. Este es uno de los primeros signos del embarazo (véase página 47). Aunque ello resulte molesto, no limite la ingestión de líquidos.

Articulaciones

Las articulaciones están rodeadas por bandas de tejido fibroso duro e inflexible llamadas ligamentos, cuya función es conectar, dar apoyo, fortaleza y estabilidad a las articulaciones. Con el embarazo y la secreción de ciertas hormonas, los ligamentos, especialmente los de la pelvis, comienzan a aflojarse y tornarse más flexibles, a manera de preparación para el parto, momento en que la mayoría de las articulaciones deberán ceder y acomodarse para dar paso libre al bebé hacia el mundo exterior. Las articulaciones principalmente afectadas son la articulación sacroilíaca en la región lumbar, además de la unión de los huesos del pubis al frente, es decir, la sínfisis púbica.

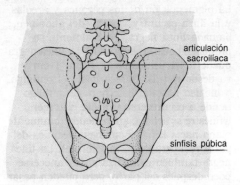

articulación sacroilíaca

sínfisis púbica

Articulación sacroilíaca
Está ubicada hacia la parte superior de las nalgas.

A partir de las 16 semanas aproximadamente, el peso del feto ejerce presión sobre la pelvis y puede producir la rotación del anillo pélvico hacia adelante. Este cambio de angulación, junto con el peso cada vez mayor del bebé, recarga esfuerzos sobre los músculos y ligamentos lumbares, los cuales son causa de dolor lumbar. Esta rotación hacia adelante se puede contrarrestar con una buena postura y mediante ejercicios de basculación pélvica (véase página 130).

La elasticidad de todos los ligamentos durante el embarazo significa que son más susceptibles al estiramiento y, por consiguiente, al dolor en la región lumbar, las piernas y los pies. Una buena postura (véase página 120) el ejercicio, zapatos con algún tipo de soporte, y los masajes (véase página 145) pueden ayudar mucho a contrarrestar la molestia (véase páginas 148-155).

PIEL

Aunque algunas mujeres rebosan buena salud durante el embarazo, la piel sufre ciertos cambios que no son muy agradables, pero que generalmente desaparecen poco después de nacer el bebé.

Pigmentación

Una característica universal del embarazo es cierto grado de oscurecimiento de la piel, aunque éste varía de acuerdo con el color de la piel. En las mujeres rubias, pelirrojas e incluso castañas de piel clara, quizás no se produzcan cambios considerables, pero las morenas percibirán un oscurecimiento marcado de la piel, y las regiones de los pezones, areolas, abdomen y genitales permanecerán oscuras por el resto de su vida. La pigmentación de los pezones y areolas, y la línea oscura y vertical del abdomen, llamada línea negra, generalmente se producen hacia la semana 14. La línea negra puede tener un ancho de hasta 1 cm y va desde el vello púbico hasta el ombligo, o incluso hasta el esternón. El ombligo tiende a oscurecerse y hacia el tercer trimestre se achata, apareciendo totalmente plano hacia las 40 semanas. Después del parto recupera su forma normal. La línea negra también comienza a desvanecerse poco después del parto, pero pueden pasar varios meses antes de que lo haga o permanecer para siempre en forma de sombra.

Todas las marcas oscuras de nacimiento, nevos, pecas o cicatrices recientes, especialmente en el abdomen, pueden oscurecerse durante el embarazo, y el efecto es mayor si se exponen a la luz solar, pero probablemente recuperen su tonalidad normal poco después del parto. Algunas veces aparecen parches irregulares de color oscuro (cloasma) que empeoran con la luz solar (véase página 138). Generalmente comienzan a desvanecerse poco después del alumbramiento y desaparecen completamente tras de unos meses.

Textura

Es importante predecir si la piel, especialmente del rostro, se tornará más seca o grasa, o si mejorará o empeorará durante el embarazo. Los niveles elevados de hormonas tienen varios efectos sobre la piel, al igual que el aumento del volumen circulatorio. La mayor producción de grasa es producto de la progesterona, la cual estimula la producción de sebo. Es posible que aparezcan puntos de grasa inesperadamente (véase página 139), no solo en el rostro sino también en la espalda, como consecuencia de los niveles hormonales fluctuantes. La mayor retención de líquidos puede producir una apariencia hinchada (véase página 139) según la forma de la cara. Sin embargo, todos estos cambios son normales y desaparecerán cuando nazca el bebé.

Estrías

Se producen en la piel en distintas situaciones. Primero aparecen en la adolescencia cuando crecemos aceleradamente. También se presentan cuando aumentamos de peso rápidamente y por último durante el embarazo. La causa subyacente es la misma en todos los casos: desgarramiento de los haces de colágeno. El colágeno es el "esqueleto" de la piel; su red de haces elásticos permite que la piel se estire durante el movimiento o cuando hay un cambio de forma o tamaño. Las marcas del embarazo se deben al elevado nivel de hormonas sexuales que circulan en la sangre. Uno de los efectos de dichas hormonas es descomponer y retirar las proteínas de la piel, perturbando así los haces de colágeno y dando a la piel consistencia débil y frágil. La piel se presenta delicada y elástica en ciertas zonas; éstas son las estrías.

Las estrías que se producen cuando aumentamos mucho de peso son el resultado del estiramiento de los haces de colágeno hasta el punto de producirse su desgarro, a causa de la grasa acumulada debajo de la piel. Durante el embarazo, estas marcas aparecen en los senos, el abdomen, y también en los muslos y las nalgas. Serán de color encarnado en el embarazo; posteriormente serán blancas y brillantes. En mujeres de raza negra estas marcas pueden ser muy notorias.

CABELLO Y UÑAS

Los dos están constituidos por la misma sustancia — la queratina — ; tal vez usted pueda observar los cambios de su cabello (véase también página 138) y sus uñas.

Cambios en el cabello

El embarazo puede ejercer un efecto impredecible y exagerado sobre el cabello. El pelo rizado puede convertirse en liso, o el liso en rizado, y estos cambios pueden permanecer aun después del nacimiento del bebé.

En algunas mujeres, el cabello se torna abundante y brillante y en otras puede perder vida y hacerse graso. Incluso el vello de todo el cuerpo puede alterarse y ser más o menos abundante.

En la mayoría de los casos, el cabello se torna más graso, en especial hacia el final del embarazo, debido a las grandes cantidades de progesterona circulante, la cual estimula las glándulas sebáceas del cuero cabelludo. El cabello seco puede beneficiarse con este cambio, aunque quizás disminuya. Si su cabello siempre ha sido normal, quizás le resulte difícil acoplarse a estos cambios porque su cabello no será tan dócil como antes. Debido a este factor no es conveniente teñirse el cabello o hacerse la permanente durante el embarazo.

Una razón por la cual puede engrosar el cabello es que los cambios hormonales harán que más del 90% de él entre simultáneamente en una fase de crecimiento (normalmente solo el 90% crece mientras el resto permanece en reposo). Por lo tanto, durante el embarazo, su cabello debe ser más abundante y grueso, aunque esto no les suceda a todas las mujeres.

Poco después del nacimiento del bebé, perderá todo el cabello que hubiera tenido que perder de no haber estado embarazada, para dejar paso a cabello nuevo. La caída del cabello puede continuar durante 18 meses y si el reemplazo es lento, su cabellera será cada día más escasa. Ello puede ser motivo de alarma, pero ninguna mujer se ha quedado calva como consecuencia del embarazo, así que esté segura de que tarde o temprano recuperará su cabello.

El vello del cuerpo y el rostro entra en una fase de crecimiento también, por lo cual tal vez aumente en cantidad y resistencia.

Cambios en las uñas

La debilidad de las uñas es otro problema que algunas mujeres observan durante el embarazo. Puede ser muy molesto, pero los guantes de caucho y las lociones para las manos la ayudarán. Después del parto las uñas recuperarán su dureza normal, aunque quienes tienen uñas más duras y brillantes durante el embarazo quizás experimenten debilidad después del parto.

DIENTES Y ENCIAS

Anteriormente se decía que el bebé tomaba el calcio de los dientes de la madre y que, por lo tanto, la mujer era muy susceptible a la caries durante el embarazo. Esto no es cierto, ya que no existe un medio para extraer calcio de los dientes. Sin embargo, las grandes cantidades de progesterona producidas durante la gestación pueden ablandar y aflojar los márgenes de la encía alrededor de los dientes, predisponiendo a la infección (véase página 150). Por consiguiente, es esencial la absoluta meticulosidad de la higiene oral. Pida una cita con su odontólogo tan pronto como se confirme su embarazo y pregúntele si es necesario algún cuidado especial. Sea puntual con sus citas de control durante el embarazo y la lactancia. Recuerde mencionar su estado para evitar los rayos X. Para evitar problemas dentales y de encías utilice una dieta rica en calcio y vitaminas y muy pobre en alimentos azucarados que son los causantes de la caries.

7 Cambios emocionales

En términos psicológicos, su deber principal durante los nueve meses de embarazo es incluir a su nuevo hijo en sus planes, su futuro, sus sentimientos y su forma de vivir. Aunque los hombres y las mujeres se ven enfrentados a problemas similares, es posible que ustedes se sientan afectados en forma distinta. Cualquier agitación emocional será una fuerza positiva para guiarlos en su camino para convertirse en padres. Tras haberla pasado, tendrán más probabilidades de estar bien preparados desde el punto de vista emocional para la llegada del nuevo bebé. El hecho de sentir dudas no significa que hayan cometido un error. No sería lógico pensar que la llegada de un hijo es solo un juego. Lo mejor que pueden hacer es ser francos consigo mismos. Si expresan sus mutuos sentimientos con sinceridad podrán aclarar sus ideas y sentar las bases para un diálogo permanente durante todo el embarazo.

SU IMAGEN DE SI MISMA

El tamaño y la forma de su cuerpo la harán sentirse extraña y quizás tema volverse gorda y perder su atractivo. Trate de ser optimista. Busque la belleza en la redondez de sus senos y la curva de su abdomen. Tanto para los hombres como para las mujeres, un cuerpo en estado de gravidez es sensual, y la mujer encinta es bella a su manera. La imagen que usted tenga de sí misma es importante en su situación. La confianza que se deriva de sentirse orgullosa de su forma y de su fecundidad la hará ser más optimista acerca de su estado y quizás sienta mayor interés en verse bien (véase página 134) y estar saludable (véase página 111) y en forma (véanse páginas 120-133).

Efecto de las hormonas sobre su estado de ánimo

Los cambios de su estado anímico son en gran medida el reflejo de los cambios intensos de sus secreciones hormonales internas. En cierta forma usted ha perdido el control sobre ellas y no hay motivo para sentirse culpable o avergonzada si se comporta de forma diferente con los demás. Por ejemplo, no tienen por qué echarle en cara que responda de forma agresiva cuando antes su temperamento era más suave. Casi todas las mujeres embarazadas son emocionalmente más susceptibles y dadas a cambios temperamentales, reacciones exageradas ante pequeñeces, ataques de llanto y sentimientos de inseguridad y pánico, precisamente a causa de las intensas alteraciones hormonales. Incluso durante el embarazo más positivo usted podrá sentir cierto grado de depresión, confusión y temor. Cuando comprenda que es normal sentirse deprimida a veces durante el embarazo, se sentirá mejor y los momentos difíciles serán cada vez más cortos. No trate de ser demasiado analítica; reaccione ante cada situación que vaya surgiendo.

Véase a sí misma y a su redondez como algo que madura e infunde vida.

SENTIMIENTOS HACIA SU PAREJA

Durante el embarazo habrá muchos altibajos que usted y su pareja deberán enfrentar. Estén preparados y dispuestos a tomárselo con calma y a tener paciencia. Si la suya es una buena relación, una de las cosas que inevitablemente sentirán es que el embarazo contribuye a afianzarla. Este fortalecimiento de los lazos entre ustedes podrá ser un poco abrumador en un principio, mientras se habitúan. Podría resultar útil acordar desde el primer momento que todo lo relativo al embarazo se discuta abiertamente, sin interpretar los comentarios del otro como rechazo o crueldad. Durante este período muchas parejas se exigen cosas poco usuales, como prueba de devoción y lealtad. Es necesario ver los pequeños motivos de queja como lo que son y señalarlos y explicarlos sin demora. La realidad de acercarse a la responsabilidad de ser padres puede producir tensión, pero ésta podrá aliviarse si deciden ser francos el uno con el otro. La fricción y el conflicto parecen disminuir cuando cada uno de los miembros de la pareja está dispuesto a ser condescendiente.

Indudablemente comenzarán a evaluarse mutuamente a la luz de sus nuevas funciones. Quizás cada uno haya tenido hasta el momento la imagen ideal del padre o la madre que su pareja deberá ser, y tratarán de comparar las actitudes reales con esa fantasía. No hay que ser duros en la evaluación: recuerden que también se están evaluando de igual forma ustedes mismos. Así sabrán comprender cómo se siente su pareja al ser juzgada permanentemente.

El vínculo especial del embarazo puede acercarlos más en su relación amorosa.

COMPROMISO DEL PADRE

En un acontecimiento fundamental de la vida como es el nacimiento de un hijo, el padre debe adoptar una función activa. Debe sentir que también está contribuyendo a algo y, mejor aún, que en unión de la mujer está haciendo algo muy importante.

La función de padre no comienza con la llegada del hijo: es necesario participar en el embarazo desde un principio. Por ejemplo, muchas mujeres se sienten más tranquilas con la presencia de su pareja en la primera visita prenatal.

Como futuro padre, usted se preguntará qué puede hacer para ayudar a su pareja durante el embarazo, sin descuidar sus propias necesidades, pero aceptando a la vez que su vida sufra ciertas alteraciones. La regla de oro es estar atento a las necesidades de su pareja, contribuir a su cuidado y permanecer estrechamente vinculado a todo lo que le está sucediendo. La paternidad siempre implica trabajar arduamente, cumplir con responsabilidades serias e invertir mucho tiempo, pero todo esto le será recompensado con dicha, satisfacción y felicidad inconmensurables. Durante el embarazo, el parto, y después del nacimiento, la madre buscará en usted valor y apoyo. Si no los recibe, se sentirá muy sola.

No es raro que un futuro padre descubra sentimientos de celos durante el primer embarazo de su pareja. Quizás se sienta abandonado si su mujer prefiere compartir la información sobre el aconte- cimiento con sus amigas y no con usted. Si descubre que está tratando de restar importancia a sus exigencias, problemas y necesidades, piense en usted mismo. Haga un esfuerzo especial para ser razonable, saber escuchar, comprender y dar apoyo. Seguramente será recompensado y eso significará ser aceptado por su pareja como el hombre de su vida y el padre de su hijo.

En la práctica, no es fácil depender el uno del otro, y ciertas tradiciones machistas tampoco ayudan. El hombre fuerte y taciturno no se convierte fácilmente en un padre comprometido. Es más sencillo aprender a través del ejemplo de un buen padre, pero quizás usted deberá educarse para la paternidad diseñándose su propio sistema de aprendizaje.

Tal vez le ayude saber que las madres son tan ignorantes como los padres sobre los recién nacidos y los niños. Las madres aprenden de sus propios errores y por pura necesidad. Si usted no participa, nunca tendrá esa suerte, y considero una tragedia ser excluido de la crianza de su hijo y quedarse de lado como un extraño. Recuerde también que no existe una forma correcta o equivocada de ser padre, sino que se necesita voluntad para crecer junto con el hijo, amando, admitiendo los errores y dedicando parte de su tiempo a estar con su familia. Todo esto le ayudará a convertirse en mejor padre.

TEMORES ESPECIALES

Las madres especialmente sienten muchos temores acerca del bebé, sobre todo durante el último trimestre. La proximidad del parto y de la llegada de un nuevo bebé fomentan en ellas temores sobre posibles anormalidades, sobre la capacidad de ser una buena madre, la posibilidad de cometer errores imperdonables como dejar caer al pequeño y la capacidad para enfrentar la tarea diaria de atenderlo durante las primeras semanas de vida. Todas estas inquietudes son naturales y acosan a la mayoría de las mujeres. Si usted sabe que van a surgir y que son normales y naturales, podrá controlar mejor su angustia.

Los sueños, en especial, pueden ser angustiosos. Puede soñar que maltrata a su bebé o que no le brinda los cuidados apropiados. Puede soñar que lo pierde o que nace muerto. Sus sueños representan un temor perfectamente válido; son temores subconscientes que no está dispuesta a enfrentar mientras está despierta. Los sueños son la forma de traer a la superficie esos temores y eliminarlos. Piense que de esta forma libera sus angustias. El hecho de soñar que hace daño a su bebé no significa que realmente desee hacerlo o que lo haría; es un síntoma normal de querer hacer lo mejor por él.

Todas las mujeres que esperan un hijo se preocupan, en un momento u otro, porque algo salga mal con el bebé. Los sueños sobre la pérdida o muerte son infundados en la realidad. Tienen más relación con la salida figurativa del feto del útero. Soñar con la muerte del bebé es parte de la obvia preocupación por el bienestar de ese hijo. Aunque yo sabía perfectamente que estos sueños eran naturales, me preocupaba cuando los tenía. Una forma de evitar pro-

blemas era tratar de olvidarlos en el momento de abrir los ojos y ocuparme en una tarea agradable de preparación para la llegada de mi hijo.

Todas las mujeres sienten temor por la forma en que puedan comportarse durante el parto. ¿Será el dolor demasiado intenso? ¿Gritarán? ¿Pasarán por la vergüenza de evacuar la vejiga o los intestinos? ¿Perderán el control y actuarán como tontas? ¿Armarán un alboroto y harán cosas que no hubieran deseado hacer? Esos temores son normales, y lo más probable es que se sorprenda de su propia tranquilidad, aunque la mayoría de nosotras no dejamos de hacer alguna tontería durante el parto o el alumbramiento. Realmente no importa; recuerde que tanto médicos como enfermeras lo han visto todo y nada les llamará la atención.

RELACIONES SEXUALES DURANTE EL EMBARAZO

La mayoría de las mujeres con quienes he tratado este tema han estado de acuerdo en que las relaciones sexuales son más placenteras que nunca. En la mujer, el estímulo se logra más rápidamente debido al alto nivel de las hormonas circulantes, y la total excitación sexual se alcanza en menos tiempo que cuando no hay embarazo. Muchas partes del cuerpo como los senos, pezones y órganos genitales (véase página 98) son más sensibles debido al desarrollo considerable de los órganos reproductores que se vuelven más susceptibles a la excitación que antes. Está también la ventaja de no tener que recurrir a métodos anticonceptivos.

No obstante, durante el primero y el tercer trimestre tiende a perderse un poco la libido, lo cual puede ser consecuencia de la mayor actividad hormonal al comienzo del embarazo, con esa sensación de náusea y fatiga, y del gran volumen corporal hacia el final del mismo. Aunque no sientan deseos de hacer el amor, lo cual le sucede a muchas parejas, busquen otras formas de proporcionarse placer sexual.

No parece existir ninguna razón médica para evitar las relaciones sexuales plenas durante todo el embarazo, ya que el útero está completamente sellado por el tapón de

mucosidad. Sin embargo, un artículo publicado en una de las revistas médicas de la Gran Bretaña, titulado "¿Afectan las relaciones sexuales al feto?", señala que una actividad sexual excesiva puede favorecer las infecciones en la madre. El informe indica que esto ocurre casi exclusivamente dentro de los sectores socieconómicos más bajos y probablemente se relaciona con otros factores como la higiene y la posible promiscuidad. Mientras usted tenga relaciones sexuales únicamente con su pareja y solamente cuando lo desee, y siempre que no representen un ejercicio muy duro, no habrá nada que le impida gozar de esas relaciones durante todo el embarazo, a menos que su médico piense lo contrario o estén presentes otros factores (véase la página siguiente). Las relaciones sexuales también son benéficas para su cuerpo — el orgasmo ejercita los músculos uterinos aunque esto puede producir contracciones más avanzado el embarazo, las cuales, no obstante, duran pocos minutos. Además tomará mayor conciencia de los músculos del piso de la pelvis.

¿Afectarán al bebé las relaciones sexuales?

No existe información que sugiera que las relaciones sexuales puedan ser nocivas para el bebé. No pueden producirse infecciones ya que el bebé está bien protegido dentro de un saco de líquido. Tampoco sufrirá por aplastamiento, pues el saco de líquido (saco amniótico — véase página 83), es un excelente amortiguador, y una vez que el feto esté firmemente adherido al útero de su madre, no habrá forma de que las relaciones sexuales puedan producir un aborto espontáneo. Si éste llegare a ocurrir sería por otros motivos, como la iniciación del parto. Pero el parto no comenzará simplemente debido al estímulo sexual.

CUANDO NO DEBE HABER RELACIONES SEXUALES

● Si hay hemorragia, consulte a su médico y absténgase de las relaciones sexuales. Quizás no sea nada serio (véase página 154), pero su médico debe descartar la posibilidad de una placenta previa (véase página 156) o de un aborto espontáneo.

● Si ha tenido abortos espontáneos anteriormente, solicite consejo a su médico o en la consulta prenatal. Quizás deba abstenerse de tener relaciones durante los primeros meses, mientras el embarazo se estabiliza.

● Si presenta flujo con sangre (véase página 173) o se rompe la bolsa, puede haber riesgo de infección.

POSICIONES PARA LAS RELACIONES SEXUALES DURANTE EL EMBARAZO

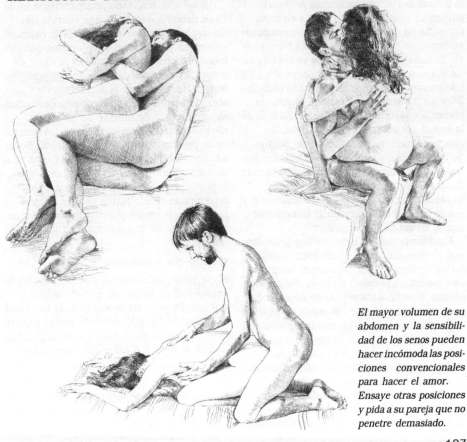

El mayor volumen de su abdomen y la sensibilidad de los senos pueden hacer incómoda las posiciones convencionales para hacer el amor. Ensaye otras posiciones y pida a su pareja que no penetre demasiado.

107

8 Salud y nutrición

Para garantizar el desarrollo de su bebé en un medio sano, deberá mantener su cuerpo en el mejor estado físico y de nutrición que le sea posible. No es cuestión de diseñar una dieta especial para el embarazo, sino de comer una buena variedad de alimentos apropiados; es decir, aquéllos ricos en nutrientes esenciales. Si su dieta tiene alguna deficiencia, no solamente afectará a su salud sino a su capacidad para soportar el embarazo y nutrir al bebé. También debe tomar conciencia de los efectos nocivos de la nicotina, el alcohol y las drogas, ya que pueden interferir el desarrollo y bienestar del bebé.

AUMENTO DE PESO

Para su bien y el de su bebé, usted deberá aumentar de peso durante el embarazo. En la actualidad se piensa que es necesario aumentar mucho más de lo que se creía antes. Se ha determinado que es esencial un aumento de peso razonable, mas no excesivo. El incremento de peso que se aprecia en las mujeres embarazadas oscila entre 9 y 13.5 kilogramos y se hace más acelerado entre las 24 y las 32 semanas. El útero, el feto, la placenta y los líquidos representarán más de la mitad del aumento de peso total. Su cuerpo fabrica más sangre (véase página 98) y también es necesario acumular grasa desde un principio como preparación para la lactancia. Estos depósitos de grasa se mantienen después del alumbramiento y por lo general desaparecen gradualmente con la lactancia y el ejercicio.

Anteriormente, los médicos que pensaban que el exceso de peso podía constituir un factor de riesgo en el embarazo, adoptaban una posición alarmista hacia él. No quisiera alentar a nadie a aumentar demasiado de peso, pero pienso que los médicos pueden convertir el embarazo en una tortura con su obsesión sobre el peso. Obligarse a un régimen no es buena idea durante el embarazo, mientras que sí lo es tener una dieta variada y equilibrada. Los peores efectos de una dieta insuficiente o desequilibrada se harán sentir durante los primeros y los últimos días del embarazo,

cuando está desarrollándose y madurando el cerebro del bebé.

Un estudio realizado recientemente en la Gran Bretaña demostró que cuando hay discrepancias entre la ingestión de calorías, vitaminas y minerales y los niveles normalmente recomendados para las madres, es mayor la incidencia de bebés de bajo peso. Por otra parte, es menor la incidencia de anormalidades físicas y mentales, de abortos espontáneos y de muerte de los recién nacidos cuando las madres tienen un aumento de peso relativamente elevado (sin llegar a la obesidad) y cuando los bebés pesan más al nacer. También se ha demostrado que el parto prolongado está directamente relacionado con la forma en que el útero ha crecido durante el embarazo y ello a su vez depende de la adecuada nutrición de la madre.

Grado de aumento

En lugar de enfatizar las limitaciones, en la actualidad se habla de que el aumento *mínimo* de peso en la mayoría de los casos debe ser de 11kg. Cuando la mujer ingiere lo que necesita, su aumento de peso generalmente se ajusta a un patrón natural y

Durante el embarazo usted debe consumir una amplia gama de alimentos nutritivos mediante una dieta equilibrada.

predecible. Quizás el aumento de peso y el cambio de la figura ocurran desde el momento de confirmarse el embarazo (6-8 semanas). Sin embargo, su peso será controlado a partir de las 12 semanas, cuando se inscriba en la consulta. Ese será el punto de partida para sus cálculos.

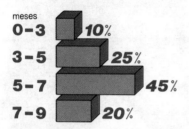

meses

0-3 10%
3-5 25%
5-7 45%
7-9 20%

Porcentaje del aumento de peso total

Esta es una guía aproximada de su aumento de peso según la etapa del embarazo.

Exceso de peso

Aunque no existe un aumento ideal, esto no significa que usted pueda comer todo lo que desee y aumentar de peso sin ningún control. La obesidad representa varios problemas; por ejemplo, existe una relación entre el exceso de peso y la cesárea. Se piensa que cuando la grasa se acumula entre las fibras musculares del útero, éstas son menos eficientes y no pueden contraerse lo suficiente para empujar al bebé una vez iniciado el parto. La obesidad también significa un mayor esfuerzo para el corazón, que tiene que trabajar a su máxima capacidad.

Si está claramente obesa y se encuentra sometida a régimen para adelgazar, es importante que suspenda la dieta antes de tratar de concebir. Una vez que esté tratando de concebir o ya encinta, a menos que el médico vea un riesgo en su obesidad, escoja sus alimentos con cuidado pero no tome medidas drásticas para perder peso hasta que haya concluido el período de lactancia.

Pautas para la alimentación

La mayoría de los manuales de alimentación para la mujer embarazada contienen largas listas de platos para preparar y pesar, sin tener en cuenta las ocupaciones de la mujer o el hecho de que no siempre podrá estar

CONCIENCIA DEL AUMENTO DE PESO

Si engorda durante el embarazo, es conveniente saber que la grasa se acumula preferiblemente en los muslos y los antebrazos, y es muy difícil eliminar esta grasa después del parto. Puesto que este hecho desmoraliza, he aquí algunas sugerencias para ayudarle a mantener el aumento de peso dentro de límites razonables.

- Tan pronto como sepa que está embarazada, pida que le tomen una fotografía y repita lo mismo aproximadamente cada mes. Esto le permitirá mantener su tamaño dentro de una perspectiva y si piensa que está aumentando demasiado de peso, las fotografías le ayudarán a tener fuerza de voluntad para controlar sus antojos.
- Si siempre ha tenido problemas de peso pero ha logrado controlarlos, será propensa a comer demasiado durante el embarazo. Hágalo con moderación desde un principio y no se exceda durante el tercer trimestre, cuando su apetito será inevitablemente mayor.
- Tenga una reserva de alimentos nutritivos — queso, frutos secos y nueces, cereal integral — en su casa y en el trabajo. Evite los alimentos de alto contenido calórico y poco nutritivos que resultan tan accesibles, como los pasteles, las patatas fritas y las bebidas gaseosas.
- No busque felicidad en la comida. Si la preocupación por el bebé y el parto le impiden concentrarse en algún proyecto serio, distraiga su atención con un rompecabezas o alguna labor manual para romper la rutina.
- Al preparar las comidas o los refrigerios, siga estas reglas sencillas: ingerir alimentos no procesados incluir mucha fibra en la dieta asar en lugar de freír endulzar con edulcorantes naturales suprimir alimentos que engorden.

en casa para cocinar. En lugar de preocuparse por porciones exactas o por las listas de alimentos, es mejor que comprenda *por qué* necesita ciertos alimentos y sustancias nutritivas, y así podrá elaborar su propio plan alimenticio. Si sufre náuseas, también tendrá que planear un horario para sus comidas.

Lo que debe comer

Su apetito aumentará, y al llegar al cuarto mes quizás sienta hambre a todas horas. Este es el medio de que se vale la naturaleza para asegurarse de que ingiere lo suficiente para alimentarse usted misma y a su bebé. Esto no significa que deba "comer por dos". Es perfectamente normal comer más a medida que el metabolismo se acelera, pero sus necesidades de energía solo aumentarán un 15%, lo cual significa que 500 calorías adicionales al día serán suficientes.

Cada bocado que usted ingiera deberá ser bueno para usted y su bebé. Si antes de quedar embarazada su alimentación era adecuada, deberá estar suficientemente sana para superar el período de mareos (véase página 150). A medida que avance el embarazo, trate de hacer un mayor número de comidas pequeñas, por ejemplo cinco o seis, en lugar de tres grandes. Siempre es más fácil digerir comidas pequeñas y frecuentes. Las contracciones intestinales son más lentas durante el embarazo, por lo cual la evacuación es más lenta y el estómago corre el riesgo de sobrecargarse. El feto presiona el estómago durante el último trimestre limitando su capacidad, de tal manera que es más fácil digerir una comida pequeña que no le cause pesadez. El problema es qué tipo de alimentos o tentempiés ingerir. Tradicionalmente, los tentempiés se consiguen fácilmente como las patatas fritas y las galletas. Sin embargo, no son alimentos beneficiosos y tienen un alto contenido calórico. Por lo tanto, desarrolle su imaginación y trate de comer emparedados, nueces, frutas y sopas.

ALIMENTOS QUE DEBE EVITAR

Por regla general, cuanto mayor es la elaboración y la cocción de los alimentos, menos es su valor nutritivo. Por lo tanto, su objetivo deberá ser escoger en lo posible alimentos frescos, crudos y enteros. Si conoce los componentes naturales de los alimentos, los aditivos y la elaboración, podrá evitar las comidas de bajo poder nutritivo o incluso nocivas para la salud. Al planear su dieta alimenticia recuerde lo siguiente:

• En los alimentos elaborados, los elementos nutritivos han sido reducidos, eliminados o destruidos por los métodos de enlatado, pasterización o congelación comercial.

• Los alimentos a los cuales se han agregado conservativos, sabores y colores artificiales contienen un alto nivel de sustancias químicas indeseables.

• Los productos hechos con harina blanca o cualquier cosa que contenga azúcares agregados, son poco nutritivos y contienen muchas calorías.

• Las bebidas gaseosas dulces contienen calorías "huecas" y aditivos nocivos.

• El café y el té fuertes afectan adversamente el sistema digestivo; el ácido tánico del té que se bebe durante las comidas puede impedir la absorción del hierro de los alimentos. Las grandes cantidades de cafeína y ácido tánico pueden no ser buenas para el bebé.

• Algunos alimentos pueden favorecer el desarrollo de bacterias peligrosas; se deben evitar durante el embarazo el paté y el queso blando, los huevos crudos y el hígado en grandes cantidades — (véase página 114).

• Los alimentos que realmente no están frescos, como puede suceder con las verduras, pierden su valor nutritivo.

• Ciertos mohos producen sustancias tóxicas que conviene evitar, así que tenga cuidado con frutas y verduras cuya corteza esté dañada, con alimentos mohosos, secos o rancios. No es suficiente retirar las partes malas, ya que las sustancias nocivas pueden penetrar más profundamente y la cocción no las destruye.

ELEMENTOS NUTRITIVOS VITALES DURANTE EL EMBARAZO

No hay razón para necesitar más alimentos que antes, pero tendrá que conocer el valor nutritivo de aquéllos que escoja.

Proteínas

Las necesidades de proteínas aumentan casi un 50%, de tal manera que tendrá que agregar más alimentos ricos en proteínas a su dieta. En un día, podrá suplir estas necesidades con tres huevos, ½ litro de leche, 100 g de queso, o una buena porción de pescado o carne magra. Todos estos productos contienen los aminoácidos necesarios (las sustancias químicas que componen las proteínas). Las proteínas vegetales contienen solo parte de los aminoácidos, de tal forma que deben combinarse con una proteína animal o con algunos productos de trigo (pan integral o bizcochos integrales) para que sean proteínas completas (ver abajo). Estas proteínas vegetales se encuentran en las arvejas o guisantes, las alubias o frijoles, las lentejas, la levadura de cerveza, las semillas y las nueces.

Calorías

Necesitará cerca de 500 calorías adicionales al día además de las 2000 a 2500 normales. Esta necesidad será aún mayor si hace poco tuvo su último hijo, si continúa trabajando, si debe cuidar de una familia muy grande, si su peso es inferior al normal o si sufre tensión nerviosa. No debe concentrarse deliberadamente en consumir calorías; las obtendrá de todos los demás alimentos si su dieta es variada.

Fibra

A medida que avanza el embarazo, se produce una tendencia al estreñimiento (véase página 148) y usted podrá ayudar a sus intestinos ingiriendo muchas fibras. Las frutas y las verduras crudas, el salvado, los cereales integrales, las arvejas y los frijoles son alimentos fibrosos que deben ingerirse por lo menos una vez al día.

Líquidos

No debe regular la ingestión de líquidos durante el embarazo, salvo para controlar el

DIETA VEGETARIANA

Si usted es vegetariana no tendrá necesidad de un esfuerzo suplementario para lograr una dieta equilibrada con suficientes cantidades de proteínas, vitaminas y minerales. Existen fuentes complementarias de proteína vegetal, de tal forma que al ingerir alimentos combinados, obtendrá los aminoácidos necesarios (ver arriba). Por ejemplo, si come cereales — arroz o maíz — combínelos con nueces, arvejas o guisantes y frijoles o alubias. Si su comida consta de vegetales frescos, agregue unas cuantas semillas de ajonjolí, nueces o setas para proporcionar los aminoácidos faltantes. No obstante, son muy pocas las personas que ingieren un solo alimento aisladamente.

Las embarazadas vegetarianas que no consumen productos lácteos (vegetarianas puras) tendrán que escoger con más cuidado los alimentos ricos en calcio,

vitamina D (o recibir mucho sol) y riboflavina. El único problema es la vitamina B12 que solo se encuentra en alimentos de origen animal. Es poca la cantidad que se requiere, pero la falta de ella puede producir eventualmente una forma de anemia. Se prepara en forma comercial a partir de hongos y podrá consultar con su médico la posibilidad de ingerir esta vitamina B12 sintética.

El hierro es un nutriente que todos los vegetarianos deben vigilar. Los alimentos de origen vegetal contienen poco hierro, incluso los vegetales de hojas verdes y los frijoles o alubias, y estos alimentos a menudo contienen sustancias que interfieren la absorción del hierro por parte del organismo. Por consiguiente las vegetarianas deben vigilar su dieta tratando de que contenga hierro.

contenido calórico de las bebidas. El agua es la mejor bebida y contribuye a una buena función renal y a evitar el estreñimiento. Si sufre de una leve retención de líquidos (edema, véase página 150), su estado no mejorará reduciendo el consumo de líquidos.

Vitaminas

El valor de la dieta variada y equilibrada compuesta por alimentos sanos le proporcionará las vitaminas necesarias, sin tener que recurrir a complejos vitamínicos. Sin embargo, la investigación ha demostrado que éstos, tomados antes de la concepción y durante el primer trimestre, pueden prevenir defectos del conducto raquídeo como la anencefalia y la espina bífida. Existen otros casos en los cuales los médicos consideran que la mujer podría beneficiarse de dichos soportes vitamínicos (ver abajo).

Minerales

Si su dieta es buena, es poco probable que tenga deficiencia de minerales y microelementos. No obstante, es necesario mantener la ingestión de calcio y hierro y algunos médicos y clínicas prescriben normalmente complejos de hierro y ácido fólico. Si no le prescriben esos medicamentos, pregunte si los necesita. Quizás su médico haya estudiado su dieta y la encuentre adecuada. Es mejor no consumir ningún producto sin informar a su médico. Por lo tanto, hable siempre con él al respecto. Sin embargo, las mujeres nutricionalmente vulnerables ciertamente se beneficiarán con la medicación adecuada.

Calcio

Desde el momento de la concepción es importante ingerir una doble cantidad de calcio, ya que los dientes y los huesos del bebé comienzan a formarse desde las 4-6 semanas. A medida que va creciendo aumentan sus requerimientos de calcio; a las 25 semanas ya se habrán más que duplicado. Entre las fuentes de calcio se cuentan los productos lácteos, las verduras de hoja, las arvejas o guisantes, los frijoles o alubias, las lentejas secas, y las nueces.

La absorción eficiente del calcio no es posible sin vitamina D. Sin embargo, esta vitamina no se encuentra en grandes cantidades en muchos alimentos, y la mejor fuente de ella es la luz solar. El cuerpo puede fabricar su propia vitamina D con la ayuda del sol, de tal manera que no es necesario preocuparse por consumir alimentos ricos en vitamina D (mantequilla, leche, yema de huevo, hígado) a menos que nunca exponga su piel a la luz solar. Los complejos de calcio serán útiles si es alérgica a la leche de vaca. Necesitará hasta 1200 mg diarios en un compuesto, aunque si se alimenta bien serán suficientes 600 mg. También le prescribirán vitamina D que generalmente viene en forma de cápsulas de aceite de hipogloso que también contienen vitamina A.

Hierro

El aumento considerable del volumen sanguíneo exige más hierro para la fabricación de la hemoglobina que precisa un mayor número de glóbulos rojos. A mayor hemoglobina en la sangre, mayor la cantidad de

MUJERES NUTRICIONALMENTE VULNERABLES

Si algo de lo que se enumera a continuación se aplica en su caso, deberá tomar precauciones especiales para alimentarse bien durante el embarazo y seguramente necesitará suplementos vitamínicos para conservar su salud y la de su bebé:
- alergia a ciertos alimentos esenciales como la leche de vaca o el trigo
- debilidad general, poco peso o dieta pobre y no equilibrada antes de la concepción
- aborto espontáneo reciente o nacimiento de un hijo muerto, o períodos cortos entre los partos
- consumo excesivo de cigarrillo o alcohol
- enfermedad crónica que le obligue a tomar constantemente alguna forma de medicamento
- ser adolescente y estar aún en etapa de crecimiento
- embarazo múltiple
- trabajar excesivamente o sufrir tensión por motivos que caen fuera de su control.

oxígeno que podrá transportar a los tejidos, incluyendo la placenta. El bebé también tomará sus reservas de hierro para conservarlas después del nacimiento, ya que la leche materna contiene solamente vestigios del mismo.

Al organismo le resulta muy difícil absorber el hierro. El que contienen los alimentos de origen animal (camarones, yema de huevo) se absorbe mejor que el derivado de los cereales y las nueces, y, por lo tanto, si consume alimentos ricos en vitamina C

VITAMINAS Y MINERALES REQUERIDOS DURANTE EL EMBARAZO

Nombre	Alimentos que los contienen	Función
Vitamina A (retinol)	Leche entera, margarina enriquecida, mantequilla, yema de huevo, pescado aceitoso, aceites de hígado de pescado, hígado, riñones, verduras verdes y amarillas, zanahorias — al cocinar la zanahoria se libera la vitamina A y facilita su absorción	Desarrolla resistencia a la infección; esencial para la buena visión; mantiene en buenas condiciones la piel y las membranas mucosas; necesaria para la formación del esmalte dental, el cabello y las uñas; importante para el crecimiento y la formación de la glándula tiroides.
Vitamina B1 (tiamina)	Cereales integrales, nueces, legumbres, hígado, corazón, riñones, levadura de cerveza, germen de trigo (no debe excederse en la cocción pues se perderán los beneficios)	Ayuda a la digestión; mantiene el estómago y los intestinos en buenas condiciones; se requiere para la fertilidad, el crecimiento, la lactancia. Las necesidades del cuerpo aumentan cuando hay enfermedades o infecciones.
Vitamina B2 (riboflavina)	Levadura de cerveza, germen de trigo, cereales integrales, verduras, leche, huevos, hígado; los beneficios pueden perderse si los alimentos se exponen a la luz	Ayuda a descomponer todos los alimentos, previene los problemas de los ojos y la piel; esencial en el momento de la concepción y durante los primeros días para el normal crecimiento y desarrollo del embrión.
Niacina (B3)	Levadura de cerveza, cereales integrales, germen de trigo, hígado, riñones, verduras, pescado aceitoso, huevos, leche, cacahuetes	Contribuye al desarrollo de las células cerebrales; previene las infecciones y el sangrado de las encías.
Acido pantoténico (B5)	Hígado, riñones, corazón, huevos, cacahuetes, salvado de trigo, cereales integrales, queso	Esencial para todas las funciones reproductivas normales; mantiene los glóbulos rojos.
Vitamina B6 (piridoxina)	Levadura de cerveza, cereales integrales, hígado, corazón, riñones, germen de trigo, hongos, patatas, plátanos, melaza, verduras secas	Ayuda al organismo a asimilar las grasas y los ácidos grasos necesarios para producir los anticuerpos que combaten las enfermedades. Su deficiencia causa enfermedades nerviosas y anemia.
Vitamina B12 (cianocobalamina)	Hígado, levadura de cerveza, germen de trigo, cereales integrales, leche, soya, pescado	Esencial para el desarrollo de glóbulos rojos sanos; necesaria para la formación del sistema nervioso central del bebé.
Acido fólico (parte del complejo B)	Verduras de hoja crudas, hígado de cordero, nueces	Esencial para la formación de la sangre; previene defectos del conducto raquídeo como la espina bífida y otras malformaciones; esencial para el desarrollo del sistema nervioso del bebé.

(cítricos y verduras frescas) al mismo tiempo que los alimentos ricos en hierro, podrá duplicar la cantidad de hierro absorbido.

Si la mujer tiene una deficiencia de hierro en el momento de quedar embarazada, o desarrolla dicha deficiencia posteriormente, debe recibir hierro en tabletas o inyecciones para evitar la aparición de una verdadera anemia. El hígado se debe consumir en poca cantidad. Grandes dosis de vitamina A pueden producir defectos congénitos en el bebé.

Nombre	Alimentos que los contienen	Función
Vitamina C (ácido ascórbico)	Cítricos, frutas frescas, verduras rojas, verdes y amarillas. Se destruye con el exceso de cocción	Contribuye a desarrollar resistencia a las infecciones; sirve para formar una placenta fuerte; ayuda a la absorción del hierro del intestino; desintoxicante útil dentro del organismo, importante para la reparación de fracturas y la cicatrización de heridas. La necesidad varía; la infección, la fiebre y la tensión agotan los recursos del cuerpo y aumentan las necesidades.
Vitamina D (calciferol)	Leche enriquecida, pescado aceitoso, aceites de hígado, huevos, mantequilla, yema de huevo. La luz solar activa una previtamina en la piel (véase página 113)	Promueve la absorción de calcio del intestino y ayuda a incorporar el calcio de la sangre y los tejidos en las células óseas para fortalecer los huesos.
Vitamina E	Germen de trigo, la mayoría de los demás alimentos	Necesaria para mantener las membranas celulares; protege ciertos ácidos grasos.
Vitamina K	Verduras verdes de hoja. Fabricada por el cuerpo a partir de las bacterias intestinales	Ayuda al proceso de coagulación de la sangre.
Calcio	Leche, queso duro, pescado pequeño entero, cacahuetes, nueces, semillas de girasol, verduras	Esencial para la formación de huesos y dientes sanos; importante durante los primeros meses cuando están en formación los dientes del bebé.
Hierro	Riñones, hígado, mariscos, yema de huevo, carne roja, melaza, albaricoques, judías, uvas y ciruelas pasas	Esencial para la formación de glóbulos rojos sanos.
Zinc	Salvado de trigo, huevos, hígado, nueces, cebolla, mariscos, semillas de girasol, germen de trigo, trigo integral	Ayuda a la formación de muchas enzimas (proteínas especiales que supervisan las reacciones químicas de nuestro cuerpo) y de las proteínas; se requiere para garantizar la liberación de la vitamina A desde los depósitos hepáticos hacia el torrente sanguíneo.

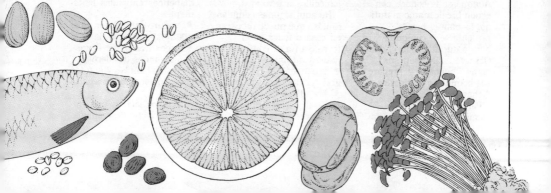

Los antiácidos limitan la absorción de hierro, de tal manera que si sufre de indigestión y toma medicamentos, debe cuidar su consumo de hierro. Una buena fuente de este mineral son las ollas de hierro. Los alimentos cocidos en ellas absorberán el hierro, aumentando su propio contenido de este mineral entre 3 y 30 veces.

Acido fólico

Es esencial para suministrar los ácidos nucleicos requeridos por las células embrionarias en rápida división, y puesto que el cuerpo almacena ácido fólico y durante el embarazo excreta cuatro o cinco veces la cantidad normal, es necesario consumirlo suficientemente cada día. En los casos de mujeres que han tenido hijos con defectos cerebrales y de la médula espinal como la espina bífida, en ocasiones se prescriben suplementos de dosis más elevadas, de hasta 4 mg. El ácido fólico se encuentra en las verduras de hoja y en las nueces pero como las bajas dosis prescritas no producen ningún efecto nocivo conocido, conviene que todas las mujeres embarazadas tomen suplementos de ácido fólico.

Sal

Por lo general, todos consumimos demasiado sodio, pero durante el embarazo mantenga un consumo adecuado de sal. Cualquier exceso de sal en la sangre se diluye a causa del aumento de los líquidos corporales.

COMIDAS PRACTICAS

Las patatas han tenido muy mala publicidad, pero son muy nutritivas y deben incluirse en la dieta. Una patata contiene cerca de 3 g de proteína, además de calcio, hierro, tiamina, riboflavina y niacina, más 7 veces la cantidad de vitamina C que contiene una

DIETA Y MAREOS MATUTINOS

Resulta irónico que las mujeres que sienten náuseas durante el primer trimestre del embarazo puedan sentir hambre al mismo tiempo. El alimento alivia la náusea, aunque ésta pronto regresa. En muchos casos, resulta útil durante esas semanas difíciles tomar frecuentemente pequeños refrigerios y evitar alimentos que desencadenan el mareo (por lo general alimentos grasos, cremosos o aliñados) o los olores que producen el mismo efecto (humo del cigarrillo o de frituras). Aunque se le conoce con el nombre de mareo matutino, la náusea puede presentarse a cualquier hora o durante todo el día. Observe cuáles son sus horas "buenas" y prepare sus comidas y refrigerios a dichas horas.

Parece que el efecto disminuye con la ingestión de mayor cantidad de almidones. Sin embargo, esto puede conducir a un aumento excesivo de peso. Es necesario acumular grasa durante el primer trimestre (véase página 108) de tal manera que si toma carbohidratos de un pan o un pastel, es mejor eso que nada, especialmente si sufre de vómito. Existen otras formas más nutritivas de carbohidratos como el pan integral, el arroz y las patatas, así que trate de comer esas cosas en lugar de dulces, pasteles y panecillos azucarados.

He aquí algunas comidas rápidas que puede preparar en casa o tener en el trabajo a fin de controlar la náusea durante el día:
- rebanadas de pan integral deshidratadas al horno
- bocadillos de pan integral y queso duro
- nueces y pasas
- albaricoques secos
- pastel de fruta (preferiblemente hecho con harina integral y germen de trigo)
- manzanas verdes frescas
- galletas ligeras y requesón
- verduras crudas tales como zanahorias, apio, habichuelas verdes tiernas, arvejas o guisantes extraídos de su vaina, tomates
- jugos de frutas frescas diluidos con agua gaseosa
- agua gaseosa con una rodaja de limón
- limón
- pastillas de menta para diabéticos chupadas lentamente
- yogurt natural con miel y sin sabores artificiales
- jugos frescos de frutas
- infusiones de hierbas
- frutas blandas y jugosas como melocotones, ciruelas y peras
- batidos lácteos preparados con leche descremada.

manzana. Si no desea agregar demasiadas calorías, no fría las patatas. Trate de cocinarlas con pellejo, ya sea que las haga al horno, en agua o en puré. Al pelarlas se pierde mucha fibra, la mayor parte de las proteínas, muchas vitaminas y la mitad del hierro.

Otro alimento útil es la leche; aunque no es esencial, es de uso fácil, una fuente económica de proteína, y suministra calcio y vitaminas A y D. Si le disgusta, tómela con cereales, en flan, sopas y salsas, o coma queso o yogurt. Si es alérgica a la leche, es necesario que la reemplace por otros alimentos que contengan los elementos nutritivos que suministra, en especial el calcio.

Después de leer sobre los productos alimenticios mencionados en este capítulo, verá que con solo unos cuantos podrá cubrir sus necesidades y contribuir al desarrollo y crecimiento de su bebé. A menos que la suya sea una dieta macrobiótica, cubrirá sus necesidades diarias ingiriendo algunos de los siguientes alimentos todos los días: leche, huevos, pescado, carne magra, vísceras (riñón, hígado), productos de levadura, quesos duros, productos integrales (pan negro, pastas o arroz), frutas y verduras frescas, jugos de frutas, nueces, frutos secos.

SUSTANCIAS PELIGROSAS

Si fuma o bebe, modifique sus hábitos durante el embarazo para proteger al bebé. Debe ser muy meticulosa con la higiene: la carne cruda y las heces del gato, en particular, contienen un parásito, el toxoplasma, que puede afectar seriamente a su bebé.

El tabaco

☐ Los agentes químicos absorbidos del humo del cigarrillo limitan el crecimiento fetal, al reducir el número de células producidas tanto en el cuerpo como en el cerebro del bebé. La nicotina produce la constricción de los vasos sanguíneos y, por lo tanto, reduce el aporte de sangre a la placenta, interfiriendo la nutrición del bebé.

☐ El nivel de monóxido de carbono es más elevado en la sangre del fumador y sea cual sea el nivel presente en la madre, se concentra en la sangre del bebé. Además de ser una sustancia tóxica, el monóxido de carbono reduce la cantidad de oxígeno que la sangre puede transportar. A mayor concentración de monóxido de carbono en la sangre del bebé, menor será el peso al nacer. Estos niños de bajo peso al nacer pueden tener problemas y menos posibilidades de sobrevivir. También se duplica en las fumadoras la incidencia de niños prematuros.

☐ Los estudios han demostrado que existe una mayor probabilidad de todo tipo de malformaciones congénitas en los hijos de las mujeres fumadoras.

☐ En las fumadoras, el riesgo de aborto espontáneo (interrupción del embarazo y muerte del feto) es casi dos veces mayor, en parte debido a que el cigarrillo aumenta

SUGERENCIAS PARA FUMAR MENOS

Puesto que el embarazo inevitablemente produce tensiones, quizás le sea imposible dejar de fumar. He aquí algunas sugerencias para ayudarle a disminuir el número de cigarrillos:
● reduzca a menos de 10 cigarrillos diarios
● consuma la marca de menor contenido de nicotina y alquitrán
● fume siempre cigarrillos con filtro
● no inhale el humo
● apague el cigarrillo por la mitad, la mayor parte de la nicotina y el alquitrán se concentran en la segunda mitad
● si fuma por nerviosismo, ocupe sus manos en otra cosa como pasar cuentas en un collar
● si necesita tener algo en la boca, mastique una boquilla de plástico (evite mascar dulces o comer más)
● cuide su dieta; las fumadoras pueden tener deficiencias de zinc, manganeso, vitaminas A, B6, B12 y C.

considerablemente el riesgo de implantación de la placenta en la parte inferior del útero (véase página 156), y en parte porque las placentas de las fumadoras tienden a ser más delgadas, sus vasos sanguíneos están deteriorados y envejecen prematuramente.

☐ Las muertes en los recién nacidos son más comunes cuando se trata de hijos de madres fumadoras. Las madres que continúan fumando después del cuarto mes de embarazo contribuyen a aumentar en un tercio el riesgo de que sus hijos mueran prematuramente.

☐ Los efectos del cigarrillo se aprecian durante mucho tiempo después de nacido el bebé, y los niños que viven en hogares donde se fuma son menos sanos.

¿Qué cantidad?

Aunque se cree que el cigarrillo es nocivo en cualquier cantidad, el nivel crítico es de 10 cigarrillos diarios. Por debajo de este número, la tasa de muerte de los recién nacidos disminuye. Las mujeres que viven con fumadores o frecuentan ambientes contaminados de humo corren riesgo aunque no fumen. Los hijos de fumadores empedernidos corren doble riesgo de tener malformaciones.

Es muy importante que la mujer que requiera cuidados especiales durante el embarazo por algún motivo, se abstenga de fumar porque, de lo contrario, agregaría un factor que aumenta las probabilidades de que algo salga mal.

Consumo de alcohol

El grado en que el alcohol, un veneno, puede afectar seriamente al feto, se ha comenzado a evidenciar en los últimos diez años.

Parte del alcohol de cada copa que usted ingiere llega al torrente sanguíneo de su bebé y es más nocivo durante el período crítico del desarrollo comprendido entre las 6 y 12 semanas.

No existe un nivel seguro para el consumo de alcohol durante el embarazo. Si bebe más de dos copas al día, existe una probabilidad entre diez de que su bebé sufra el síndrome alcohólico fetal (SAF), que puede conducir a anormalidades faciales como fisura palatina y labio leporino, defectos cardíacos, desarrollo anormal de las extremidades e

inteligencia inferior al promedio. Un solo incidente de consumo excesivo de alcohol conlleva la misma probabilidad de causar el síndrome alcohólico fetal que el abuso de la bebida durante todo el embarazo. Por lo tanto, deberá limitar su consumo de alcohol a dos copas de licor o vino, o 570 ml de cerveza, si bebe algún día.

En la actualidad se cree que la ingestión de pequeñísimas cantidades de alcohol puede producir problemas mentales aún inexplicados, o afectar de forma sutil el desarrollo físico y mental de los bebés. De acuerdo con los conocimientos científicos actuales, y ya que no se ha determinado que ningún nivel de alcohol sea *seguro* para el feto, sería sensato que toda mujer que decida tener un bebé se abstuviera totalmente de beber (véase página 36), especialmente durante el embarazo.

Fármacos

Es bien sabido que ciertos fármacos pueden afectar el desarrollo de un feto, especialmente durante el período crucial comprendido entre las 6 y 12 semanas, cuando se están formando todos los órganos vitales. Además, un producto químico puede ser inocuo por sí solo, pero nocivo para el feto al combinarse con otros igualmente inocuos, o con ciertos alimentos.

Debido a estos peligros, *no es conveniente tomar ningún medicamento, ni siquiera aspirinas, a menos que sea bajo la supervisión de un médico*. No compre medicamentos por su cuenta para ninguna cosa, ni utilice los que tenga en su casa o hayan sido prescritos a otras personas. Y no consulte a un médico sin antes informarle que está embarazada.

Para el tratamiento de enfermedades crónicas (véase página 37) como la diabetes, la cardiopatía, problemas de tiroides, trastornos reumáticos y probablemente epilepsia, es necesario tomar ciertos medicamentos, pero discuta con su médico si debe continuar el tratamiento antes de concebir.

EFECTOS DE FARMACOS Y DROGAS SOBRE EL BEBE

Nombre de la droga	Efectos
Anfetaminas	Son estimulantes para los adultos y también estimulan el sistema nervioso del bebé. Pueden producir defectos cardíacos y enfermedades de la sangre. Algunas veces están presentes en las píldoras para adelgazar.
Esteroides anabólicos	Todos estos fármacos están relacionados con las hormonas sexuales masculinas y se usan para estimular el apetito, el desarrollo muscular y el aumento de peso. Ejercen un efecto masculinizante sobre un feto femenino.
Antibióticos en general	Cruzan la placenta pero parece que la penicilina es inocua.
Tetraciclina	Produce una decoloración amarilla permanente en los dientes del bebé y puede interferir el crecimiento de los huesos y los dientes.
Estreptomicina	Puede causar sordera en el bebé. Se usa para tratar la tuberculosis.
Antihistamínicos	Se utilizan para tratar reacciones alérgicas y están presentes en algunas preparaciones contra el mareo; posible causa de algunas malformaciones.
Drogas contra la náusea	Se ha demostrado que algunas producen malformaciones en animales de laboratorio. Es mejor tratar de combatir la náusea con la dieta.
Aspirina	Puede producir aborto espontáneo si se ingiere en grandes cantidades. Si se toma durante el último trimestre puede afectar el mecanismo de coagulación del bebé y también su propio mecanismo de coagulación durante el parto.
Píldoras anticonceptivas estrógeno y progesterona	Pueden producir malformaciones de las extremidades, defectos de los órganos vitales y masculinización del feto femenino. Es mejor suspender la píldora por lo menos tres meses antes de concebir.
Codeína	Se utiliza como analgésico y en algunos medicamentos para la tos. Se ha informado de una mayor incidencia de malformaciones como la fisura palatina y el labio leporino. Produce adicción.
Diuréticos	Se utilizan para eliminar el exceso de líquido del cuerpo. Pueden producir afecciones sanguíneas en el feto.
Narcóticos	Causan adicción fetal. Los recién nacidos sufren la agonía de la suspensión del fármaco y pueden requerir transfusión al nacer.
Paracetamol	Es ingrediente común de los remedios para el resfriado, el dolor de cabeza y los analgésicos. Puede producir lesiones al hígado y los riñones del feto.
Progestógenos	Algunos médicos podrán ofrecerle tabletas que contienen estas hormonas para efectuar la prueba del embarazo. Producen masculinización del feto femenino, por lo tanto, rechácelas.
Drogas psicodélicas — LSD, mescalina y cannabis	Pueden causar daños cromosomáticos y, por lo tanto, riesgo de aborto espontáneo o malformaciones. Se sabe muy poco sobre los efectos de estas drogas.
Hormonas sexuales	Algunas veces se administran en un esfuerzo por evitar el aborto espontáneo con resultados discutibles. Pueden producir la masculinización del feto femenino.
Sulfonamidas	Pueden trastornar la función hepática del feto y producir ictericia al nacer. Se utilizan para tratar infecciones urinarias.
Tranquilizantes	Algunos de los más fuertes pueden afectar el desarrollo y el crecimiento causando malformaciones. Puede cambiarse a uno más suave, pero es mejor tratar de suprimirlos durante el embarazo.

9 Ejercicio

El ejercicio es esencial tanto antes como durante el embarazo. Antes de iniciarse la gestación asegura que el cuerpo esté en buen estado físico para llevar a término un embarazo sano. Una vez establecida la gestación permite desarrollar músculos sanos para proteger las articulaciones y la columna vertebral, los cuales se aflojan como preludio natural para el parto, y luego duelen por exceso de esfuerzo. Al combinarse con técnicas de respiración y relajación, ciertos ejercicios específicos le ayudarán a conservar su energía durante el parto, mientras que otros la prepararán para las posiciones de parto.

CONCIENCIA DE SU CUERPO

Su cuerpo sufre muchos cambios durante el embarazo. Hay cambios físicos evidentes (véanse páginas 92-101), al igual que aflojamiento y estiramiento general de los ligamentos que rodean las articulaciones. Pero desde el punto de vista de las actividades cotidianas, lo más importante quizás sea la dificultad que tiene para hacer lo que antes podía realizar con facilidad.

Hacia el final del embarazo su figura pierde elegancia y debido al tamaño de su cuerpo, éste pierde mucha agilidad y movilidad; ya no podrá moverse con la misma rapidez sin perder el aliento. Su centro de gravedad se desplazará hacia adelante y su estabilidad será menor. Una vez inclinada en cierta dirección quizás le sea difícil enderezarse y, si alguien choca contra usted, probablemente caiga de bruces. Para compensar esta falta de estabilidad tenderá a echar los hombros hacia atrás, a pararse con los pies separados y a caminar como un pato.

Todas estas medidas compensatorias implican una utilización diferente de los músculos, que puede producir molestias y dolores menores a medida que avance el embarazo. Sin embargo, si se mantiene en buen estado físico durante la gestación y sabe cómo proteger su cuerpo de las tensiones y esfuerzos, los músculos, articulaciones y ligamentos podrán soportar más fácilmente el esfuerzo del embarazo sin producirle dolor. Quizás pueda también evitar todas las molestias menores. Habitúese a pensar

que su cuerpo está atravesando una etapa especial (no anormal, simplemente especial), y desarrolle los reflejos y las posturas requeridas para suplir las necesidades diferentes. Si realmente siente molestias, alivie la incomodidad recurriendo a técnicas de relajación (véase página 143).

Cómo agacharse y levantar pesos

Las hormonas del embarazo aflojan los ligamentos de la región lumbar y la pelvis, de tal manera que debe evitar levantar objetos

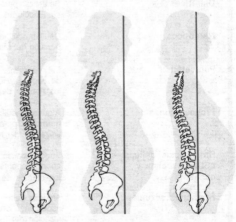

Corrección de malas posturas

Su centro de gravedad (izquierda) es afectado por el crecimiento del bebé durante el embarazo y se produce una tendencia a reclinarse hacia atrás para compensar el peso (centro). Una buena postura (derecha) corrige el equilibrio y ayuda a prevenir los dolores.

PARA PROTEGER LA COLUMNA

Hacia el final del embarazo tendrá que adaptar incluso los movimientos básicos de todos los días como levantarse desde la posición horizontal o de una silla. Hay que procurar que la espalda haga el menor esfuerzo posible y dejarle toda la carga a los muslos.

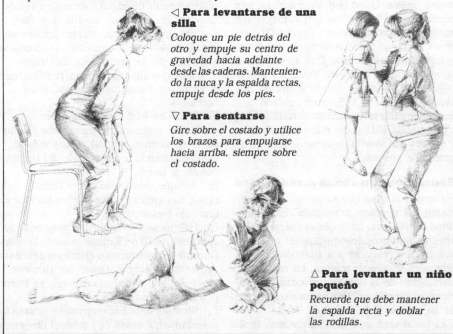

◁ **Para levantarse de una silla**
Coloque un pie detrás del otro y empuje su centro de gravedad hacia adelante desde las caderas. Manteniendo la nuca y la espalda rectas, empuje desde los pies.

▽ **Para sentarse**
Gire sobre el costado y utilice los brazos para empujarse hacia arriba, siempre sobre el costado.

△ **Para levantar un niño pequeño**
Recuerde que debe mantener la espalda recta y doblar las rodillas.

pesados. Debe proteger su columna vertebral durante este tiempo y evitar esfuerzos innecesarios sobre la región lumbar al agacharse o levantar pesos.

☐ Utilice los músculos de los muslos al levantar algo. Siéntese en cuclillas primero, manteniendo la espalda recta. Prepare su cuerpo (separe un poco los pies) tensionando los músculos abdominales, elevando los músculos del piso de la pelvis (véase página 124) inhalando profundamente y contando hasta tres antes de levantar el objeto al llegar a cuatro. Exhale mientras alza el peso. Mantenga el objeto cerca de su cuerpo mientras lo levanta.

☐ Cuando deba llevar algo entre los brazos, evite moverse de lado a lado y trate de distribuir el peso equitativamente, por ejemplo en el caso de los cestos de la compra.

☐ Cuando levante a su hijo pequeño, mantenga el cuerpo erguido, no rote, y cambie al niño de un brazo a otro.

☐ Si debe hacer algo que implique permanecer cerca del suelo, colóquese en cuclillas (véase página 131) o a gatas. Esta es una posición cómoda, en especial si sufre de dolor de espalda, ya que le quita el peso del útero a la columna vertebral.

☐ Si tiene una mala postura, o si carece de flexibilidad en la espalda, mejore su flexibilidad sentándose con las piernas cruzadas y la espalda contra la pared. Estire la columna y balancee la pelvis (véase página 130), presionando la espalda contra la pared. Esto le ayudará a sentir la postura adecuada y a fortalecer la columna.

☐ Evite bajar objetos pesados desde la altura. Su espalda se arqueará y usted podría perder el equilibrio si se trata de algo más pesado de lo que suponía.

IMPORTANCIA DE MANTENERSE ACTIVA

El embarazo, el parto y el alumbramiento exigirán mucho a su cuerpo, de tal manera que mientras más se pueda preparar físicamente, mejor. Usted podrá decidir si desea continuar con los ejercicios que practicaba antes del embarazo (véase página 132) o si desea iniciar un nuevo método. Lo importante es mantenerse activa. Cuanto mejor sea su estado físico, menores serán las probabilidades de endurecimiento a medida que avance el embarazo. Si tiene cuidado de sentarse, pararse y caminar correctamente (véase página 121), podrá evitar las molestias y dolores que inevitablemente se derivan de una mala postura.

Beneficios de un buen estado físico

Su mente, al igual que su cuerpo, se beneficiarán del ejercicio practicado con regularidad. El ejercicio hace que el cuerpo libere agentes químicos tranquilizantes que le ayudarán a relajarse y a suavizar las tensiones y preocupaciones. La rápida circulación de la sangre provocada por el ejercicio garantizará una mejor oxigenación de su cuerpo y de su bebé.

El parto será indudablemente más fácil y menos molesto si tiene un buen tono muscular, y muchos de los ejercicios que se enseñan en los cursos prenatales, combinados con técnicas de relajación y respiración, le ayudarán a tener un mejor control sobre todo el proceso.

Si se mantiene en buenas condiciones durante el embarazo, también podrá recuperar su figura normal más rápidamente después del parto, y el ejercicio constante de los músculos pélvicos (véase página 125) no solamente le facilitará el parto sino también permitirá que los músculos recobren su resistencia normal con mayor rapidez.

No obstante, antes de comenzar un programa de ejercicios al principio del embarazo, consulte a su médico para asegurarse de que no le causará ningún daño. Algunos médicos piensan que la mujer que tiene una historia de aborto espontáneo o posibles complicaciones, no debería hacer ejercicio durante los tres primeros meses.

Pero si tiene "luz verde", he aquí algunas sugerencias para mantenerse en forma:

☐ Trate de ingresar a un curso de ejercicios especialmente diseñado para mujeres embarazadas. Para muchas resulta más fácil cumplir con el programa de ejercicios en esta forma ya que deben someterse a la disciplina impuesta por la instructora. También conviene que alguien observe, para corregir la forma de hacer los ejercicios, si es necesario.

☐ Si no ha hecho ejercicio antes del embarazo, seguramente no cambiará demasiado su actitud, pero al menos trate de caminar cuando le sea posible, 20 minutos diarios si puede.

☐ Aunque deba permanecer sentada todo el día, hay ejercicios que pueden hacerse en una silla (véase página 129).

☐ Habitúese a cumplir un programa de ejercicios de 10 o 15 minutos todos los días. Durante el embarazo los ejercicios deben ser constantes y lentos. Deben ser rítmicos en lo posible, de tal manera que es bueno practicarlos con música.

☐ Siempre debe hacer ejercicios suaves de calentamiento antes de iniciar el programa (véase página 128).

☐ Trate de no dejar pasar un período relativamente prolongado sin hacer algún tipo de ejercicio. Incluso un poco de ejercicio varias veces al día es mejor que un programa intenso seguido de un período prolongado de inactividad.

☐ Nunca llegue hasta el agotamiento.

☐ Nunca haga un movimiento que le produzca dolor. El dolor indica que algo anda mal. Ensaye una variación más sencilla del ejercicio. No se esfuerce por conseguir una posición, proceda gradualmente.

☐ Trate de no estirar demasiado las puntas de los pies, ya que esto podrá producirle calambres en las piernas.

☐ La mayoría de los ejercicios se hacen en el suelo y es conveniente usar almohadas o cojines para contribuir a su comodidad.

☐ Antes de cada ejercicio, inhale profundamente varias veces. Esto la relajará, estimulará su circulación y proporcionará un buen aporte de oxígeno a los músculos.

CURSOS DE EJERCICIOS PRENATALES

Existe una variedad de cursos de ejercicios prenatales y es conveniente investigar un poco lo que ofrecen para determinar qué tipo de enseñanza será más agradable para usted. Habrá cursos disponibles en el hospital (véase página 71), o podrá recurrir a una academia especial para mujeres embarazadas.

Lo que enseñan

Algunas clases se dictan como clases normales, en las que se trabajan todas las partes del cuerpo con ejercicios específicamente diseñados para aumentar la flexibilidad, fortaleza y resistencia de las mujeres embarazadas. Otros cursos están orientados hacia una filosofía del nacimiento. Si desea dar a luz en cuclillas, de acuerdo con la práctica de Michel Odent (véase página 62), habrá ejercicios para fortalecer la espalda y los muslos, por ejemplo. Las clases también representan una buena oportunidad para conocer a otras mujeres que están en su mismo estado.

Yoga

El yoga, con su énfasis en el control muscular del cuerpo, la respiración, la relajación y el sosiego de la mente, es un método excelente de preparación para el embarazo. Sin embargo, el yoga es una filosofía que abarca todos los aspectos de la vida y, aunque existen ejercicios especiales para el embarazo, son solo una pequeña parte de todo el sistema. Si practica el yoga o ha conocido los ejercicios de yoga antes del embarazo, éstos le serán de gran utilidad para sentirse mejor en todo sentido.

Los ejercicios de yoga son semejantes a algunos de los que se enseñan en los cursos prenatales, pero los métodos de respiración son diferentes. Se cree que estas técnicas de respiración ayudan a elevar el umbral del dolor.

La presencia de otras mujeres embarazadas le servirá de estímulo para hacer ejercicio y mantenerse en forma.

MUSCULOS DEL PISO DE LA PELVIS

Son los músculos que soportan el útero, los intestinos y la vejiga y a la vez protegen la entrada de la uretra, la vagina y el ano. La progesterona, una de las hormonas del embarazo, prepara el cuerpo para el parto, aflojando las articulaciones y ligamentos, entre ellos los músculos del piso de la pelvis. Si la presión ejercida por el mayor tamaño del útero debilita el piso de la pelvis, pueden producirse fatiga y molestias leves, y en el peor de los casos incontinencia urinaria y goteo, o incluso prolapso uterino. Se calcula que la mitad de las mujeres que han tenido hijos sufren en mayor o menor grado de debilidad del piso de la pelvis, y experimentan malestar o incontinencia cuando ríen, tosen, estornudan o levantan algún peso.

Las fisioterapeutas que trabajan en el campo de la maternidad han desarrollado una serie de ejercicios para contrarrestar este efecto. Son los ejercicios de Kegel, que llevan el nombre del Dr. Arnold Kegel de la Universidad de California en Los Angeles, uno de los primeros médicos en reconocer la gran importancia de los músculos.

Los ejercicios para el piso de la pelvis se recomiendan para todas las mujeres y deben practicarse antes, durante y después del embarazo (probablemente son más importantes para las mujeres de edad). Si le es posible, incorpore estos ejercicios a su rutina cotidiana. Mientras hace los ejercicios, practique cerca de cinco contracciones de cinco segundos cada una. Una vez que domine los ejercicios, podrá hacerlos en cualquier parte — sentada, de pie o caminando — pero no olvide practicarlos con la mayor frecuencia posible. También serán útiles durante la segunda etapa del parto, cuando esté a punto de emerger la cabeza del bebé (véase la página siguiente).

Ubicación de los músculos

Acuéstese con una almohada debajo de la cabeza y otra debajo de las rodillas. Cruce una pierna sobre la otra y apriete fuertemente las dos piernas una contra la otra. Apriete los músculos de las nalgas y conténgase como si sintiera necesidad de evacuar la vejiga pero tuviera que esperar. Esto le ayudará a ubicar los músculos del piso de la pelvis, los cuales se apretarán dentro de la vagina. Otra forma de ubicarlos es interrumpiendo el flujo de orina. Cuando practique los ejercicios que se dan en la página siguiente, olvide los músculos del abdomen y las nalgas y utilice únicamente los de la pelvis.

Para aislar los músculos de los esfínteres

Acuéstese como se indicó antes, pero sin apretar ni cruzar las piernas. Coloque la punta del dedo sobre la entrada de la vagina y contraiga los músculos del piso de la pelvis. Podrá sentir la contracción del esfínter vaginal. Es más difícil aislar el esfínter de la uretra debido a su proximidad con la vagina, pero también se contrae cuando usted aprieta los músculos de la pelvis.

Ahora coloque el dedo sobre el ano y con un movimiento más grande contraiga los músculos que lo rodean. Sentirá la contracción del esfínter del ano.

Músculos del piso de la pelvis

Se asemejan a un cabestrillo que sostiene en su lugar los órganos pélvicos (derecha). Forman dos grupos principales distribuidos a manera de un número ocho alrededor de la uretra, la vagina y el ano (izquierda). Las capas musculares se superponen y la porción más gruesa está en el perineo.

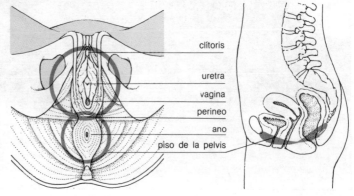

clítoris

uretra

vagina

perineo

ano

piso de la pelvis

FORTALECIMIENTO DEL PISO PELVICO

A continuación describimos cuatro ejercicios básicos de Kegel que le ayudarán a fortalecer los músculos del piso de la pelvis.

Contraer y relajar

Acuéstese sobre la espalda con los pies separados. Levante los músculos de la pelvis concentrándose en los músculos del esfínter vaginal. Contraiga durante dos o tres segundos y luego relaje totalmente. Trate de aflojar un poco más hasta observar que desaparece la tensión. Repita lo mismo tres veces consecutivas.

El ascensor

Imagine que el piso de la pelvis es como un ascensor que se detiene en los diferentes niveles de un almacén. Trate de contraer los músculos gradualmente en cinco etapas deteniéndose un poco en cada una, sin aflojar entre un nivel y otro. Luego repita el proceso al contrario, aflojando gradualmente en cinco etapas. Cuando regrese al punto de partida, al primer nivel, relaje completamente los músculos hasta sentir una leve proyección hacia afuera. Si empuja hacia abajo como si quisiera llevar el ascensor al sótano,

podrá bajar aún más el piso de la pelvis y los labios de la vagina se abrirán un poco. Tendrá que retener la respiración o soplar para sentir esto. Recuerde, ésta es la posición en que deberá estar el piso de la pelvis durante un examen interno o mientras emerge la cabeza de su bebé durante el parto.

Durante las relaciones sexuales

Apriete el pene de su pareja dentro de la vagina. Retenga durante algunos segundos antes de relajar la contracción. Repita un par de veces. Su pareja podrá describirle la intensidad de la contracción y le dirá en qué momento comienza a disminuir. Si no la percibe con suficiente intensidad, es señal de que tendrá que seguir ejercitando esos músculos.

En el cuarto de baño

Comience a orinar y luego detenga el chorro empujando los músculos de la vagina hacia arriba y hacia adentro. Retenga mientras cuenta hasta cinco y luego permita que la orina fluya de nuevo. Concéntrese en la diferencia entre el control consciente del chorro y su flujo automático.

PREPARACION PARA LA SALIDA DE LA CABEZA DEL BEBE

Una mayor conciencia de los músculos del piso de la pelvis y de la sensación que producen cuando están relajados, le ayudará a prepararse para la salida de la cabeza de su bebé.

Primer ejercicio

Acuéstese sobre la cama con las rodillas dobladas, los pies juntos y la espalda apoyada. Apriete las rodillas una contra la otra y contraiga los músculos del piso pélvico. Observe la sensación de tensión a lo largo de la cara inferior de los muslos y entre las piernas; muchas mujeres tensionan involuntariamente estos músculos cuando la cabeza del bebé está estirando la salida del canal vaginal, cuando en realidad esto debería evitarse

porque aumenta la probabilidad de un desgarro. Relaje y observe la diferencia.

Segundo ejercicio

Acuéstese sobre la cama con la espalda apoyada sobre almohadas pero con los pies y las rodillas separados. Relaje gradualmente los muslos y los músculos del piso de la pelvis hasta que las rodillas se separen más y más. Al comienzo esto puede parecerle poco natural e incómodo, pero después de un poco de práctica, tomará conciencia de la sensación de relajación total. Ensaye a jadear en esta posición; eso es lo que le pedirá la partera cuando llegue el momento en que la cabeza de su bebé deba atravesar suave y lentamente el canal del parto.

EJERCICIOS DE CALENTAMIENTO

Antes de comenzar el programa de ejercicios no olvide hacer calentamiento para estimular la circulación, aflojar los músculos y articulaciones, facilitar de este modo movimientos libres y reducir el riesgo de daño. Repita cada ejercicio cinco o diez veces; asegúrese de sentirse cómoda y adoptar una buena postura.

◁ Manos, muñecas y brazos

Siéntese en el piso con las piernas cruzadas, la espalda recta y los brazos estirados al frente (a). Doble las muñecas con los dedos mirando hacia arriba y luego relaje dejando que los dedos miren hacia el piso.

Con los brazos en la misma posición, describa círculos amplios con las manos (b).

◁ Manos y muñecas

Con los codos doblados a la altura de los hombros, apriete los puños contra el pecho. Estire los brazos abriendo de un golpe los dedos como si estuviera lanzando un hechizo.

◁ Cintura

Con las piernas cruzadas, mantenga la espalda recta y la nuca estirada. Exhale y rote el tronco hacia la derecha, colocando la mano derecha detrás de usted. Coloque la mano izquierda sobre la rodilla derecha y sírvase de ella como palanca para rotar un poco más, estirando los músculos de la cintura.

Tórax ▷

Siéntese en el suelo con las piernas cruzadas. Coloque las manos detrás, de tal manera que descansen una junto a la otra contra la espalda, alineadas con los omoplatos. Gire las palmas hasta que queden frente a frente, moviendo los codos hacia afuera y hacia atrás. Estire la nuca respirando normalmente, y sosténgala en esa posición durante 20 segundos.

△ Brazos y hombros

Siéntese en el suelo con las piernas cruzadas, levante el brazo derecho y estírelo en dirección al techo. Dóblelo por el codo y deje caer la mano por detrás de la espalda. Con la mano izquierda empuje un poco más hacia abajo el codo derecho. Pase el brazo izquierdo por detrás de la espalda y agarre la mano derecha. Mantenga la posición durante 20 segundos y luego relájese.

Pies y piernas ▷

Siéntese con las piernas estiradas al frente y la espalda recta, con el peso apoyado sobre las manos. Doble y estire las rodillas alternativamente.

Pies y piernas ▷

Siéntese con las piernas estiradas al frente. Al exhalar, traiga los dedos hacia el cuerpo empujando los talones hacia adelante y levantándolos un poco. Inhale y mueva los dedos de los pies en dirección contraria. Cierre los puños y coloque las manos sobre la región lumbar. Frote con fuerza dicha región mientras continúa con el ejercicio de los pies.

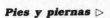

127

EJERCICIOS GENERALES

Estos ejercicios han sido diseñados especialmente para ayudar a su bienestar durante
el embarazo y pueden incorporarse fácilmente
con su rutina diaria. Si trabaja sobre una
superficie firme y realiza todos los movimientos con suavidad, no debe sentir ninguna
molestia o tensión. *Siempre* suspenda los
ejercicios antes de fatigarse. En un principio,
repita cada ejercicio cinco veces, aumentando
una vez cada día, hasta llegar a 10 o 15.
Podrá hacer estos ejercicios en cualquier
orden.

◁ **Para fortalecer los
pectorales**

*Este ejercicio es para los
músculos pectorales que están
debajo de los senos; le brinda
mejor apoyo a medida que su
peso aumenta. Siéntese en el
suelo con las piernas cruzadas.
Agarre firmemente sus antebrazos y levante los codos
hasta la altura de los hombros.
Presione con las manos hacia
los codos y sentirá cómo se
tensionan los músculos debajo
de los senos.*

△ **Para aflojar las
caderas y fortalecer
el abdomen**

*Sujétese a una superficie
firme y coloque su peso sobre
la pierna izquierda. Levante la
pierna derecha al frente, tan
alto como le resulte cómodo,
sin doblar las rodillas.
Balancee la pierna derecha
hacia adelante y hacia atrás.
Repita el ejercicio con la otra
pierna.*

△ **Para fortalecer los
muslos**

*Siéntese en el suelo con la
espalda recta. Junte las
plantas de los pies y acerque
los talones al cuerpo lo más
posible. Coloque las manos
sobre los tobillos y manteniendo la espalda recta, dóblese
hacia adelante, empujando
las rodillas con los codos.
Mantenga la posición durante
20 segundos.*

△ Para enderezar la espalda

Colóquese a gatas con los brazos directamente debajo de los hombros y la cara hacia el suelo. Estire la pierna derecha atrás y luego levante el brazo izquierdo para formar una línea recta con el brazo y la espalda. Mantenga la posición durante 5 segundos. Baje el brazo y la pierna y repita con la pierna y el brazo contrarios, manteniendo la espalda recta.

Para endurecer las nalgas y fortalecer los muslos ▷

Acuéstese sobre la espalda con los·brazos a los lados, las rodillas dobladas, los pies apoyados en el suelo, separados por una distancia un poco mayor que la de las caderas. Levante las nalgas y practique un balanceo pélvico (véase la página siguiente). Mantenga la posición durante 5 segundos y luego relájese.

EJERCICIO PARA REALIZAR SENTADA

Aunque el ideal es destinar una hora especial para hacer una serie de ejercicios específicos, también podrá incorporar algunos en su jornada de trabajo. Ensaye algunos de estos ejercicios de estiramiento para mejorar su circulación. Podrá hacerlos en la oficina o en el autobús.

Para fortalecer los tobillos ▷

Coloque los talones un poco separados en el suelo y rote los pies para que los dedos gordos se toquen. Rote los pies en dirección contraria, con los dedos gordos mirando hacia abajo y los demás dedos mirando hacia arriba.

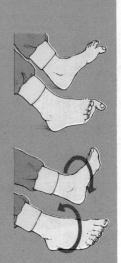

△ Cabeza y cuello

Describa círculos con la cabeza para aliviar la tensión y relajar los hombros.

△ Hombros

Con los hombros, describa círculos hacia atrás para aliviar la tensión y mejorar la postura.

Para mejorar la circulación ▷

Estire las puntas de los pies y describa grandes círculos en el aire, moviendo solamente los tobillos.

EJERCICIOS PARA LA PELVIS

Si aprende a mover con facilidad la pelvis durante el embarazo, encontrará rápidamente la posición más cómoda durante el parto. Con la basculación de la pelvis usted fortalece los músculos abdominales, aumenta la flexibilidad de la región lumbar y distribuye el peso del útero entre las nalgas y el abdomen. La basculación consiste en mover suavemente el pubis hacia adelante y hacia arriba. Puede practicarla de pie, acostada o sentada, exhalando al apretar e inhalando al relajar.

Balanceo estando acostada ▷

Acuéstese en el suelo con las rodillas dobladas y las plantas de los pies firmemente apoyadas. Coloque una mano debajo de la cintura y otra sobre el hueso de la cadera. Empuje la espalda contra el suelo (utilizando los músculos del estómago). Sienta cómo el hueso de la cadera retrocede y las nalgas se elevan un poco. Mantenga la posición durante 4 o 5 segundos y luego relaje lentamente. Repita de 5 a 10 veces.

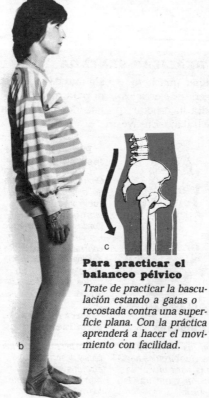

Para practicar el balanceo pélvico

Trate de practicar la basculación estando a gatas o recostada contra una superficie plana. Con la práctica aprenderá a hacer el movimiento con facilidad.

◁ Balanceo de pie

Párese con la espalda recta y los brazos a los lados. (Al principio practique contra la pared, pues esto le ayudará a hacer el movimiento correctamente.) Doble un poco las rodillas (a) y practique el balanceo, exhalando al mismo tiempo (b). Las nalgas deben bajar (c) cuando la región lumbar se dobla hacia adentro. Debe mantener los hombros fijos y solo la pelvis deberá moverse. Mantenga la posición durante 5 segundos. Relaje e inhale. Balancee la pelvis repitiendo en forma consecutiva el ejercicio, sin mover los hombros en ningún momento.

EN CUCLILLAS

Los ejercicios en cuclillas proporcionan muchos beneficios. En esta posición se suspende una parte de la circulación general, con lo cual el corazón descansa. Dicha posición da también flexibilidad a las articulaciones, especialmente a las de la pelvis; estira y fortalece los muslos y los músculos de la espalda y alivia el dolor lumbar. La posición en cuclillas es cómoda para la relajación y práctica para el trabajo de parto y el alumbramiento (véase página 183). Podrá parecerle incómoda en un principio, pero con el tiempo le resultará más fácil.

Para aprender la posición ▷

Al principio le será más fácil si se ayuda con la pared y unas almohadas sobre el piso para sostenerse. Párese con la espalda contra la pared y los pies separados a la misma distancia de las caderas. Deslícese hasta quedar en cuclillas sobre las almohadas. Probablemente no pueda apoyar los talones en el suelo al principio. Trate de echar su peso hacia adelante.

△ Medias cuclillas

Sujétese de algo firme y coloque el pie izquierdo adelante del derecho. Rote la rodilla izquierda un poco hacia afuera y lentamente baje hasta el suelo, hasta donde pueda llegar, manteniendo las nalgas apretadas y la espalda recta. Levántese lentamente y repita lo mismo con la otra pierna.

◁ Cuclillas completas

Manteniendo la espalda estirada y recta, abra las piernas y baje lo más que pueda. Trate de apoyar los talones en el suelo, distribuyendo su peso equitativamente entre los dedos de los pies y los talones. No se preocupe si no logra apoyar los talones. Si presiona con los codos contra los muslos, se producirá un estiramiento mayor de la cara interna de los muslos y de la región pélvica.

ACTIVIDADES DEPORTIVAS

Existen varios deportes que usted puede seguir practicando, siempre y cuando que lo haga con moderación y suspenda la actividad tan pronto como sienta fatiga. Recuerde, si usted está sin aliento, su bebé también experimentará una falta de oxígeno.

Caminar

Es buen ejercicio; camine lo más posible. Lo único importante es que lo haga en condiciones seguras.

Natación

Es un excelente ejercicio y un deporte que puede practicarse hasta el final del embarazo. Yo practiqué este deporte hasta dos semanas antes de nacer mi segundo hijo, pero con suavidad y moderación, claro está. No se debe nadar si el agua está fría, porque en su estado estará más propensa a los calambres.

Bicicleta

Este ejercicio no le hará ningún daño, pero debe interrumpirlo cuando el tamaño del abdomen pueda afectar su centro de gravedad, ya que podría perder el equilibrio más fácilmente.

Equitación y esquí

Están prohibidos; incluso las mejores amazonas y esquiadoras pueden caerse.

Danza

Mientras no se trate de un ejercicio muy fuerte o de acrobacia, podrá practicar la danza hasta el final del embarazo. Es una buena forma de practicar el balanceo pélvico (véase página 130).

Empújese con los pies desde el borde de la piscina y flote libremente con los brazos debajo de la nuca. Trate de formar una estrella con los brazos y las piernas.

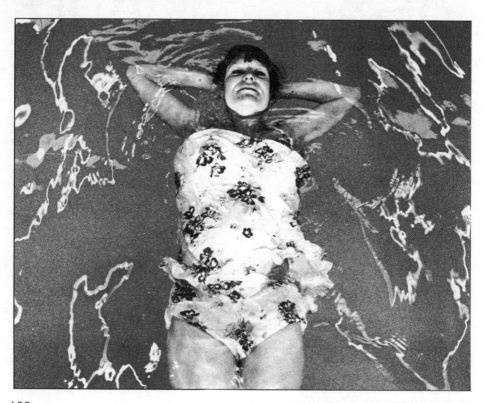

EJERCICIOS EN EL AGUA

La natación es un ejercicio maravilloso para la mujer embarazada. Le permitirá mejorar su estado físico en general, dándole flexibilidad con la ayuda del agua. Aunque no nade, puede practicar estos ejercicios.

Movimientos de bicicleta

Con la espalda contra la barra, sujétese a ella con los brazos extendidos a los lados. Levante las piernas y haga movimientos de bicicleta lentos y exagerados dentro del agua. Continúe con el ejercicio durante un par de minutos, sin llegar a la fatiga.

Movimientos del cuerpo

De frente a la barra, coloque las plantas de los pies contra la pared de la piscina, con las rodillas dobladas. Mueva el cuerpo de lado a lado. Estire las rodillas hasta que las piernas queden rectas a ambos lados, sin levantar las plantas de los pies, y repita el movimiento de balanceo.

VIAJES

Los viajes, largos o cortos, probablemente no afectarán su embarazo, pero no olvide usar su sentido común. No corra el riesgo de fatigarse con viajes largos e ininterrumpidos, especialmente si va sola. Evite los viajes largos por caminos difíciles. No ingiera medicamentos contra el mareo. Hacia el final de su embarazo, trate de permanecer cerca de su lugar de residencia y de su médico.

Automóvil

Podrá conducir su automóvil hasta que el tamaño de su abdomen le impida mirar por encima del hombro o el volante se incruste en su cuerpo. En muchos casos, esto ocurre alrededor del séptimo mes, pero en otros no existe problema. No conviene dejar de usar el cinturón de seguridad simplemente por estar embarazada. Algunas mujeres pierden la capacidad para responder rápidamente con reflejos coordinados y para concentrarse sin interrupción durante el embarazo. Si observa que esto le sucede, debe abstenerse de conducir. Si sufre de dolor de espalda,

asegúrese de tener un buen apoyo. Salga del automóvil al menos cada 150 kilómetros y camine para descansar las articulaciones y mantener una buena circulación.

Trenes

El tren es quizás el medio que ofrece mayor tranquilidad para viajar durante el embarazo pues siempre hay un cuarto de baño a mano.

Avión

Durante el embarazo, siempre será una molestia volar largas distancias que impliquen cambio de horario. No debe volar después de las 28 semanas, pero si realmente tiene que hacerlo, consulte a su médico, quien quizás le permita hacerlo hasta las 36 semanas. Después de las 28 semanas la compañía aérea le exigirá probablemente una autorización de su médico para viajar, que mencione la fecha probable del parto. Cuando viaje, abroche siempre el cinturón de seguridad debajo del abdomen.

10 La belleza durante el embarazo

Durante el embarazo, la mayoría de las mujeres observan que su piel mejora y aparece esa lozanía legendaria por el aumento de flujo sanguíneo bajo la piel, que las hace sentirse bellas y atractivas. Las hormonas del embarazo ejercen un efecto tranquilizante natural; si se adapta a los cambios, logrará esa serenidad que da especial belleza a la mujer encinta. El ejercicio y una dieta sana, junto con la conciencia de los cambios físicos que ocurren durante el embarazo, le ayudarán a sentirse feliz con su cuerpo y a tener una imagen positiva de sí misma. Su estado de ánimo puede mejorar considerablemente si presta especial atención a su forma de vestir, al maquillaje y al arreglo personal. Si se siente bien, probablemente su apariencia también será buena. Reduzca al mínimo todos los esfuerzos o tensiones calzando zapatos cómodos y de tacón bajo.

LO QUE DEBE USAR

El aumento de la circulación sanguínea la hará transpirar más, y sus secreciones vaginales también aumentarán (véase página 154). Por lo tanto, es conveniente tomar un baño diario (pero nunca una ducha vaginal) y usar, mientras sea posible, ropas livianas de fibra natural que no irriten la piel o le produzcan calor e incomodidad. Se sorprenderá del calor que sentirá incluso en climas fríos, de tal forma que, para su propia comodidad, utilice menos ropas y más livianas que de costumbre.

No utilice ropas apretadas o complicadas y evite las prendas con cinturón muy apretado o que le ajusten los muslos o las ingles. La mayoría de las mujeres pueden utilizar sus trajes normales hasta el quinto o sexto mes, con la ayuda de una pinza de seguridad o una pieza de ''velcro'' para cerrar la pretina. Las prendas con cinturón elástico o cordón pueden adaptarse a la forma de su cuerpo a medida que corren los meses. Las prendas oscuras disimularán su figura y una línea pronunciada en los hombros, o un lazo grande al cuello, harán que la gente no fije tanto la atención en su abdomen. Las prendas de una sola pieza como batas y delantales le servirán durante todo el embarazo y si tiene suficientes quizás no tenga que comprar ropas especiales. El tamaño de sus senos también aumentará, de tal forma que procure no utilizar prendas de talle apretado.

Siempre resulta maravilloso para levantar el ánimo comprarse uno o dos vestidos que realmente le gusten, y que no tienen por qué ser precisamente de maternidad. Para que pueda disfrutarlos lo suficiente, no espere a que esté demasiado avanzado su embarazo para salir de compras. Recuerde que no es necesario que elija ropa de maternidad ya que, entre los vestidos corrientes, podrá encontrar algo adecuado y a la moda.

La forma de su cuerpo en estado de gravidez debe ser motivo de orgullo; no trate de ocultar su estado.

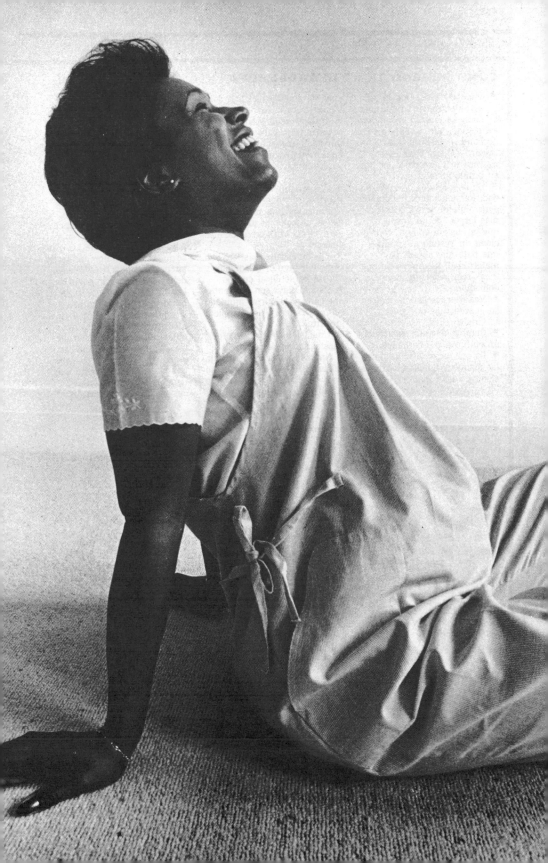

COMO ORGANIZAR SU GUARDARROPA

- Observe en los almacenes la ropa de maternidad y tome nota de cómo se pueden ensanchar los vestidos, bien sea por medio de bandas elásticas o de "velcro". Podrá usar esos mismos métodos para adaptar su propio guardarropa.
- En los vestidos de maternidad, los dobladillos del frente generalmente son 2.5 cm más largos, de tal forma que si usted misma confecciona un vestido o compra una bata que no sea de maternidad, asegúrese de que tenga tela suficiente para ese dobladillo.
- Vea si su pareja tiene algo en su guardarropa que pueda servirle a usted.
- Cambie la banda elástica de un cinturón por cordones.
- La que mejor le sentará son las chaquetas amplias, los trajes sueltos y las capas. Las capas para montar en bicicleta son ideales para la lluvia.
- Utilice prendas sobre prendas; una bata corta sobre una falda larga, quizás con otra falda o enagua más larga debajo para aumentar el número de capas.
- Los estampados grandes y las rayas anchas tienden a agrandar la figura, mientras que los estampados pequeños y de flores en colores suaves son más discretos.
- Los materiales elásticos son cómodos, pero evite aquéllos que se adhieren al cuerpo.
- Para la playa son excelentes una camiseta enorme anudada sobre la cadera o una pañoleta gigante.
- Una falda de piezas superpuestas con cordón o elástico en la cintura, usada desde debajo de las axilas puede servir como traje de playa, o como vestido versátil de verano, puesta en la cintura con una camisa encima.

Medias y calzado

Camine descalza siempre que le sea posible. Las medias de lana y algodón son las más cómodas, pero las medias pantalón también son adecuadas, siempre y cuando que sean lo suficientemente grandes y elásticas; no aprieten en la cintura y dejen suficiente espacio para que los dedos de los pies se puedan mover libremente. Si puede soportar la banda elástica debajo del abdomen, podrá usar las medias pantalón corrientes durante todo el embarazo, aunque quizás deba recurrir a medias especiales para maternidad durante el tercer trimestre. No utilice ligas, medias largas o hasta la rodilla si tienen bandas elásticas, puesto que tienden a obstaculizar la circulación de las piernas.

Prendas adaptables para el embarazo

Camisón amplio sobre pantalones igualmente amplios con cinturón de cordón.

Un chaleco de hombre sobre las demás prendas da un toque favorecedor.

Bata elegante y cómoda de una sola pieza.

A medida que su peso aumente, la espalda y los pies deberán hacer un mayor esfuerzo y los ligamentos se ablandarán y estirarán. Por lo tanto, en aras de la comodidad de sus pies y de una buena postura, elija con cuidado su calzado. Es mejor prescindir de los tacones altos pues es difícil caminar bien con ellos. Además, pueden afectar su estabilidad.

Póngase zapatos suaves y cómodos de tacón pequeño la mayor parte del tiempo. Si se le hinchan los pies, los zapatos pueden ser una tortura, pero los zapatos flojos pueden provocar caídas. Por lo tanto, para la ropa informal, los zapatos deportivos son excelentes, aunque quizás le resulte difícil anudar los cordones hacia el final del embarazo. Para el verano, los zapatos de lona ceden sin apretar los pies o producir molestias en caso de hinchazón.

Sostén

Aunque no tenga la costumbre de usar sostén, sería imprudente no hacerlo durante el embarazo, ya que los senos aumentan de peso y tamaño durante este período, ejerciendo mayor presión sobre los tejidos inelásticos de soporte. Si no alivia parte de este peso, los ligamentos se estirarán y los senos perderán para siempre su apoyo.

Desde el momento en que los senos comiencen a aumentar de tamaño hacia las 6 u 8 semanas, deberá usar un buen sostén con una banda suficientemente ancha debajo de las copas, tirantes anchos y cómodos, y broche ajustable. Si es necesario, cámbielo por otro de talla más grande a medida que aumente el tamaño de sus senos. Si el peso de los senos es excesivo, conviene utilizar un sostén ligero durante la noche. Si tiene la intención de amaman-

tar a su bebé, hacia las 36 semanas deberá buscar el tipo de sostén con abertura en la copa que le permita hacerlo con facilidad. Los negocios especializados y los grandes almacenes venden una amplia gama de estilos y tamaños, pero si su cuerpo tiene una forma especial o si su espalda es muy ancha o muy angosta, visite un lugar especializado. Usted llevará este sostén de noche y de día por lo menos durante seis semanas (compre al menos dos), de tal manera que debe ser cómodo, como una segunda piel. Si proporciona buen apoyo a sus senos desde el comienzo de su embarazo, probablemente podrá prescindir nuevamente del sostén cuando concluya el período de lactancia. Compre protectores lavables o desechables y prepárese para la lactancia.

Pantalones ajustables y ligeros.

Medidas para el sostén de maternidad

Tome la medida para el tamaño directamente debajo de los senos, y para la copa sobre los senos.

Tipos de sostén de maternidad

Los dos sostenes que ilustra la figura proporcionan buen apoyo, incluso durante la lactancia.

sostén con tapa

sostén de abertura al frente

CUIDADO DE LA PIEL Y DEL CABELLO

Existen buenas razones para explicar la lozanía de la piel de la mujer durante el embarazo. El alto nivel de hormonas circulantes (véase página 94) tiene un efecto directo sobre la piel, la hace aparecer más llena, retiene la humedad y le da al rostro un aspecto suave y aterciopelado. Además, la piel adquiere un brillo rosado debido a la mayor cantidad de sangre que circula por el cuerpo. La piel de la mayoría de las mujeres mejora considerablemente: la piel seca se torna más elástica, la piel grasa menos brillante, y desaparece la tendencia a desarrollar puntos de grasa, aunque también puede ocurrir lo contrario, caso en el cual es necesario cambiar su maquillaje personal. La redondez del rostro podrá aumentar, lo cual hará desaparecer las líneas y arrugas, haciéndole rebosar juventud y salud o, por el contrario, haciéndola aparecer más regordeta que antes.

Durante el embarazo sentirá comezón en la piel, especialmente sobre el abdomen. Frote la piel con cualquier tipo de aceite; quizás el aceite no sea el secreto, pero el masaje estimulará los vasos sanguíneos, aliviando la irritación.

Si ha aumentado mucho de peso, especialmente en los muslos, la piel podrá irritarse. Báñese con frecuencia, aplique fécula de maíz o talco sobre el área irritada y manténgala fría y seca. Utilice prendas de algodón, y evite las medias pantalón de nylon. Las lociones a base de calamina también alivian la irritación, pero la única forma de evitar el problema es controlar el peso.

Cloasma

Probablemente todos los puntos de la piel que ya tengan pigmentación, como las marcas de nacimiento, lunares y pecas se oscurecerán, especialmente en las mujeres de piel morena. La luz solar intensificará el efecto, luego evite el sol o utilice un protector solar.

En ocasiones aparecen en el rostro y el cuello parches oscuros (el cloasma o máscara del embarazo). Son producto de las hormonas del embarazo (véase página 94) y a menudo aparecen también en las mujeres que toman la píldora anticonceptiva. No trate de blanquear estos parches: sencillamente cúbralos con lápiz enmascarador, aplicado con la yema de los dedos y esparcido y mezclado con una capa delgada de base. A los tres meses del parto, estas manchas habrán desaparecido. El cloasma puede aparecer por la acción de la luz solar y empeora con el sol, pero si no puede evitar el sol, utilice un buen protector solar. Las mujeres de raza negra pueden presentar parches blancos en el rostro y el cuello. Estos desaparecerán después del parto.

Telangiectasias

Son vasos sanguíneos rotos que se asemejan a pequeñas arañas. Aparecen en el rostro, especialmente en las mejillas. Ocurren cuando un vaso sanguíneo se dilata y otros vasos diminutos emergen desde su centro. Son más notorios en las mujeres blancas, pero desaparecerán a los dos meses del parto.

Tratamiento del cabello

Algunas mujeres observan diferencias en su cabello durante el embarazo. Es conveniente, durante esta época, hacerse con regularidad un corte de pelo que facilite su cuidado; será un motivo menos de preocupación cuando nazca el bebé. Lave su cabello con la frecuencia que desee, pero si observa algún cambio, utilice el tipo de champú apropiado para la nueva situación del mismo. Cuando se lave la cabeza tenga cuidado para no hacerse daño en la espalda al inclinarse sobre un lavabo de poca altura.

CUIDADO GENERAL DE LA PIEL

- Use el jabón con la menor frecuencia posible en el rostro y el cuerpo.
- Lleve siempre crema de manos y lápiz labial protector para los labios y úselos cuando sea necesario.
- Si utiliza maquillaje, no deje de hacerlo. El maquillaje es bueno para la piel, ya que disminuye la pérdida de humedad y ayuda así a la rehidratación de la piel.
- Utilice un aceite de baño en la bañera. Dejará una película de aceite lubricante sobre la piel, ayudando a prevenir los efectos nocivos de la pérdida de humedad.

TRUCOS DE CAMUFLAJE CON MAQUILLAJE

Si usa maquillaje, una apariencia discreta y natural siempre será favorecedora y podrá aprovechar al máximo la lozanía de su piel. No logrará esta apariencia con un estilo a base de detalles exagerados y colores vivos. Escoja una base de un tono más pálido que la piel de su cuello, y un polvo transparente. No utilice los tonos rosados para las mejillas; los tonos albaricoque son más naturales. En cuanto a los ojos, evite los colores fuertes pues velarán la chispa de sus ojos; seleccione en cambio colores suaves y claros. Un lápiz labial de tono natural será el toque final. Siempre hay formas de camuflar los puntos desfavorables, o por lo menos de minimizar sus efectos.

Arrugas

Si la piel se torna más seca que de costumbre, resaltarán más las líneas finas, arrugas y patas de gallo. La abundancia de base y polvo, al igual que cualquier maquillaje brillante, acentuarán estas líneas, de tal manera que es mejor prescindir del maquillaje durante unos días hasta que la piel recobre su humedad, o utilizar la base de textura más fina que pueda encontrar, y unos polvos transparentes.

Rubor

El mayor volumen de sangre podrá darle un rubor permanente. Para reducir un poco este efecto, aplique primero una base mate de color beige sin vestigios de color rosado, que contenga mucho pigmento, pero cuya textura no sea gruesa ni grasa. Con las yemas de los dedos aplique algunos puntos sobre el área de las mejillas donde se requiera el maquillaje. Cuando esté seca, aplique una capa delgada de la base que acostumbre usar, y por último polvos transparentes. El mismo método sirve para las venas dilatadas de las mejillas (véase la página anterior). Algunos productos que se venden para pieles de color intenso contienen pigmentos verdes. Yo los he utilizado en mis mejillas bastante sonrosadas pero no me han agradado los resultados, pues dan una apariencia pastosa y fantasmal.

Exceso de grasa en la piel

Utilice una loción humectante con base de agua y una base libre de grasa, con polvos transparentes para los parches brillantes.

Exceso de sequedad de la piel

Utilice una película de base oleosa y polvos. Para corregir los parches secos aplique dos tipos de humectante; primero una loción que sea absorbida por la piel en pocos segundos, y luego una más gruesa que actúe como barrera contra la pérdida de humedad. Una capa delgada del maquillaje adecuado también disminuye la pérdida de humedad. No obstante, si su piel se está pelando, no podrá camuflar este efecto, de tal manera que deberá prescindir del maquillaje durante varios días hasta que la piel recobre toda su humedad. Si al mismo tiempo hay enrojecimiento, consulte a su médico, pues quizás requiera tratamiento dermatológico especial.

Hinchazón

Es más notoria debajo del mentón, pero puede disimularse aplicando sombra color marrón debajo del maxilar inferior y a ambos lados del cuello. A fin de que su mentón no llame la atención, trate de aplicar sombra sobre las sienes, para que sus ojos atraigan toda la atención.

Ojeras

Aplique una capa delgada de base. Cuando esté seca, use una crema enmascaradora de textura delgada para debajo de los ojos, y después de calentarla entre los dedos, aplíquela en forma de puntos sobre las áreas oscuras. Espere unos minutos y luego coloque otra capa delgada de base, mezclándola cuidadosamente. Aplique polvos incoloros.

Acné

Si siempre ha tenido espinillas y granos, observará que desaparecen. Sin embargo, la fluctuación hormonal puede llevarla a desarrollar, por primera vez quizás, acné en el rostro y la espalda. Se trata de un acné diferente al acné común que no debe tratarse con las preparaciones normales. Consulte a su médico si esto le preocupa, pero por lo general desaparece hacia el segundo trimestre, y con toda seguridad después del parto.

Para disimular un acné desagradable, aplique puntos adicionales de base sobre la zona afectada. Si no es suficiente, use la misma técnica para aplicar varias capas de lápiz enmascarador o crema correctora que coincida exactamente con su maquillaje. Por último, aplique una capa de base y polvos incoloros.

Nunca trate de apretar un punto de acné. Esto solo facilitará el paso de bacterias hacia capas más profundas de la piel, y podrá terminar en un grano rojo y duro en lugar del punto inicial.

11 Descanso y relajación

Durante los tres primeros meses del embarazo se sorprenderá de su fatiga física la cual, aunque el bebé aún sea pequeño, se produce por los cambios que el cuerpo debe enfrentar en relación con los niveles hormonales. Sin embargo, al entrar al segundo trimestre, el cuerpo se habrá adaptado a estos cambios y lo más normal es que se sienta llena de energía. Pero hacia el final del último trimestre, especialmente seis semanas antes de nacer el bebé, se sentirá nuevamente extenuada y con necesidad de descansar dos horas más cada día. Si es difícil o imposible tomar un tiempo para descansar durante la jornada, aproveche cualquier momento libre que se le presente. Si es posible, busque un sitio donde reclinarse, aunque no duerma necesariamente. Y siempre que se encuentre sentada, coloque los pies en alto, si puede. Si alguna vez se siente verdaderamente exhausta, no trate de superarlo y sométase a la voluntad de su cuerpo.

SUEÑO

El descanso adecuado es esencial durante el embarazo; por lo tanto, deberá tratar de dormir al menos ocho horas durante la noche. Sin embargo, resulta paradójico que a pesar del cansancio, en ocasiones, la mujer encinta padezca de insomnio. Cuando esperaba mi primer hijo, recuerdo cómo pasaba largas horas de la madrugada preguntándome por qué la fatiga no me dejaba dormir. No conocía la razón de ese estado de vigilia, pero en la actualidad hay teorías según las cuales se debe al metabolismo ininterrumpido del bebé.

El feto crece y se desarrolla constantemente, de día y de noche, de tal manera que su metabolismo no se desacelera al llegar la noche; la maquinaria sigue funcionando a máxima velocidad. Esto significa que el cuerpo de la madre debe suministrar al feto alimento y oxígeno sin interrupción, por lo cual no puede frenar la velocidad de su metabolismo, lo que se refleja a menudo en incapacidad para dormir.

No luche contra el insomnio ni pierda la paciencia, pues el hacerlo solo empeorará las cosas. Tampoco ingiera somníferos sin consultar a su médico. Si no logra conciliar el sueño, o si éste se ve interrumpido y usted se ve obligada a dar vueltas en la cama, intente lo siguiente:

☐ Recurra al remedio tradicional de un vaso de leche caliente.

☐ Tome un baño caliente antes de ir a la cama. Esto relajará sus músculos y, en muchos casos, surtirá efecto inmediatamente.

☐ La mayoría de las mujeres embarazadas tienden a ocupar mucho espacio mientras duermen. Si su cama es pequeña, convendría invertir en una más grande desde el principio del embarazo. En una cama más grande también podrá encontrar una posición cómoda apoyada sobre almohadones, para amamantar a su bebé.

☐ En lugar de dormir sobre la espalda, hágalo de medio lado, en una posición que le resulte agradable. Consiga más almohadas o cojines y busque con ellos la forma de acomodarse mejor. Por ejemplo, si duerme sobre un costado, puede colocar una almohada debajo del vientre y otra entre los muslos (véase página 146).

☐ Aunque le resulte difícil conciliar el sueño rápidamente, váyase a la cama más temprano que de costumbre; podrá leer o practicar algunos ejercicios de relajación. Practique la respiración profunda y concéntrese en la vida que lleva dentro. No piense que se trata de pereza, sencillamente asegúrese de obtener el descanso que su cuerpo le exija.

☐ Si despierta durante la noche, levántese y haga algo que haya venido postergando, o alguna labor útil que le pueda ahorrar tiempo al día siguiente.

☐ Escuche música, con audífonos, o en otra habitación.

Si no puede dormir, no luche. Tome una bebida caliente o lea un libro. Lo importante es proporcionar descanso al cuerpo y a la mente.

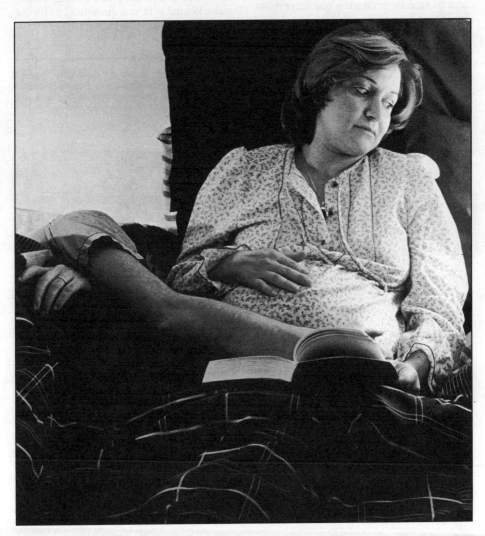

COMO RELAJARSE

La impaciencia, la irritabilidad, la incapacidad para concentrarse, y la falta de interés en las relaciones sexuales son todos signos de fatiga. Podrá curarse totalmente con descanso adecuado. Ya que no siempre podrá dormir lo suficiente durante la noche, aproveche las oportunidades de echarse una siesta o de relajarse con los pies en alto, cuando surja la oportunidad durante el día. Las siestas prolongadas no son esenciales; cinco o diez minutos con los ojos cerrados y los pies en alto serán suficiente descanso.

Algo que nunca lamentará es aprender una técnica de relajación que le permita recuperar sus energías en pocos minutos. Si desea controlar su cuerpo para poder relajarse en 30 segundos, quizás sea conveniente aprender este método de relajación instantánea o visualización.

1 Adopte una posición cómoda.

2 Inhale profundamente, retenga la respiración durante cinco segundos, cuente lentamente hasta cinco y luego exhale.

3 Ordene a todos sus músculos que se relajen.

4 Repita esta secuencia dos o tres veces hasta relajarse totalmente.

5 Traiga a su mente el pensamiento más agradable que le sea posible. Visualizar una escena agradable es buena idea (véase la página siguiente). Esto le ayudará a usar su imaginación y a combatir los bloqueos mentales para entrar en mejor contacto con su cuerpo y descubrir la forma de controlarlo, lo cual será útil durante el parto y el alumbramiento.

Descanse siempre que le sea posible; no espere a tener todo el cuerpo adolorido y a caer vencida por la fatiga. Puede descansar con su hijo al medio día, mientras éste se entretiene jugando.

TECNICAS DE RELAJACION

Relajación física

Este método consiste en impartir órdenes a las distintas partes del cuerpo para liberar la tensión. Se aprende tensionando y aflojando cada parte. Durante el parto podrá sentir la diferencia, cuando relaje la mayoría de los músculos del cuerpo mientras el útero se contrae sin provocar tensión en el resto de la musculatura. Su pareja podrá ayudarle tocando la parte de su cuerpo donde se perciba tensión, para que usted responda al contacto distensionando esos músculos.

Practique esta técnica dos veces al día durante 15 o 20 minutos, antes de las comidas o aproximadamente una hora después.

1 Acuéstese boca arriba o apoyada sobre cojines, como le resulte más cómodo.

2 Cierre los ojos.

3 Lleve la conciencia a la mano derecha; tensione y luego afloje, manteniendo la palma de la mano hacia arriba.

4 Vuelva la mano pesada y tibia, presione con el codo hacia el suelo o contra los cojines; afloje.

5 Siga con el lado derecho del cuerpo, pasando por el antebrazo, el brazo, hasta el hombro. Tensione y afloje el hombro.

6 Repita lo mismo con el lado izquierdo. Las manos, los brazos y los hombros estarán pesados y tibios.

7 Deje resbalar las rodillas hacia afuera, relaje las caderas, y presione el suelo o los cojines con la región lumbar. Afloje, y deje que la relajación fluya hacia el abdomen y el pecho. Ordene a los músculos que se vuelvan pesados y tibios.

8 La respiración debe ser ahora menos rápida. Si no es así, cuente hasta dos entre cada inhalación, para que se vuelva más lenta.

9 Relaje el cuello y la mandíbula. Sin despegar los labios, deje caer la mandíbula y la lengua, aflojando las mejillas.

10 Preste especial atención a los músculos de los ojos y la frente. Relaje el entrecejo.

Relajación mental

Una vez que domine la técnica de relajación muscular, podrá tratar de relajar la mente de la siguiente manera:

1 Olvide sus preocupaciones, ansiedades o tensiones respirando lenta y rítmicamente, y concentrando su atención en su respiración, e incluso repitiendo mentalmente "inhalar, retener, exhalar".

2 Deje que los pensamientos agradables pasen libremente por su mente.

3 Si alguna preocupación insiste en repetirse, ahuyéntela diciendo "no" en voz baja, o concentrándose de nuevo en la respiración.

4 Con los ojos cerrados, traiga a la mente una escena o imagen plácida como el cielo azul, o el mar azul y en reposo. Trate de visualizar algo agradable y de color azul, pues se ha demostrado que este color ejerce un efecto relajante.

5 Trate de tener plena conciencia de su respiración. Observe su ritmo lento y natural. Concéntrese en cada inhalación y cada exhalación y escuche el sonido de su respiración.

6 En este momento ya deberá sentir plena calma y descanso; sería útil repetir una palabra tranquilizadora o mantra, tal como amor, paz o calma, o quizás prefiera una palabra menos simbólica como respiración, tierra o risa. Piense en una palabra o un sonido tranquilizador como "aahh" al exhalar.

7 No olvide relajar los músculos del rostro, los ojos y la frente, y ordene a su frente que se ponga fría.

Si adopta alguna rutina para iniciar su relajación, le será más fácil practicar el método. Por ejemplo, si repite una frase o deja caer los hombros, ésa será la señal para iniciar la relajación en el resto del cuerpo. Todo método de relajación exige que la respiración sea profunda y controlada (véase la página siguiente).

TECNICAS DE RESPIRACION

En los cursos prenatales, parte del tiem[po] estará dedicado a aprender a relajarse y dominar diferentes técnicas de respiraci[ón]. Es importante conocer los distintos tipo[s] respiración ya que podrá utilizarlos en diferentes momentos durante el parto p[ara] relajarse, conservar la energía, controla[r] cuerpo y el dolor, calmarse y ahuyenta[r] temor. Una vez que se dé cuenta de qu[e] puede ejercer algún control sobre su cuerpo mediante la sola concentración en la respiración, se sentirá confiada al aplicar las mismas técnicas durante el parto. He aquí tres niveles básicos que le ayudarán. Si practica en compañía de una amiga o de su pareja, podrá identificar el nivel correcto más fácilmente, para que él o ella puedan ayudarla durante el trabajo de parto.

Respiración profunda

Al inhalar, la parte inferior de los pulmones deberá llenarse de aire, expandiendo la parte inferior de la caja torácica hacia afuera y hacia arriba. Baje los hombros. Si alguien coloca una mano sobre la región lumbar, usted podrá hacer que la mano se mueva con la inhalación. Se siente como el final de un suspiro seguido por una exhalación lenta y profunda. Esto le infunde calma y es ideal para el comienzo y el final de las contracciones.

Respiración superficial

Inhale solamente con la parte superior de los pulmones, expandiendo y levantando el extremo superior de la caja torácica y los omoplatos. Su pareja podrá sentir el movimiento al colocar la mano sobre los omoplatos. La respiración debe ser rápida y corta, manteniendo los labios un poco separados. Inhale a través de la garganta. Después de diez inhalaciones superficiales quizás sienta necesidad de respirar profundamente, así que hágalo. Este nivel de respiración es útil durante el punto máximo de la contracción.

Respiración jadeante

Jadear fue el método más fácil y útil para mí. Consiste en hacer inhalaciones muy cortas y superficiales produciendo un ruido semejante al de los perros al jadear. Piense en la secuencia "jadear, jadear, soplar". Uno de los momentos en que se le pedirá que respire en esta forma es durante la transición para dejar de empujar antes de dilatarse totalmente el cuello uterino (véase página 181). Al hacer inhalaciones cortas y superficiales, el diafragma se contrae y relaja rápidamente, impidiendo que usted empuje con fuerza hacia abajo. También resulta útil jadear mientras dura una contracción dolorosa, ya que no se quedará sin aliento al final. Para evitar la hiperventilación debe jadear entre 10 y 15 veces y luego retener la respiración mientras cuenta hasta cinco.

MASAJES

El contacto físico es fuente de apoyo y consuelo en todo momento, pero especialmente durante el embarazo. Los masajes la ayudarán a relajarse y a establecer un estrecho contacto con su pareja; asimismo son útiles durante las primeras fases del parto para aliviar el dolor lumbar y proporcionarle confianza, tranquilidad y calma.

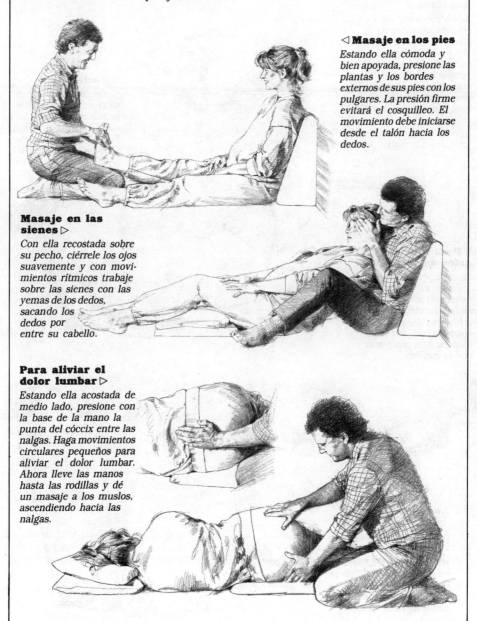

◁ Masaje en los pies

Estando ella cómoda y bien apoyada, presione las plantas y los bordes externos de sus pies con los pulgares. La presión firme evitará el cosquilleo. El movimiento debe iniciarse desde el talón hacia los dedos.

Masaje en las sienes ▷

Con ella recostada sobre su pecho, ciérrele los ojos suavemente y con movimientos rítmicos trabaje sobre las sienes con las yemas de los dedos, sacando los dedos por entre su cabello.

Para aliviar el dolor lumbar ▷

Estando ella acostada de medio lado, presione con la base de la mano la punta del cóccix entre las nalgas. Haga movimientos circulares pequeños para aliviar el dolor lumbar. Ahora lleve las manos hasta las rodillas y dé un masaje a los muslos, ascendiendo hacia las nalgas.

POSICIONES COMODAS

A medida que su vientre aumente de tamaño, las posiciones habituales podrán resultarle incómodas. Si se acuesta sobre la espalda, especialmente hacia el final del embarazo, el peso del bebé comprimirá los grandes vasos sanguíneos que corren por la espalda, lo cual le producirá incomodidad y mareo por el descenso de la presión sanguínea, y puede

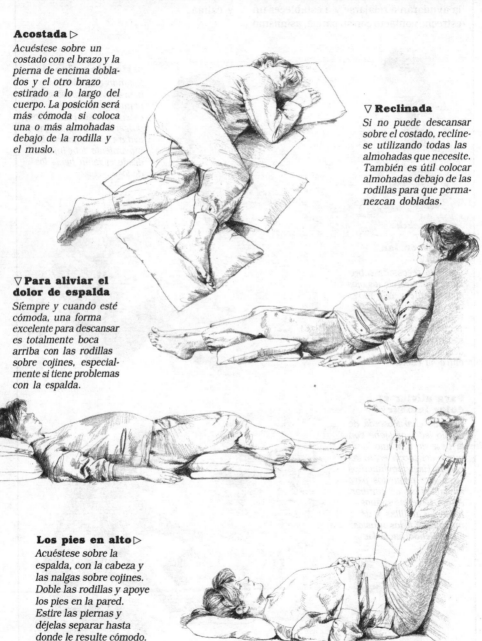

Acostada ▷

Acuéstese sobre un costado con el brazo y la pierna de encima doblados y el otro brazo estirado a lo largo del cuerpo. La posición será más cómoda si coloca una o más almohadas debajo de la rodilla y el muslo.

▽ **Reclinada**

Si no puede descansar sobre el costado, reclínese utilizando todas las almohadas que necesite. También es útil colocar almohadas debajo de las rodillas para que permanezcan dobladas.

▽ **Para aliviar el dolor de espalda**

Síempre y cuando esté cómoda, una forma excelente para descansar es totalmente boca arriba con las rodillas sobre cojines, especialmente si tiene problemas con la espalda.

Los pies en alto ▷

Acuéstese sobre la espalda, con la cabeza y las nalgas sobre cojines. Doble las rodillas y apoye los pies en la pared. Estire las piernas y déjelas separar hasta donde le resulte cómodo.

agravar las hemorroides. No es conveniente dormir en dicha posición, pero un período de ejercicios acostada sobre la espalda no deben causarle malestar. Las almohadas y los cojines apilados en el suelo serán útiles, pero no coloque muchos bajo la cabeza pues esto exagerará la curvatura de la columna. Mientras esté sentada, no cruce las piernas ni las doble demasiado ya que podrían agravarse las várices. Ensaye algunas de las posiciones que se ilustran aquí y no se olvide nunca de mantener una buena postura.

Sentada con la espalda recta ▷

Esta posición le ayudará a estirar los músculos de la espalda. Un cojín en la base de la columna le brindará más comodidad, especialmente mientras conduce. Para descansar en el trabajo, coloque los pies a la misma altura de las caderas. Si flexiona los pies fortalecerá las pantorrillas.

◁ Posición del sastre

Sentarse con las piernas cruzadas o con las plantas de los pies unidas y la espalda recta sirve para abrir las ingles y estirar la cara interna de los muslos. Presione suavemente con los muslos hacia abajo para incrementar el estiramiento. Esto le ayudará a abrir las piernas durante el parto.

Piernas abiertas a los lados ▷

Sentarse con las piernas abiertas a los lados y los hombros y la espalda rectos es bueno para la columna vertebral, la cara interna de los muslos y las ingles. Flexione los pies y sienta el estiramiento de los muslos. Las rodillas y los dedos siempre deben mirar hacia arriba.

12 Dolencias comunes

DOLENCIA	CAUSAS
Dolor abdominal **2, 3**	Durante el embarazo se produce dolor del ligamento redondo cuando se estiran los ligamentos que sostienen el útero.
Dolor de espalda **1, 2, 3**	La progesterona produce el ablandamiento y estiramiento de los ligamentos, especialmente los de las articulaciones de la pelvis. También se relajan los ligamentos que soportan la columna, con lo cual se incrementa la carga que deben soportar los músculos y articulaciones lumbares, pélvicos y coxales. La mala postura puede empeorar el dolor.
Sangrado de las encías **1, 2, 3**	Las encías se engruesan y ablandan debido al efecto de las hormonas del embarazo y al mayor volumen de sangre circulante. Se hinchan, especialmente sobre los márgenes dentales, y tiende a producirse acumulación de restos alimenticios en la base de los dientes, facilitando la proliferación de las bacterias causantes de la caries y de una posible infección de las encías (gingivitis).
Estreñimiento **1, 2, 3**	La progesterona produce la relajación de los músculos intestinales, atenuando los movimientos peristálticos. El contenido de los intestinos tiende a estancarse y secarse, dificultando la deposición.
Calambres **3**	Se piensa que se deben al bajo nivel de calcio en la sangre. En raras ocasiones son causados por falta de sal en la dieta.
Antojos **1, 2, 3**	Se piensa que se relacionan con el nivel elevado de progesterona.
Incomodidad en la cama **3**	Como consecuencia de la acidez estomacal o la indigestión (página siguiente), o cuando está acostada, el útero comprime el diafragma, el estómago y la caja torácica.

Los números en negritas después de cada dolencia representan el trimestre (un trimestre es la tercera parte del embarazo) durante el cual pueden presentarse esos problemas.

La mayoría de las mujeres no experimentan dolencias durante el embarazo, pero no se puede negar que la gestación puede ser una época molesta. La mayoría de los problemas son motivo de irritación más que de preocupación, y muchas molestias y dolores se deben a la combinación de la fatiga y la necesidad de llevar siempre un peso adicional.

SINTOMAS	TRATAMIENTO
Dolor punzante semejante a un calambre cuando se levanta después de haber permanecido sentada o acostada durante cierto tiempo, o dolor sordo en un lado únicamente.	Ninguno. El dolor es generalmente espasmódico, de tal manera que no se justifican los analgésicos. Bolsa de agua caliente para relajar los músculos.
Dolor generalizado a través de la región lumbar. El dolor sacroilíaco se extiende típicamente desde la parte superior de las nalgas hacia abajo.	Buena postura y ejercicios para dar fuerza y flexibilidad a la columna (véase página 129). Los tacones muy altos pueden empeorar las cosas. Use calzado adecuado de tacón bajo. Duerma sobre un colchón bueno y firme. Evite levantar objetos pesados (véase página 121). Si el dolor se extiende por la pierna hasta el pie, consulte a su médico, pues puede tratarse de un disco desplazado. Trate de evitar los analgésicos. Los masajes (véase página 145) pueden ayudarle.
Sangrado gingival después del cepillado o de masticar alimentos duros. Sensibilidad oral generalizada. La gingivitis produce más sangrado del normal después del cepillado.	Es esencial prestar atención a la higiene oral y dental, con cepillado frecuente después de comer. Visite al odontólogo con regularidad pero no olvide mencionar su embarazo, ya que debe evitar los rayos X. No es cierto que el feto absorba el calcio de sus dientes. En caso de gingivitis, informe inmediatamente a su odontólogo.
Deposición poco frecuente y difícil. Dolor en la parte inferior del abdomen.	Obedezca al deseo de evacuar los intestinos cuando el cuerpo se lo pida. Ingiera una dieta rica en fibra y beba muchos líquidos, en especial agua. El ejercicio frecuente también le ayudará. Evite laxantes fuertes.
Dolor en el muslo, la pantorrilla y el pie, lo suficientemente intenso para interrumpir su sueño y hacerle gritar. Un nudo doloroso seguido de un dolor generalizado que persiste durante varias horas.	Masaje muy firme, si es posible durante varios minutos. También resulta útil flexionar el pie hacia arriba y presionar con el talón. Si el calambre persiste, consulte a su médico, que quizás le formule tabletas de calcio.
Un fuerte deseo de ingerir ciertos alimentos, que en ocasiones le impide conciliar el sueño o relajarse.	No se prive de esos alimentos, a menos que engorden.
Dificultad para respirar, acidez, dolor y sensibilidad en las costillas.	Trate de recostarse sobre dos o tres almohadas o ensaye algunas de las posiciones de la página 146. Duerma sobre un colchón duro y evite la acidez (página siguiente).

149

DOLENCIA	CAUSAS
Desmayos 1,3	La acumulación de sangre en las piernas y los pies al estar de pie, junto con la necesidad del útero de recibir más sangre, hacen que el cerebro se vea relativamente privado de circulación.
Flatulencia 1,3	Aire que se traga inconscientemente y gases producidos por ciertas comidas como leguminosas, frituras y cebolla. Durante el embarazo los intestinos se tornan perezosos y es más difícil expulsar los gases.
Acidez estomacal 3	La válvula de la boca del estómago se relaja durante el embarazo, permitiendo el paso de pequeñas cantidades de ácido hacia el esófago (el tubo que va desde la boca hasta el estómago).
Incontinencia 3	Presión ejercida por el útero sobre la vejiga, que limita su capacidad e inhabilita los músculos del piso de la pelvis para detener el paso de líquido cuando usted tose o ríe.
Insomnio 1,2,3	Aumento general del metabolismo. El metabolismo del feto no sabe distinguir entre día y noche, de tal forma que puede sentir puntapiés durante la noche. También puede permanecer despierta a causa de la transpiración y la necesidad de orinar con frecuencia.
Micción 1,3	Al comienzo del embarazo, los cambios hormonales producen alteraciones del tono muscular que afectan a la vejiga. Además, el mayor tamaño del útero ejerce presión, obligándola a evacuar con mayor frecuencia. Hacia el final del embarazo, el peso del útero limita la capacidad de la vejiga.
Mareos matutinos 1	Aumento repentino de los niveles hormonales, en especial de la gonadotropina coriónica humana (GCH), que se produce en la misma época que las náuseas. Sin embargo, no está claro por qué afecta a unas mujeres y a otras no. La dieta antes de la concepción puede predisponer a la náusea durante el embarazo, especialmente si se trata de una dieta baja en vitaminas, minerales y carbohidratos. La fatiga también contribuye, empeorando la náusea, aunque no es una causa directa.
Malestar nasal 1,2,3	Ablandamiento y engrosamiento de las membranas mucosas de la nariz. Aumento de circulación sanguínea en el revestimiento nasal debido a los niveles elevados de hormonas del embarazo. Podrá despertar con la nariz tapada por la mañana. Utilizar el pañuelo con fuerza puede causar ruptura de los vasos capilares.
Edema 3	Aumento de la cantidad de líquido retenido por el cuerpo, y estancamiento de dicho líquido en las partes inferiores del cuerpo y en los dedos. Presión ejercida por el útero sobre los vasos sanguíneos que llevan la sangre proveniente de las partes inferiores del cuerpo hacia el corazón.

SINTOMAS	TRATAMIENTO
Mareo, inestabilidad y necesidad de sentarse o acostarse.	Evite permanecer de pie en un sitio durante mucho tiempo. No se levante rápidamente de una silla. Tenga cuidado al salir de un baño caliente. Manténgase lo más fresca posible en clima cálido. Si siente debilidad, acuéstese sin almohada y, si es posible, levante un poco las piernas.
Distensión intestinal, ruidos estomacales, paso frecuente de gases.	Trate de no tragar aire y evite los alimentos que producen flatulencia. La menta y las bebidas calientes pueden ayudarle.
Sensación de irritación detrás del esternón, acompañada algunas veces de regurgitación de líquido agrio.	Evite los alimentos que por experiencia sabe que le causan problema y no coma inmediatamente antes de ir a la cama. Recuéstese en la cama y tome un vaso de leche tibia. Quizás le receten antiácidos (véase página 114).
Escape de orina cuando aumenta la presión abdominal, por ejemplo al doblarse o reír.	Evacúe la vejiga con frecuencia, evite levantar objetos pesados y controle el estreñimiento. Practique con regularidad los ejercicios para los músculos del piso de la pelvis (véase página 125).
Dificultad para conciliar el sueño o para volver a dormir después de despertarse durante la noche.	Use ropa de dormir ligera para no sentir demasiado calor. Una bebida caliente o un baño caliente (véase página 140) antes de ir a la cama pueden ayudarla. Trate de leer un buen libro. Rara vez le recetarán somníferos, salvo quizás durante el tercer trimestre, si el problema le está produciendo agotamiento.
Necesidad urgente de orinar, incluso poca cantidad, a intervalos frecuentes durante el día y la noche.	No es mucho lo que puede hacer, salvo reducir la ingestión de líquidos antes de ir a la cama. Cuando esté más avanzado el embarazo, trate de mecerse mientras orina. Esto reduce la presión sobre la vejiga, permitiendo la evacuación completa. Si hay dolor o sangre al orinar, consulte a su médico.
Sensación de náusea al ver u oler ciertos alimentos o el humo del tabaco. En ocasiones se presenta acompañada de vómito.	Coma poco y con frecuencia, y evite los alimentos que le provocan náusea. No se fatigue demasiado, porque empeorará. Si comprende por qué siente malestar y sabe que pasará, podrá tolerar mejor la sensación y permanecer tranquila. Siga las sugerencias para la dieta (véase página 116), chupe pastillas de menta, o mastique frutas o galletas secas. Beba suficientes líquidos. Hable con otras mujeres; saber que no es la única le ayudará. El médico se mostrará renuente a recetarle algo.
Taponamiento nasal, hemorragias repentinas, congestión o secreción nasal al despertar.	Trate con suavidad su nariz. Evite los ambientes secos y polvorientos. No utilice agentes inhalados sin consultar a su médico. En caso de hemorragia nasal, presione suavemente el tabique. Inclínese un poco hacia adelante.
Hinchazón de las manos y los tobillos. El calzado se siente ajustado. Es posible que sienta rigidez en los dedos de las manos al despertar.	Evite permanecer de pie, especialmente en clima cálido. Descanse con las piernas en alto y por lo menos una vez al día. Evite los alimentos muy salados. Si el edema es considerable, su médico podrá restringir la cantidad de sal y recetarle diuréticos para eliminar el exceso de líquido.

DOLENCIA	CAUSAS
Malestar pélvico 3	La cabeza del bebé comprime los nervios causando dolor inguinal, especialmente cuando ha encajado en la cavidad pélvica al final de la gestación.
Pigmentación 2,3	Aumento en la producción de la hormona estimulante de los melanocitos (véase página 94). Empeora con la exposición a los rayos solares.
Hemorroides 2,3	La presión de la cabeza del bebé sobre la pelvis hacia el final del embarazo puede obstruir los vasos sanguíneos del recto. Impedir el retorno de sangre desde los órganos de la pelvis y producir la inflamación de las venas del recto. Si uno de sus padres ha tenido hemorroides, existe la posibilidad de que usted sufra de ellas. Cualquier factor que aumente la presión dentro del abdomen, como el estreñimiento, la tos crónica, el esfuerzo al levantar objetos pesados, empeorará las hemorroides.
Salpullido 3	Aumento excesivo de peso, mala higiene y sudor acumulado en los pliegues de la piel.
Dolor en las costillas 3	El dolor de costado es causado por la compresión de las costillas cuando el útero sube, por la posición alta de la cabeza del bebé, y por exceso de movimientos del mismo.
Dificultad para respirar 3	La compresión del diafragma impide el paso libre del aire al inhalar y exhalar. En posición horizontal el útero y el bebé presionan el diafragma.
Estrías 2,3	Dependen del tipo de piel y su elasticidad. Sin embargo, sea cual sea su tipo de piel, el aumento excesivo de peso puede producir estrías (véase página 100).

SINTOMAS	TRATAMIENTO
Dolor inguinal y en la cara interior de los muslos, que empeora después de caminar o hacer ejercicio. Sensación de agujas que desciende por la parte posterior de las piernas hasta los pies. También puede producirse malestar al frente, en el punto donde se encuentran los huesos del pubis.	Descanse, evite el ejercicio violento y tome un analgésico como el paracetamol, pero después de consultar a su médico.
Oscurecimiento de la piel alrededor del pezón y la areola, formación de una línea oscura que desciende por el centro del abdomen (línea negra), aumento de la pigmentación de pecas o marcas de nacimiento, máscara sobre el rostro (máscara de mariposa) y a los lados del mismo (cloasma).	Utilice un protector solar cuando la luz del sol sea intensa. Nunca blanquee su piel. La pigmentación se desvanecerá pocos meses después del parto.
Comezón, molestia, dolor fuerte durante la deposición, sangrado leve si las hemorroides son grandes, y prolapsos por fuera del recto.	Prevención de las hemorroides con una dieta alta en fibra, muchos líquidos y ejercicio, para evitar el estreñimiento. La deposición debe ser blanda y periódica. Trate de no hacer fuerza durante la deposición. Las hemorroides leves mejorarán después del parto, pero si persisten quizás requiera una crema para aliviarlas. Mantenga limpia la región anal para evitar la irritación. Si la comezón es excesiva, aplique compresas de hielo o hielo picado en una bolsa plástica.
El intertrigo es un enrojecimiento de la piel que ocurre donde el sudor irrita los pliegues profundos. Aparece generalmente debajo de los senos cuando son pesados, o en la región de la ingle.	Mantenga estas zonas limpias y aplique una loción calmante como la calamina, o polvos de talco. Controle su peso si ése es el problema.
Dolor agudo y sensibilidad, generalmente en el lado derecho. Se siente exactamente debajo de los senos. Es severo cuando permanece sentada en posición vertical.	El dolor desaparecerá tan pronto como la cabeza del bebé encaje en la cavidad pélvica poco antes del nacimiento (o antes en algunas mujeres, en particular las primigrávidas). Trate de no comprimir las costillas, recuéstese o acuéstese.
Falta de aliento al hacer ejercicio.	Sea menos activa, descanse más tiempo. Consulte a su médico si tiene dolor o inflamación del pecho.
Marcas plateadas en la piel de los muslos, el abdomen y los senos.	Las cremas y ungüentos no servirán de nada. Con el tiempo las estrías se harán más pequeñas, estrechas y plateadas, pero rara vez desaparecen. Tenga cuidado de no aumentar rápidamente de peso.

DOLENCIA	CAUSAS
Transpiración 2,3	El aumento del volumen de sangre produce la dilatación de los vasos sanguíneos debajo de la piel (véase página 98).
Alteración del gusto 1,2,3	Se cree que se relaciona con las hormonas del embarazo.
Candidiasis 1,2,3	La levadura Candida albicans infecta la vagina. Se desconoce por qué es más común durante el embarazo. Puede infectar la boca del bebé durante el nacimiento.
Cansancio 1,2,3	A veces se debe a la preocupación, la falta de sueño (véase insomnio), la mala nutrición y, hacia el final del embarazo, a la carga misma de llevar al bebé. El cuerpo debe soportar su peso y el del bebé.
Infección de las vías urinarias (cistitis) 1,2,3	El aflojamiento y relajación de la pared muscular predispone a la vejiga a la infección en cualquier momento de la gestación. La causa es el alto nivel de progesterona. Los síntomas pueden aparecer gradualmente a lo largo de varias semanas o meses.
Secreción vaginal 1,2,3	El aumento del suministro de sangre a la vagina y al cuello uterino, y el ablandamiento y engrosamiento de las membranas mucosas producen una secreción mucoide superior a la normal. La secreción amarilla o marrón puede indicar erosión del cuello uterino, cuando el aumento de la secreción produce ulceraciones de la vagina cerca al cuello uterino. Durante las relaciones sexuales se puede irritar la ulceración, causando manchas de sangre que no son continuas.
Várices 1,2,3	Es posible que desarrolle várices si hay una historia familiar de esta dolencia. Hacia el final del embarazo, la cabeza del bebé puede presionar las venas pélvicas produciendo la acumulación de sangre en las venas de las piernas, con su consiguiente inflamación. Esta situación empeorará si permanece mucho tiempo de pie. El flujo de sangre se interrumpirá si se sienta con las piernas cruzadas y apretadas. El exceso de peso también producirá dilatación de las venas. Si la cabeza del bebé afecta el flujo sanguíneo en la región vulvar, podrán desarrollarse várices en la vulva, que se congestionará e inflamará.
Trastornos visuales 1,2,3	Retención de líquidos. Si siente diferentes los lentes de contacto es porque la forma del globo ocular se altera levemente debido a la acumulación de líquidos.

SINTOMAS	TRATAMIENTO
Transpiración intensa con poco ejercicio, o despertarse por la noche bañada en sudor.	Utilice ropas ligeras de algodón, y ropa interior de algodón. Ingiera más líquidos para compensar la pérdida de los mismos.
Sabor metálico en la boca. Se altera el gusto de ciertos alimentos. El café, el alcohol y las comidas aliñadas pierden un poco su atractivo y sabor. Aumenta la apetencia de cosas dulces.	Ninguno.
Secreción blanca y espesa acompañada de comezón intensa. Puede producir dolor al orinar.	Se le prescribirán antimicóticos en forma de supositorio vaginal y crema. En dos o tres días controlan la infección. Si el bebé contrae la infección al nacer, un tratamiento médico eliminará rápidamente el problema. Trate de no usar pantalones interiores apretados.
Deseo de dormir a horas extrañas y necesidad de más sueño durante la noche. Las piernas duelen y parecen negarse a soportar su peso hacia el final del embarazo.	Evite el exceso de actividad. Duerma o repose siempre que le sea posible. Ingiera comidas pequeñas y frecuentes para mantener su energía. Retírese temprano a la cama. Pida a otros que hagan su trabajo.
Mayor necesidad de orinar. Malestar y dolor. La orina puede contener manchas de sangre. Malestar sordo en la parte inferior del abdomen.	Beba mucha agua. Vea a su médico. Se practicará un examen de orina y le serán formulados antisépticos específicos para erradicar la infección.
Aumento leve de la secreción blanca y transparente normal, que no produce malestar, dolor o irritación.	No haga nada. Evite las duchas vaginales; tampoco aplique desodorantes vaginales ni demasiado jabón. Use una toalla sanitaria delgada si la molestia es grande. Si aparecen manchas de sangre, informe a su médico.
Al principio puede observar irritación o comezón en la piel, o un dolor sordo. Las várices aparecen luego en forma de líneas oscuras de color púrpura. Sensación de pesadez en la vulva.	Evite permanecer mucho tiempo de pie. Use medias pantalón apretadas y póngaselas antes de salir de la cama por las mañanas, después de reposar con los pies en alto unos minutos. Duerma con los pies sobre una almohada. Haga ejercicio para mejorar la circulación de piernas y pies (véase página 127). Para las várices vulvares, duerma con las nalgas sobre una almohada o utilice una toalla sanitaria para apretar firmemente la zona inflamada.
Podrá presentarse dificultad para ver de lejos o de cerca y sentir incomodidad al usar los lentes de contacto.	Si observa algún cambio, consulte a un oculista. Si usa lentes de contacto, informe de ello al personal de la consulta prenatal. Quizás deba suspender su uso durante el embarazo.

13 Embarazos que requieren cuidado especial

No todos los embarazos son perfectos, pero es un grave error considerar ciertos hechos, como un embarazo múltiple, por ejemplo, como anormales. En realidad son variaciones de lo normal que exigen cuidado especial. Otros problemas, como la diabetes, por ejemplo, pueden existir desde antes y será necesario aprender a sobrellevarlos durante la gestación. Sin embargo, hay hechos, como el aborto espontáneo, que sí son verdaderas complicaciones del embarazo. Ciertos problemas imprevistos pueden ser precedidos por señales de alarma, de tal manera que la intervención oportuna del médico puede evitar una desgracia. Nadie la culpará por sentir angustia y necesitar consuelo.

ANEMIA

El estado de anemia ya existente no es obstáculo para el embarazo; más del 90% de las mujeres pueden estar algo anémicas antes de concebir. La forma más común de anemia se debe a la pérdida de sangre durante la menstruación, y es una anemia por deficiencia de hierro (cuando el nivel de hemoglobina es inferior a 12.8 g/100 ml de sangre, véase página 73). Antes de concebir, sería conveniente consultar al médico, quien podrá corregir muy fácilmente la anemia por deficiencia de hierro mediante un tratamiento de suplementos de hierro. También podrá aumentar la ingestión de alimentos ricos en hierro.

HEMORRAGIA PREPARTO

Antes de las 28 semanas, el resultado de la hemorragia vaginal generalmente es el aborto espontáneo (véase página 160). A partir de ese momento, el feto se considera viable, es decir, que podría sobrevivir fuera del útero. Toda hemorragia que ocurra después de las 28 semanas se conoce como hemorragia preparto.

Las dos causas principales del sangrado radican en la placenta y se conocen como desprendimiento prematuro, hecho poco frecuente en el cual parte de la placenta se desprende de la pared del útero, y placenta previa.

Placenta previa

Ocurre cuando la placenta está adherida a una parte del segmento inferior de la pared uterina, en lugar de estar adherida a la parte superior de la misma. Se desconoce la causa de esta situación, que ocurre con poca frecuencia, más o menos en uno de cada cien embarazos. La aparición de sangre de color rojo vivo no va acompañada de dolor.

La placenta previa puede detectarse durante las primera etapas de la gestación mediante el ultrasonido, en cuya imagen aparecerá la sombra de la placenta en la curvatura inferior del útero. Después de las 28 semanas,

SIGNOS DE ALARMA

Si tiene alguno de los síntomas que describimos a continuación, deberá informar inmediatamente a su médico y permanecer en cama mientras espera su llegada. Si el médico no puede acudir rápidamente, llame una ambulancia.

• Exceso de náusea o vómito varias veces durante un período corto, por ejemplo dos horas
• Hemorragia vaginal
• Fuerte dolor de cabeza que no desaparece, especialmente durante la segunda mitad del embarazo

• Fuerte dolor abdominal
• Fiebre de más de 37.8°C o más, independientemente de la causa
• Reducción repentina del volumen de orina, por ejemplo, si no orina durante 24 horas aunque haya ingerido una cantidad normal de líquido durante ese tiempo
• Ruptura de las membranas
• Ausencia de movimientos fetales durante 24 horas, a partir de las 30 semanas de gestación.
• Inflamación repentina de los tobillos, los dedos y el rostro
• Visión borrosa repentina.

el ultrasonido permitirá confirmar a ciencia cierta si la placenta se encuentra en la posición previa. Una vez obtenida la confirmación es necesaria una atención médica meticulosa, y después de las 32 semanas, si hay un diagnóstico definitivo de placenta previa, la madre deberá permanecer en el hospital hasta el momento del parto. Si la placenta está demasiado baja, habrá más hemorragia antes de iniciarse el parto e inmediatamente después de comenzado el mismo. En los casos serios habrá necesidad de una operación cesárea, la cual se practica en el 60% de los casos.

DIABETES

La mayoría de las mujeres diabéticas tienen embarazos normales. Ya que es necesario ejercer un control riguroso sobre su salud y la del bebé y mantener la situación estable, será examinada en la clínica prenatal con más frecuencia de lo habitual y permanecerá bajo estrecha supervisión médica. Debe prestar atención especial a su dieta y su médico controlará meticulosamente sus medicamentos, ya que sus necesidades podrán alterarse durante el embarazo. Gracias a la atención prenatal moderna, cada vez son más escasas las complicaciones como la preeclampsia (véase página 162).

La presencia de azúcar en la orina (véase página 72), no significa necesariamente que usted sea diabética. A menudo, el embarazo afecta los riñones, los cuales permiten la filtración de azúcar de la sangre a la orina. Se practicarán exámenes de sangre especiales para determinar si se trata realmente de diabetes o no.

EMBARAZO ECTOPICO

Ocurre cuando el óvulo que ha sido fecundado en la trompa de Falopio no puede llegar a la cavidad del útero, quedando atrapado en la trompa, dentro de la cual comienza a crecer. Un embarazo ectópico nunca alcanza más de seis semanas, porque en ese momento estalla la trompa. Pero antes de que esto suceda se producen signos que indican que algo anda mal. Además de una prueba positiva de embarazo, hay dolor en la parte inferior del abdomen, generalmente en un solo lado (el lado de la trompa donde se está desarrollando el embrión), puede haber hemorragia vaginal, y algunas veces se producen desmayos. Si presenta alguno de estos síntomas, debe consultar a su médico.

El tratamiento quirúrgico es obligatorio; es necesario extirpar el embrión alojado en la trompa de Falopio. En ocasiones es necesario extirpar toda la trompa, de acuerdo con el daño producido. La investigación ha demostrado que la fecundidad disminuye después de un embarazo ectópico.

La incidencia del embarazo ectópico

quizás ha aumentado debido al uso de los dispositivos intrauterinos. Una salpingitis producida por una espiral puede inflamar la trompa, haciendo que el óvulo se detenga allí, en su paso hacia el útero.

CARDIOPATIA

En la actualidad, la cardiopatía no se considera como obstáculo para el embarazo, salvo en los casos en que la vida normal se ve seriamente limitada. Será estrictamente controlada durante el embarazo, y deberá reposar adecuadamente para no aumentar las exigencias impuestas al corazón. Deberá incluir por lo menos dos siestas adicionales durante el día, y dormir 12 horas en la noche. Si aparece alguna infección del pecho, o hay aumento de temperatura o inflamación de las manos, el rostro o los pies, deberá acostarse y ponerse en contacto con su médico.

HIPERTENSION

Así se denomina el aumento de la presión sanguínea. Esta tiene dos componentes, por ejemplo, 120/70. Un aumento de la cifra menor, la presión diastólica, es motivo de preocupación para los médicos, ya que ésta corresponde a la medida del bombeo cardíaco en reposo. Puesto que el embarazo puede producir un aumento de la presión sanguínea, si usted sabe que tiene presión elevada, debe consultar a su médico antes de concebir (véase página 37). Después de efectuar todos los exámenes pertinentes, y con una atención prenatal adecuada, no hay razón por la cual no pueda tener un embarazo y parto normales. La elevación de la presión sanguínea hacia el final del embarazo puede ser uno de los primeros signos de la preeclampsia. El problema que suele presentarse con la lectura de la presión sanguínea es que la ansiedad y la tensión, producto quizás de la larga espera en la consulta prenatal o del hecho de saber que tiene predisposición a la presión alta, pueden hacer que la situación parezca peor y que la cifra sea elevada a causa de su estado emocional. Es conveniente reposar con frecuencia y reducir el ejercicio físico para minimizar el esfuerzo impuesto al corazón y, si siente angustia en la consulta, practique la relajación.

CUELLO UTERINO INCOMPETENTE

En circunstancias normales, el cuello uterino permanece cerrado para retener el feto dentro de la matriz y evitar que caiga dentro de la vagina. Si el extremo del canal cervical está abierto, se conoce como cuello incompetente. Este problema se presenta muy rara vez, a menos que haya habido lesión previa del cuello, o una lesión durante el embarazo o una operación. La causa más común es un parto anterior muy difícil o rápido y un bebé muy grande. Las intervenciones quirúrgicas tales como un aborto, realizadas por manos inexpertas, pueden causar daño a las fibras musculares que mantienen cerrada la abertura cervical.

Por lo general, el cuello uterino incompetente pasa inadvertido hasta que ocurre el primer aborto espontáneo. El canal cervical comienza a abrirse hacia las 14 semanas, y a las 20 semanas alcanza una dilatación de cerca de 25 cm, que es lo suficientemente grande para permitir el paso del saco de líquido a través del cuello uterino y finalmente ruptura. Generalmente se produce una pérdida súbita de agua, seguida por un aborto espontáneo prácticamente indoloro.

Para cerrar la abertura cervical se aplica una sutura especial alrededor del cuello. Puede aplicarse antes o durante el siguiente embarazo. En muchos países, los puntos se colocan generalmente durante el embarazo, hacia las 14 semanas, bajo anestesia general. El porcentaje de éxito de este tratamiento es elevado, y la mayoría de los embarazos siguen su curso normal. Hacia las 36 o 38 semanas se retira la sutura, y el trabajo de parto se inicia al poco tiempo, ya sea en forma espontánea o inducida, aunque algunas mujeres lo llevan a su término natural.

EMBARAZO MULTIPLE

Los gemelos pueden ser idénticos — cuando se forman a partir de un mismo óvulo — o no idénticos, cuando dos óvulos son fecundados. En el caso de los gemelos idénticos, los dos fetos comparten la placenta. No será fácil para los médicos saber si usted lleva gemelos en su vientre, pero tendrán un indicio si:

• hay historia de gemelos en su familia
• el útero es siempre más grande de lo que indica el tiempo de gestación
• se escuchan dos corazones con el estetoscopio electrónico fetal
• es posible sentir dos cabezas y varias extremidades cuando el embarazo está avanzado
• el ultrasonido confirma la presencia de dos bebés. Es posible diagnosticar con certeza el embarazo múltiple hacia las 8 semanas de gestación.

Recibirá cuidado prenatal especial, con énfasis en la prevención de la anemia (véase página 156) mediante análisis periódicos de sangre, exámenes asiduos de la presión sanguínea para garantizar que no sea elevada, y mucho descanso para mantener la presión sanguínea en un nivel bajo, y controlar la

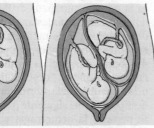

Gemelos idénticos

Se desarrollan a partir de un mismo óvulo fecundado que se divide en dos células independientes. Siempre son del mismo sexo, y sus facciones son iguales. Comparten una placenta pero tienen su propio cordón y saco amniótico.

Gemelos no idénticos

Son el resultado de la fecundación de dos óvulos por dos espermatozoides. Cada uno tiene su propia placenta y se parecen tanto como otros dos niños cualesquiera de la misma familia.

PRESENTACION DE LOS GEMELOS

La presentación más común de los gemelos es en posición cefálica (izquierda). Esta presentación no debe causar problemas durante el parto. Si uno de los bebés está en posición de nalgas y otro en posición cefálica (derecha), éste último nacerá primero y abrirá el canal vaginal para que el segundo bebé nazca con facilidad. Si los dos bebés están de nalgas, si uno de ellos está atravesado, es decir de un lado a otro del útero, o si los bebés son grandes, la opción más segura será la cesárea.

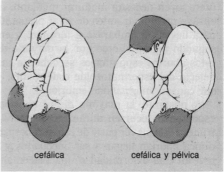

cefálica   cefálica y pélvica

sensibilidad del útero pará que no inicie el parto antes de tiempo. Un embarazo múltiple representa mayor presión sobre las articulaciones, los ligamentos y los órganos digestivos. Cualquier síntoma menor que pueda producir irritación, tal como la flatulencia y la dispepsia, debe controlarse sin pérdida de tiempo. En vista de que el útero comprimirá sus órganos digestivos, coma poco y con frecuencia. Si trata de no aumentar demasiado de peso y presta especial atención a su postura, podrá evitar la mayoría de las complicaciones.

El tamaño del útero también puede causar dificultad para respirar, hemorroides, várices y malestar abdominal. A la primera señal de alguno de estos síntomas, notifique a su médico.

ABORTO ESPONTANEO

Es el término que se utiliza para describir la expulsión del embrión antes de las 28 semanas de gestación. Después de las 28 semanas, se habla de parto con producto muerto (véase página 212). Los médicos utilizan indistintamente los términos aborto y aborto espontáneo y desde el punto de vista médico no existe ninguna diferencia entre ellos, a pesar de que para muchas personas la palabra aborto tiene la connotación de un acto inducido, mientras que el aborto espontáneo se produce de forma natural. En términos generales, la frecuencia del aborto espontáneo puede llegar a ser de uno por cada diez embarazos, con mayores probabilidades cuando se trata de una primigrávida; cerca de una tercera parte de ellas tienen abortos espontáneos. Se piensa que existen dos motivos para ello. En primer lugar, un útero joven necesita madurar mediante un ensayo preliminar antes de estar preparado para llevar un embarazo a término, y en segundo lugar, se cree que la mayoría de estos abortos espontáneos se deben a un defecto del espermatozoide o del óvulo, que causan anormalidad embrional.

No obstante, la mayoría de los abortos espontáneos ocurren durante el primer trimestre; la mayor parte de estos embarazos nunca podrían llegar a ser adecuados y revelan una deformidad o una placenta imperfecta. De hecho, muchos abortos espontáneos ocurren incluso antes de que la mujer tenga conocimiento de su embarazo.

El aborto espontáneo puede ser causado por las siguientes causas:
- cuello uterino incompetente (véase página 158).
- tipo de sangre incompatible que produce anticuerpos contra la sangre del padre, causando la muerte del feto
- deficiencia hormonal que determina la incapacidad del revestimiento uterino para sustentar y nutrir al feto en desarrollo
- problema anatómico del útero que no tiene la forma requerida para llevar a término el embarazo, o presencia de fibromas en el útero
- insuficiencia placentaria; si la placenta no funciona bien o no se ha desarrollado adecuadamente, no puede nutrir al bebé como es debido
- diabetes.

SI HAY AMENAZA DE ABORTO

- Llame a su médico y vaya a la cama
- Si expulsa coágulos o membranas, o el feto y la placenta, recójalos en un recipiente limpio para que el médico pueda examinarlos
- No ingiera medicamentos ni alcohol
- Acuéstese sin almohadas si la hemorragia parece abundante, y mantenga frío el ambiente

Lo que sucede

El aborto espontáneo casi siempre es precedido por hemorragia vaginal, con o sin dolor abdominal. Un aborto durante las primera etapas de la gestación no produce más malestar que el que puede producir una menstruación sin cólicos menstruales. En algunos casos, la hemorragia vaginal no significa que el aborto sea inminente, pero ya que no hay forma de saberlo, consulte a su médico.

En lo que al médico se refiere, cualquier hemorragia durante las primeras 28 semanas de la gestación representa *amenaza* de aborto hasta que se demuestre lo contrario. La hemorragia puede ser leve o abundante y estar o no acompañada de flujo y de un leve dolor lumbar y malestar en la parte inferior del abdomen. Los médicos no han podido encontrar otra explicación para la amenaza de aborto durante las primeras etapas del embarazo que el "desequilibrio hormonal" o la "insuficiencia hormonal", que impide la supresión del siguiente período menstrual. Si persiste la hemorragia y los niveles hormonales son bajos, el aborto será casi inminente.

El tratamiento para la amenaza de aborto es el reposo total en cama. Esto aumenta el aporte de sangre al útero. Una vez que desaparezca la hemorragia no hay necesidad de permanecer en cama, pero conviene restringir la actividad hasta las 14 semanas de embarazo y abstenerse de las relaciones

TIPOS DE ABORTO ESPONTANEO

Amenaza de aborto
El aborto es posible pero no inevitable; hemorragia vaginal, rara vez acompañada de dolor.

Aborto inevitable
Hemorragia vaginal acompañada de dolor a causa de las contracciones del útero. Si el cuello uterino aparece dilatado al hacer el examen interno, el aborto es inminente.

Aborto completo
El feto y la placenta han sido expulsados del útero.

Aborto incompleto
Se ha perdido el feto, pero algunos de los productos de la concepción están aún dentro del útero y deben extraerse quirúrgicamente.

Aborto fallido
El feto está muerto pero aún permanece dentro del útero, que finalmente lo expulsará.

Aborto repetido
El aborto se ha producido en más de una ocasión, por diversos motivos y en diferentes etapas de la gestación.

Aborto habitual
Tres o más abortos han ocurrido en la misma época del embarazo, posiblemente por la misma razón. La fiebre y el dolor abdominal después del aborto son síntomas de infección.

sexuales y del ejercicio fatigante hasta que se sientan los primeros movimientos del feto hacia las 20 semanas si se trata de un primer embarazo, o hacia las 18 semanas si se trata de un segundo o tercer hijo.

Aborto inevitable

Si la hemorragia no se detiene y aparece o empeora el dolor abdominal, lo cual significa por lo general que el útero se está contrayendo para expulsar el feto, en la opinión de la mayoría de los médicos expertos no debe hacerse nada para salvar el embarazo.

Si el aborto ha sido incompleto, será necesaria la cirugía. No siempre se puede saber, al examinar los productos de la concepción, si ha quedado algo dentro del útero, pero ello es evidente si la hemorragia persiste después del aborto. Sin embargo, es importante limpiar el útero para evitar más hemorragias e infecciones pélvicas. Esto implica ingresar al hospital por un día para someterse a dilatación y raspado bajo anestesia general. El cuello uterino se dilata y se extrae del útero toda la materia anormal.

Efectos emocionales

El aborto espontáneo en cualquier momento, pero especialmente durante el segundo trimestre del embarazo, tiene un profundo efecto psicológico sobre la mujer, no solo a causa de la pérdida del bebé y de las emociones confusas que esto produce, sino también a causa de la suspensión repentina de las hormonas del embarazo sin la recompensa de tener un bebé.

Se producen ciertos temores: sentimiento de incapacidad, de no poder llevar nunca a término un embarazo, de perder la fecundidad, de tener un bebé anormal la siguiente vez o de no poder tener nunca esa próxima oportunidad. También creo que se produce un sentimiento de verdadera desolación. Yo sufrí un aborto a las 14 semanas y me mostraron el feto, que estaba lo suficientemente formado para saber que era un varón. Durante cerca de seis semanas caí en una depresión profunda y en un estado de despersonalización, y me negaba a comunicarme con otras personas o a participar en las actividades cotidianas. Es normal sentir ira y dolor, pero no culpabilidad; realmente no es nuestra culpa y aunque prefiramos estar solas, debemos tratar de no aislarnos.

Cuándo concebir nuevamente

Lógicamente esto es una cuestión de opciones y planificación, pero las relaciones sexuales se pueden reanudar tan pronto como termine la hemorragia. No hay razones médicas para esperar, y mi consejo siempre ha sido tratar de olvidar el primer fracaso y concebir otro hijo tan pronto como los dos estén preparados para ello.

TOXEMIA PREECLAMPTICA

Rara vez ocurre antes de las 20 semanas y su causa se desconoce, aunque se ha relacionado con la mala nutrición. La preeclampsiá por lo general se desarrolla lentamente, de ahí la necesidad de asistir periódicamente a la consulta prenatal. Si se la deja avanzar, la presión sanguínea seguirá aumentando y se producirán dolores de cabeza, trastornos visuales, debilidad mental y, durante las últimas etapas, incluso ataques. Los riesgos para el feto aumentarán con el aumento de la presión. Existe la posibilidad de parto prematuro debido a insuficiencia placentaria (véase página 160) y menor posibilidad de vida para el bebé.

El mejor tratamiento es la prevención, pero en caso de producirse la preeclampsia, la mejor solución consiste en hospitalización, reposo, administración de sedantes y control de la función renal y la presión sanguínea. Solo en raras ocasiones no se produce mejoría, y en tales casos se hará necesaria la cesárea. Si la presión sanguínea desciende por debajo de 90 y permanece constante, podrá salir del hospital después de cuatro o cinco días. Poco después del parto desaparece la inflamación, la presión sanguínea vuelve a ser normal y los riñones recuperan su función usual.

SIGNOS DE PREECLAMPSIA

Los médicos se pondrán en estado de alerta al encontrar dos de los síntomas siguientes:

1 Presión sanguínea elevada; aumento pequeño en condiciones normales pero anormal durante el embarazo. Por ejemplo, en una mujer no embarazada, una presión diastólica de 90 no es motivo de alarma, pero durante el embarazo dicha presión debe ser de 60 o 70.

2 Proteína en la orina; significa lesión precoz de los riñones.

3 Inflamación de los pies, los tobillos o las manos; también puede haber inflamación del rostro por un aumento de peso generalizado, pero es fácil reconocer la inflamación causada por líquido ya que generalmente se observa hinchazón alrededor de los ojos y el cuello.

4 Aumento excesivo de peso.

INCOMPATIBILIDAD RH

Durante la primera visita prenatal le tomarán una muestra de sangre para determinar su grupo sanguíneo (véase página 73). Además de determinar si el grupo es A, B u O, también se determinará si el factor Rh es positivo o negativo. Las madres con Rh negativo reciben especial atención.

El factor Rh negativo es mucho menos común que el positivo, ya que cerca del 80% de la población tiene Rh positivo. Si su pareja es Rh positivo, lo más probable es que el bebé sea también Rh positivo. Si usted tiene un Rh negativo, percibirá la sangre Rh positiva como extraña y si alguna vez se ve expuesta a ella, por ejemplo a través de una transfusión, desarrollará anticuerpos contra la sangre Rh positiva que matarán las células de esa sangre. Durante el embarazo, las células sanguíneas de su hijo Rh positivo podrán filtrarse a través de la placenta y pasar a su propia circulación, y su cuerpo tratará de destruirlas con los anticuerpos para el Rh positivo. Esto suele suceder durante el parto. Con el primer hijo el peligro es menor porque probablemente sea la primera vez que usted se expone a células sanguíneas de Rh positivo y el nivel de sus anticuerpos Rh es bajo. Incluso puede carecer de ellos, a menos que parte de la sangre de su primer bebé pase a su circulación durante el parto y usted reaccione formando anticuerpos.

El peligro durante los embarazos posteriores puede ser insignificante debido a que quizás nunca se formen grandes cantidades de anticuerpos. No obstante, los médicos tomarán la precaución de determinar, durante diferentes etapas del embarazo, el nivel de anticuerpos presentes en su sangre. Se ha demostrado que cierto nivel de anticuer-

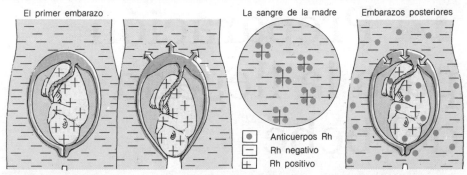

El primer embarazo

La sangre de la madre

Embarazos posteriores

- Anticuerpos Rh
- Rh negativo
- Rh positivo

Cómo ocurre la incompatibilidad Rh

Durante el primer embarazo rara vez se presentan problemas, dado que los torrentes sanguíneos de la madre y el feto no se mezclan (arriba izquierda). Si parte de las células sanguíneas con factor Rh positivo escapan hacia la circulación materna (arriba), ésta reacciona formando anticuerpos Rh (arriba derecha). Durante embarazos posteriores, algunos anticuerpos Rh pueden atravesar la placenta y dañar la sangre del bebé (arriba), si ésta es Rh positiva.

pos puede perjudicar al bebé, pero dicho nivel se presenta en menos del 10% de las mujeres que tienen factor Rh negativo. Por lo tanto, no se preocupe si su médico le informa que tiene sangre Rh negativa. En realidad, quizás esto solo implique que debe recibir mayor atención.

Lucha contra la incompatibilidad Rh

Esta complicación del embarazo es cada día menos común. Después del parto, si la madre tiene factor Rh negativo, se somete a un examen de sangre para determinar si las células del bebé pasaron a su circulación. Si es así, se le inyecta globulina anti-Rh que destruye las células del bebé que aún queden en su circulación para que no se produzcan más anticuerpos. Siempre y cuando que esto se realice después de cada parto o aborto, cuando puede ocurrir filtración de sangre fetal a la circulación materna, los bebés posteriores no serán afectados por la incompatibilidad Rh. En cualquier caso, los bebés de las madres que no se han sometido a este tratamiento no sufrirán ningún daño. El personal de todas las unidades obstétricas de los hospitales es experto en manejar esta situación. Se le practicarán una o dos amniocentesis (véase página 80) y si el bebé ha sido afectado por casualidad, podrán hacerle una transfusión intrauterina.

Quizás sea necesario adelantar el parto, caso en el cual se le practicará una cesárea. En algunos casos, el bebé podrá necesitar una transfusión para reemplazar sus propias células sanguíneas, afectadas durante el embarazo. En muy raras ocasiones es necesario cambiar toda la sangre del bebé, y se hace especialmente cuando hay ictericia. Paradójicamente, el bebé recibirá sangre Rh negativa, aunque sea Rh positivo. Algunos anticuerpos Rh podrían permanecer aún en la sangre del bebé, y dañarían la sangre Rh positiva al aplicar la transfusión. Puesto que un bebé Rh positivo no puede producir anticuerpos para las células Rh negativas, las células sanguíneas transfundidas morirán después de un tiempo y serán reemplazadas por las propias células Rh positivas y sanas del bebé. Durante la transfusión se extraen cerca de 9 g de la sangre del bebé a la vez, y se reemplazan por la misma cantidad de sangre nueva. En solo 72 horas el bebé se habrá librado de todos los anticuerpos recibidos de la madre, y después de tres días ya no habrá necesidad de más transfusiones. Una vez eliminados del sistema del bebé todos los anticuerpos Rh y la bilirrubina, el pigmento amarillo que causa la ictericia, el bebé no sufrirá ningún perjuicio y será perfectamente normal y saludable.

14 Preparación para la llegada del bebé

Al cumplirse las 36 semanas usted deberá haber suspendido ya el trabajo y moderado sus actividades sociales y domésticas. Quizás se encuentre frustrada o aburrida o quizás vea encantada la oportunidad de descansar del trabajo y de las idas y venidas y se sienta llena de energía para arreglar toda su casa de arriba a abajo. Es el momento de verificar si todo está listo para recibir al nuevo huésped: la habitación, la ropa, el equipo, y también para prepararse para el nacimiento en compañía de su pareja y de sus otros hijos.

ORGANIZACION DE LA CASA

Puede hacer muchas cosas para preparar a la familia y disponer arreglos para la rutina diaria con el fin de facilitarse la vida después del nacimiento del bebé.

☐ Comience a olvidar ciertos aspectos de su vida doméstica. Deje de lado lo que no sea esencial y no se preocupe.

☐ No vuelva a realizar los oficios que impliquen esfuerzo físico pesado.

☐ Asegúrese de hacer entender a la familia que ya no puede correr de un lado para otro como antes. Pida a los demás que ayuden con los mandados.

☐ Trate de no preocuparse por cosas sin importancia. Lo primordial es el hijo que lleva dentro. Trate de acomodarse a su propio ritmo y no se exceda.

☐ Busque una vecina de confianza que pueda ayudarle en caso de emergencia.

☐ Si tiene congelador, súrtalo de alimentos básicos que se puedan congelar, tales como pan, mantequilla, sopas, carnes y verduras.

☐ Compre suficientes alimentos secos y elementos esenciales como jabón, papel higiénico y pañales desechables.

La habitación del bebé

Si tiene suficiente espacio, puede destinar una habitación independiente para el bebé, decorada especialmente para él, pero esto no es absolutamente necesario; el espacio para el bebé podrá ser el rincón de una habitación grande. Durante las primeras semanas después del parto, el bebé probablemente permanecerá junto a usted en su habitación o en una alcoba vecina durante casi todo el tiempo, y no en la habitación destinada para él. Pero más adelante, es ideal contar con una habitación diseñada y equipada especialmente para las actividades habituales del bebé como la comida, el baño, el cambio de pañales y de ropa, y el juego.

No hay necesidad de incurrir en gastos excesivos. El bebé crecerá rápidamente y necesitará muchas cosas distintas en poco tiempo, de tal forma que no tiene mucho

Si arregla la habitación del bebé únicamente con los elementos esenciales, podrá ir agregando nuevas cosas a medida que adquiera experiencia en el cuidado de su hijo.

sentido invertir demasiado dinero en un equipo especial. Antes de lo que piensa tendrá que adaptar la habitación del recién nacido para convertirla en la alcoba de un niño que ya camina. La mayor parte del equipo podrá ser de segunda mano.

Equipo para la habitación del bebé

- Cuna. La cuna es un lujo durante los primeros meses. El bebé puede dormir perfectamente en un moisés, que además tiene otros usos, o en un capazo. Un recién nacido puede dormir en cuna, pero es necesario colocar espuma o tela acolchonada en todo el derredor.

- Moisés. Sirve hasta los seis meses según el tamaño y la fuerza del bebé. Sirve también como cuna y se puede colocar dentro de la canasta portátil para llevar en el automóvil, sin necesidad de perturbar el sueño del bebé. (Las canastas portátiles deben asegurarse al asiento del automóvil mediante correas.)

- Para la cuna seleccione un colchón duro y firme con forro impermeable. Nunca se

deben utilizar almohadas, ya que pueden sofocar al bebé.

- Al menos 4 o 5 sábanas ajustables de tela de toalla o franela para dar calor.
- Mantas aterciopeladas o de algodón. Las mantas de algodón son mejores al principio; aunque el bebé se esconda entre ellas, podrá respirar a través del material.
- Toallitas de algodón para recoger la leche regurgitada y para proteger su ropa mientras el bebé expulsa los gases. También pueden colocarse en la cuna debajo de la cabeza del bebé para recoger la leche regurgitada y proteger las sábanas.
- Pañales. Tendrá que decidir entre pañales de tela que se laven y pañales desechables. Los estudios han demostrado que al sumar el costo de los pañales, el jabón para lavarlos y la electricidad que consume la lavadora, los pañales desechables no resultan tan costosos. Usted decidirá. Es aconsejable usar pañales desechables al menos durante las primeras semanas para evitarse el trabajo de lavar. Si opta por los pañales de tela, compre como mínimo dos docenas de pañales de buena calidad. Los de tela delgada y barata no durarán los dos años. Si escoge pañales de tela también deberá comprar dos baldes de plástico con tapa y 4 o 6 pinzas para pañales.
- Protectores de pañales. No resultan muy útiles para los pañales de los recién nacidos. La deposición es demasiado líquida y traspasa el protector. Son lavables y reutilizables.
- Por lo menos seis pantalones de caucho si piensa usar pañales de tela, ya que se vuelven quebradizos y se agrietan muy rápidamente. Por lo tanto, compre los de mejor calidad y trate de lavarlos a mano y no en la máquina.

- Bañera — no es indispensable. Podrá bañar al bebé en el lavaplatos o fregadero de la cocina o en el lavabo del baño. Una bañera grande puede atemorizarlo al principio, a menos que usted se bañe al mismo tiempo con él.
- Espuma o jabón de baño para bebé.
- Colchoneta plástica para el cambio de pañales.
- Dos toallas nuevas y suaves — las toallas

usadas de los adultos serán como papel de lija para la piel perfecta del bebé.
- Esponja natural o toallas suaves para la cara.
- Algodón.
- Vaselina, loción limpiadora, papel higiénico o toallas húmedas para el momento de cambiar pañales.
- Aceite de oliva para la piel seca.
- Tijeras de punta roma.
- Pañalera. Al abrirse, forma una superficie impermeable para cambiar al bebé, y tiene muchos bolsillos para guardar los pañales, la ropa, la loción limpiadora y los ganchos o pinzas. Luego puede enrollarse y llevarse sobre el hombro después de cambiar al bebé.

jueguete
móvil

delantal
impermeable

cuna
con colchón
impermeable,
protectores y
mantas

- Cochecito o sillita. Tendrá que estudiar muy bien sus necesidades antes de decidirse por uno u otro. Si tiene automóvil y lo utiliza siempre, un cochecito con ruedas que puedan doblarse será perfecto. Si utiliza el transporte público, una sillita de ruedas que se pliegue fácilmente y se ajuste a la posición horizontal será excelente. Sin embargo, no sirve para los bebés que prefieran dormir boca abajo, de tal forma que quizás convenga esperar un poco antes de decidir. En la actualidad existen muchos diseños, así que puede investigar un poco y consultar a otras madres.
- Cabrestillo y bolsa para la espalda. El

ROPA BASICA PARA EL BEBE

- 6 vestidos. Posiblemente recibirá muchos trajecitos de regalo. La primera talla le servirá durante seis semanas, pero necesitará muchos juegos de ropa.
- 2 piyamas. Facilitan el cambio de pañal.
- 4 camisetas. Las de cuello cuadrado son las mejores.
- 2 suéteres de lana. Los que tienen calados no son prácticos porque los niños pueden introducir los dedos.
- 2 pares de calcetines de algodón.
- 1 mantón.
- 1 gorro.

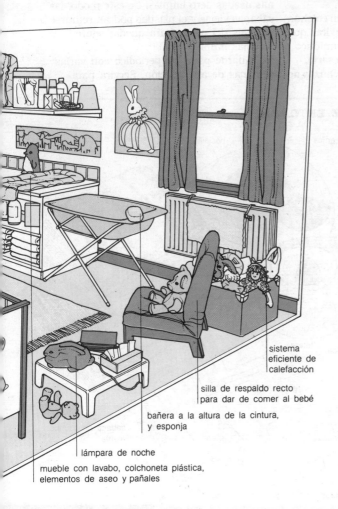

sistema eficiente de calefacción

silla de respaldo recto para dar de comer al bebé

bañera a la altura de la cintura, y esponja

lámpara de noche

mueble con lavabo, colchoneta plástica, elementos de aseo y pañales

Decoración de la habitación del bebé

Procure que todas las superficies sean higiénicas y de fácil limpieza. Utilice únicamente pintura no tóxica que no contenga plomo. Asegúrese de que haya suficiente espacio para guardar cosas, especialmente alrededor del área destinada a cambiar los pañales. Si piensa agregar nuevas unidades, ahorre dinero omitiendo las puertas. Podrá ver todos los objetos de un solo vistazo y no tendrá que abrir portezuelas o cajones. Sin embargo, posteriormente cuando el bebé se vuelva más inquieto y curioso, deberá colocar las puertas.

El material ideal para el piso es el linóleo o el corcho. Un interruptor para reducir la intensidad de la luz es buena idea para cuando se levante por la noche a alimentar al bebé. El control de calefacción también es importante; la temperatura debe permanecer constante a 20°C aproximadamente. Si es muy elevada para el resto de la casa, instale un calentador controlado por termostato en la alcoba del bebé.

Para su comodidad necesitará una silla y una mesa de poca altura para cuando alimente al bebé. Podrá ser un lujo, pero si es posible instale un pequeño lavabo con agua corriente en un rincón de la habitación.

167

cabrestillo es para los seis primeros meses, o más, según el peso del bebé, pero la bolsa para la espalda para bebés más grandes también puede ser muy útil, especialmente para un bebé que se ha acostumbrado a que lo lleven a todas partes.

- Equipo para alimentar al bebé, si no está amamantando.
- Columpio. En esta silla reclinable el bebé podrá estar parcialmente recostado y seguir los movimientos de usted por la habitación.

PREPARACION PARA EL ALUMBRAMIENTO

El hospital o la partera le proporcionarán una lista de lo que necesitará durante el alumbramiento. Si piensa tener el bebé en su casa, deberá preparar una habitación para el parto.

Parto en casa

☐ Cerciórese de que cuenta con un colchón duro que le permita empujar y evitar que se forme un charco de líquido amniótico debajo de sus caderas. Si es necesario, coloque una tabla bajo el colchón. Quizás no

desee utilizar la cama, pero téngala lista para poder recurrir a ella en caso de necesidad.

☐ Esta es la forma más conveniente de arreglar la cama: use sábanas limpias; coloque una sábana plástica — una cortina vieja del baño servirá — y cúbrala con sábanas usadas pero limpias. De este modo, las sábanas viejas y el plástico podrán retirarse después del parto, para quedar sobre sábanas limpias.

☐ Guarde papel de periódico con varias semanas de anticipación. Servirá para

EQUIPO PARA DAR A LUZ EN CASA

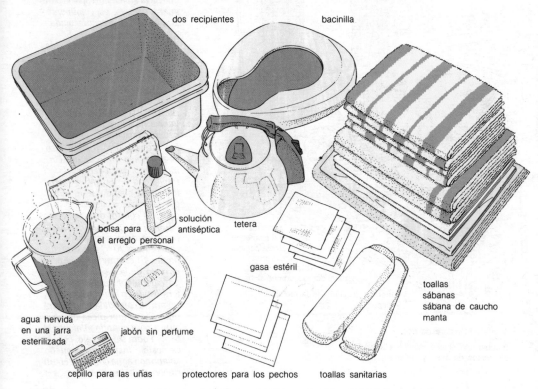

dos recipientes

bacinilla

solución antiséptica

tetera

bolsa para el arreglo personal

gasa estéril

agua hervida en una jarra esterilizada

jabón sin perfume

toallas
sábanas
sábana de caucho
manta

cepillo para las uñas

protectores para los pechos

toallas sanitarias

colocar en el suelo, en el camino del baño a la cama, y absorber cualquier goteo de líquido. El papel de periódico es limpio e impide el crecimiento de gérmenes, de tal manera que si no tiene objeción, podrá colocarlo debajo de la cama a manera de bacinilla.

☐ Prepare una zona de trabajo cerca de su cama, donde se puedan colocar todos los utensilios necesarios.

ELEMENTOS DE AYUDA DURANTE EL PARTO

Su pareja o la persona que la vaya a acompañar durante el parto también tendrá que preparar ciertos objetos que le serán de utilidad durante el alumbramiento. No olvide llevar una bolsa con:

● una esponja natural pequeña para humedecer los labios de la parturienta

● crema para los labios o vaselina para evitar que se partan los labios

● bolsa de hielo o de agua caliente para colocar en la cintura si la parturienta tiene un fuerte dolor lumbar

● un termo con jugo de fruta diluido o agua

● bebidas y bocadillos para usted; procure que sobren para que ella pueda comer si siente hambre después del parto

● libros, naipes, juegos, rompecabezas, grabadora y música para pasar el tiempo entre una contracción y otra

● monedas para el teléfono público del hospital

● calentadores o medias gruesas para ella en caso de que sienta escalofrío durante las etapas finales

● toalla para refrescarle la cara en caso de que sienta demasiado calor

☐ El estuche de maternidad que le proporcionará la partera antes del nacimiento contendrá muchos de los elementos necesarios. Pregunte a la partera si también le suministrará una sábana estéril.

☐ Despeje una zona grande si desea moverse durante el parto. Tenga a mano sábanas limpias en caso de que desee dar a luz en el suelo.

☐ Para estar preparada deberá darse un baño o una ducha si se ha roto el saco amniótico, o si no lavarse las manos hasta más arriba de la muñeca, los muslos, 30 cm hacia abajo, el pubis, todo con jabón antiséptico, y secarse con una toalla limpia, una tela esterilizada o una gasa.

☐ Tenga dispuestas una bata de dormir limpia, toallas sanitarias y ropa interior para usted, y una manta grande, un pañal desechable y una piyama o un trajecito para el bebé. Prepare la cuna del bebé con sábanas y mantas.

Lo que debe llevar al hospital

Prepare la maleta que llevará al hospital, con todo lo que pueda necesitar durante su permanencia, varias semanas antes. Pida al hospital una lista de la ropa que suministran. La mayoría de los hospitales proporcionan pañales y ropa para el bebé durante el tiempo de permanencia, pero cerciórese de ello. Si es así, solo necesitará la ropa y la manta para llevarse el bebé a casa. Su pareja podrá traerlas después del parto, pero déjelas listas en un sitio visible, junto con su propia ropa para salir del hospital. Recuerde preparar ropa holgada, pues el tamaño de los senos será mucho mayor cuando baje la leche (véase página 221), y su abdomen no habrá perdido volumen.

Para usted

● 2 o 3 camisones con abertura al frente si desea amamantar

● 2 o 3 sostenes de maternidad

● protectores para los pechos

● bata de levantarse

● pantuflas

Para el bebé

● 2 pañales
● camiseta
● piyama
● mantón
● gorro
● manta o bolsa de dormir

- 4 calzones
- toallas sanitarias — las autoadhesivas son mejores, y deberá comprar las superabsorbentes para los primeros días
- bolsa para su arreglo personal con cepillo, 2 toallas, 2 toallas para la cara

- toallas faciales de papel o un rollo de papel higiénico suave
- maquillaje, crema para las manos y cara y champú para el cabello
- espejo
- monedas para el teléfono

QUE HACER CON LOS OTROS NIÑOS

Si tiene familia, todos sus integrantes deberán participar activamente en su embarazo. Deberá informar a los niños sobre lo que está sucediendo y sobre el progreso de la gestación, de acuerdo con su edad y con la cantidad de información que puedan comprender y asimilar. Incluso un niño pequeño podrá observar que su vientre crece, y querrá saber por qué. Responda con honestidad y precisión, y deje que el niño sienta los movimientos del bebé dentro del útero. Si sus hijos tienen edad suficiente, coloque en la pared un gráfico explicativo de lo que sucede a la madre y al feto durante la gestación y marque en él la evolución del embarazo.

Si desea dar a luz en su casa, tendrá que decidir si los demás niños deberán participar o no. Si han seguido el desarrollo del embarazo, la experiencia resultará educativa. Sin embargo, no se sorprenda si se aburren durante la espera y deciden salir a jugar. Una persona responsable deberá estar presente, además de su pareja, para cuidar a los niños mientras dure el alumbramiento.

Si piensa dar a luz en el hospital, explique a sus hijos lo que va a suceder y los arreglos que deberán hacerse, siempre y cuando que tengan edad para comprenderlo. Aunque solo piense permanecer poco tiempo interna — 24 o 48 horas — tendrá que buscar

Siga el desarrollo del embarazo con sus otros niños y permítales participar del proceso hasta donde sea posible.

la manera de que alguien se ocupe de sus hijos. Si es posible, trate de que los lleven a un lugar familiar con una persona a quien conozcan y quieran. Si no es posible, familiarice lentamente a los niños con el nuevo ambiente y la persona desconocida antes de internarse.

Es conveniente que los niños sepan cuánto va a durar la separación. Prepárelos mostrándoles otros bebés y fotografías de cuando ellos eran bebés, relacionando las imágenes con la llegada del nuevo hermano. Compre un muñeco a cada uno de sus niños, si son varios, para que sientan que también tienen un bebé. Las cosas serán más fáciles si el padre también dedica tiempo a los niños, especialmente a la hora del baño, de las comidas y de dormirse.

Si tiene un bebé, le será más fácil organizarse para que lo cuiden. Pero si se trata de un niño mayor, resultará útil hacer ensayos.

Elabore un programa de lo que deberá hacer cuando comience el parto. Repase el programa con su hijo para que se familiarice con lo que va a suceder. Solo una sorpresa lo desconcertará. Si ensaya con él todo el programa varias veces, se sentirá feliz y seguro al saber que usted se preocupa por él. Un día cualquiera podrá presentar todo el plan del principio al fin. "Hoy vamos a ensayar lo que haremos cuando mamá deba salir para el hospital a tener el bebé. Primero buscaremos la maleta donde la semana pasada metimos tu ropa y tus juguetes y libros favoritos. Luego te pondrás la chaqueta, entrarás al automóvil y saldremos hacia la casa de la abuela . . . etc."

CUENTA HACIA ATRAS PARA EL PARTO

Parto en la casa

1 Llamar a la partera y al médico.
2 Llamar a su pareja o a la persona que la asistirá.
3 Ponerse en contacto con quienes deban cuidar de sus otros hijos.
4 Prepararse una bebida caliente.
5 Asegurarse de que todo esté listo en la habitación.
6 Darse un baño o una ducha con agua caliente.

Parto en el hospital

1 Llamar al hospital y luego a una ambulancia si su pareja o un amigo no pueden llevarla hasta el hospital.
2 Llamar a su pareja o a su acompañante.
3 Avisar a la persona que cuidará a sus otros hijos.
4 Prepararse una bebida caliente.
5 Buscar la bolsa, la chaqueta y la maleta.
6 Sentarse a esperar a su pareja o a la ambulancia.

Si alguien la va a llevar al hospital, deberá saber cuánto tiempo se necesita para llegar y cómo hacerlo. Elijan una ruta alternativa en caso de tráfico congestionado o de bloqueo en las calles. Hasta donde sea posible, escojan calles bien pavimentadas para que el viaje sea suave. Averigüe por cuál entrada deberá ingresar al hospital, a fin de llegar al pabellón por la ruta más directa. Asegúrese de que tanto usted como el conductor conozcan bien toda esta información y, si desea sentirse más tranquila, hagan un ensayo.

Una o dos semanas antes de iniciarse el parto podrán producirse señales de aviso.

1 Una de las primeras señales ocurre cuando la cabeza del bebé encaja en la pelvis.
2 Esto hace que aumente la presión sobre la vejiga, por lo cual sentirá deseos frecuentes de orinar.
3 Las contracciones de Braxton Hicks se hacen más frecuentes y quizás más fuertes.
4 A menudo aumenta la secreción vaginal uno o dos días antes de iniciarse el parto.
5 Podrá observar una leve pérdida de peso durante la última semana.
6 Algunas mujeres experimentan un instinto de preparación; se sienten impulsadas a limpiar y ordenar la casa.

15 Parto y alumbramiento

Es la culminación del embarazo, el clímax para el cual se ha venido preparando. Querrá que la experiencia sea agradable y, aunque no necesariamente libre de dolor (eso sería ilógico), al menos tranquila y apacible.

Si todos los que la rodean le son familiares, se sentirá feliz, a pesar del malestar. Podrá permanecer tranquila si comprende lo que le está sucediendo y confía en poder controlar su cuerpo y ayudarlo durante el parto. Si aprende lo que ocurre durante el parto y el alumbramiento y practica los ejercicios y las técnicas de respiración, sentirá menos dolor y permanecerá en estado de vigilia para disfrutar el nacimiento de su hijo.

PARTO

El parto puede dividirse en dos etapas bien definidas. Hay una etapa previa a su iniciación que en ocasiones se conoce como preparto (véase la página siguiente). La primera etapa del parto puede dividirse a su vez en dos: La primera fase corresponde a la iniciación del parto, y durante ella las contracciones pueden ser cortas, irregulares y no muy dolorosas. Esta fase culmina en la fase tardía de la primera etapa y la transición, momento en el cual las contracciones se hacen regulares, más frecuentes, dolorosas, y producen la dilatación total del cuello uterino. La segunda etapa del parto es aquélla durante la cual usted empuja al bebé a través del canal del parto, y termina con el nacimiento de su hijo. El parto no termina hasta no completarse la tercera etapa, cuando se expulsa la placenta.

Dolor durante el parto

Los dolores producidos por las contracciones son diferentes en cada mujer, pero al comienzo del parto pueden asemejarse a los cólicos menstruales y a veces se manifiestan únicamente como un leve dolor lumbar. El tipo de parto en el cual la mujer entra en la primera etapa solo con un dolor lumbar cada vez más intenso, se conoce como parto con dolor lumbar (véase página 181). A menudo, la contracción se siente como una oleada de malestar a través del abdomen que alcanza un punto máximo y luego disminuye. Simultáneamente se perciben el endurecimiento y la tensión del músculo uterino, que se mantiene en su punto de máxima intensidad durante unos pocos segundos, antes de que el músculo comience a relajarse de nuevo. No es posible ejercer ningún control sobre las contracciones — son involuntarias — aunque su estado mental durante el parto puede tener un efecto profundo sobre la intensidad del dolor. La mayoría de las mujeres suponen que las contracciones deben ser cada vez más prolongadas, frecuentes y fuertes de acuerdo con una pauta constante. Esto no es así, y no existe motivo para preocuparse si sus contracciones varían. Por ejemplo, es totalmente normal que después de una contracción fuerte sobrevenga una más débil y menos prolongada. También es normal que las contracciones se sucedan unas a otras sin cesar, lo cual es más probable si se trata de un parto inducido y mantenido mediante goteo intravenoso (véase página 200).

Iniciación del parto

La mayoría de las personas creen que la iniciación del parto es muy definida; que comenzarán los dolores, las contracciones y sabrán lo que sucede. Pero a menudo las cosas no son tan claras. Pueden suceder tres cosas, aunque no necesariamente significan que el parto sea inminente.

□ • El tapón de moco gelatinoso y teñido de sangre que ha obturado el canal cervical durante el embarazo puede desprenderse durante la primera fase de la etapa inicial, o antes, y esto siempre antecede a la ruptura de las membranas, y significa que ha comenzado la dilatación del cuello uterino.

□ Las membranas pueden romperse en cualquier momento durante el parto. La salida del líquido amniótico varía de una mujer a otra. En algunas es un chorro y en otras es un goteo levísimo que puede contenerse con una toalla sanitaria. La ruptura de las membranas no va acompañada de dolor, y el flujo depende del sitio y el tamaño de la ruptura y de si la cabeza del bebé puede taponar o no el agujero. Aunque se haya producido la ruptura, usted podrá continuar con su programa, pero deberá

DURACION DEL PARTO

El parto generalmente se prolonga en las primigestantes, con una duración promedio de 12 a 14 horas. Los partos subsiguientes tienen una duración promedio de siete horas. Por lo general, cuanto más débiles son las contracciones, más prolongado es el parto. Un parto rápido tiende a iniciarse con contracciones lentas y prolongadas, que continúan de la misma forma.

notificar inmediatamente a la partera o al hospital.

□ Podrá sentir un dolor lumbar sordo, o si ha tenido contracciones de Braxton Hicks durante el tercer trimestre, podrá confundir las primeras contracciones del parto con contracciones de Braxton Hicks más fuertes. Sin embargo, cuando dichas contracciones son muy fuertes también pueden confundirse con las del parto, y esto se denomina "parto falso".

Tome el tiempo de estas contracciones durante una hora y si son cada vez más frecuentes y prolongadas, lo más probable es que haya comenzado el parto. Una vez

LA PRESENTACION

La parte que corresponda a la presentación del bebé será la que nacerá primero. La mayoría de los bebés yacen bien flexionados (encogidos), con las rodillas dobladas, los brazos y las piernas cruzados y el mentón sobre el pecho (primera ilustración a la derecha). La presentación del bebé puede afectar el parto y el alumbramiento. Por ejemplo, una presentación posterior (segunda ilustración a la derecha) puede conducir a un parto irregular con dolor lumbar (véase página 181). Si la cabeza no está bien flexionada y hay presentación de cara, el parto puede ser más lento y el rostro del bebé puede permanecer inflamado durante 24 horas aproximadamente.

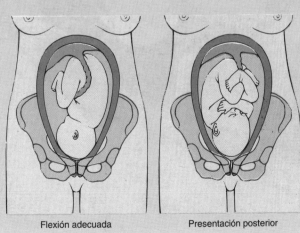

Flexión adecuada   Presentación posterior

establecido esto, el intervalo entre una contracción y otra se mide desde el comienzo de una hasta el comienzo de la siguiente. Al principio tienden a durar entre 30 y 60 segundos, aumentando gradualmente hasta 75 segundos durante la fase más activa del parto.

Hospitalización

A su llegada, la partera la preparará para el parto. Su acompañante podrá permanecer a su lado mientras la preparan.

● Consultará las anotaciones y le hará preguntas sobre cómo va el parto hasta el momento: si ha expulsado todo el líquido amniótico, la frecuencia de las contracciones, y si ha evacuado los intestinos.

Los latidos del corazón del feto serán controlados constantemente, bien sea con un fetoscopio o con monitores electrónicos (véase página 190).

● Se le pedirá que se desvista y se ponga una bata de hospital.

● Luego será examinada; la partera palpará el abdomen para sentir la posición del bebé, escuchará los latidos fetales, tomará su presión sanguínea, pulso y temperatura, y le hará un examen interno para determinar la dilatación del cuello uterino.

● Se le pedirá una muestra de orina para hacer las pruebas de proteína y azúcar.

● Si no ha evacuado los intestinos recientemente, le aplicarán un enema o un supositorio.

● Luego deberá tomar un baño o una ducha y pasar a la sala donde permanecerá durante la primera etapa del parto. Si tiene alguna pregunta o si desea discutir su plan para el nacimiento (véase página 240), o desea expresar lo que siente a los miembros del personal, es el momento de recordarles algunas de sus preferencias.

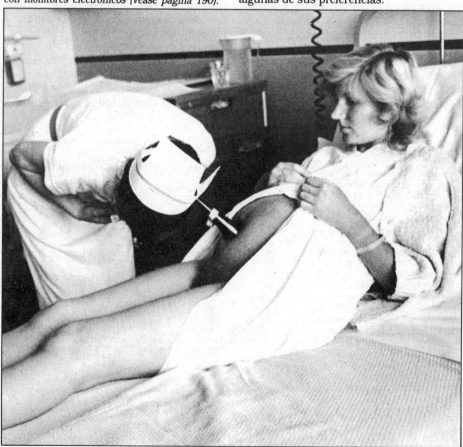

RESPIRACION DURANTE EL PARTO Y EL ALUMBRAMIENTO

Si ha aprendido una técnica de relajación y respiración (véanse páginas 143-44), y ha aprendido a reconocer los distintos tipos y niveles de respiración, este es el momento de ponerlos en práctica. Su acompañante le ayudará haciéndole notar si está respirando demasiado rápido o si tiene los hombros tensos. También puede ayudarle marcando un ritmo o con palabras como "respire", "respire", "jadee", "jadee", "sople".

Comienzo de la primera etapa

Durante la primera etapa, las contracciones seguramente serán suaves y usted podrá respirar profundamente y de manera uniforme mientras duren. Reciba cada contracción exhalando lenta y uniformemente.

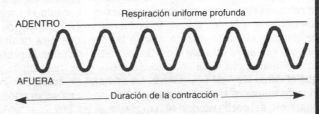

Final de la primera etapa

Comience con una exhalación y luego trate de respirar por encima de las contracciones con inhalaciones suaves y cortas que no comprometan ninguna de las partes inferiores de su cuerpo. Cuando todo termine, inhale profundamente y relájese para indicar que ha terminado la contracción.

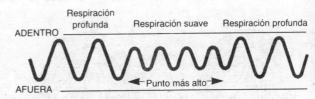

Etapa de transición

Si siente deseos de pujar antes de tiempo ensaye la respiración más superficial de todas — jadeo — aunque sin llegar a la hiperventilación. Respire solamente por la boca. Si siente mareo, su compañero podrá colocar las manos sobre su boca y su nariz formando una copa.

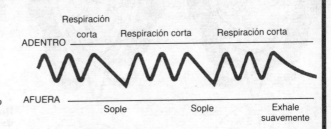

Segunda etapa

Esta será la pauta de respiración más natural en sus circunstancias. Inhale profundamente y retenga la respiración mientras puja hacia abajo, dejando que el piso de la pelvis se proyecte hacia afuera. Debe pujar con un movimiento largo y uniforme. Repita lo mismo si la contracción es aún intensa, y recuéstese lentamente cuando termine.

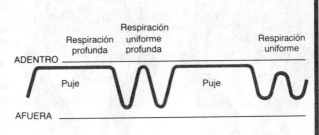

175

LA PRIMERA ETAPA DEL PARTO

Es cuando el cuello del útero se dilata totalmente para permitir el paso de la cabeza del bebé. A fin de poder dilatarse, el cuello, normalmente grueso y relativamente duro, se adelgaza y ablanda y es estirado gradualmente por las contracciones del útero, lo que se conoce como borramiento. El músculo del segmento superior del útero se contrae y ejerce presión sobre el segmento inferior, que a la vez transmite la fuerza de tracción al cuello uterino. Por lo tanto, una vez que se ha estirado el cuello, comienza a dilatarse con cada contracción hasta que el canal cervical desaparece. La dilatación es entonces total. Los grados de dilatación del cuello uterino se han clasificado para lograr una descripción precisa y seguir su progreso. Si usted pregunta a la partera cómo va progresando el parto, generalmente responderá en términos del número de centímetros de dilatación, o del número de dedos (un dedo corresponde aproximadamente a un centímetro).

La dilatación se mide normalmente en incrementos de un centímetro hasta llegar a cuatro. Se habla de media dilatación cuando es de cinco o seis centímetros. Cuando el cuello alcanza un diámetro de 10 centímetros aproximadamente, se dice que está totalmente dilatado. Con esto termina la primera etapa del parto, aunque en realidad la primera etapa se confunde gradualmente con la segunda sin que haya una separación clara.

Exámenes durante el parto

Después de los trámites de hospitalización, recibirá la visita del anestesista si desea

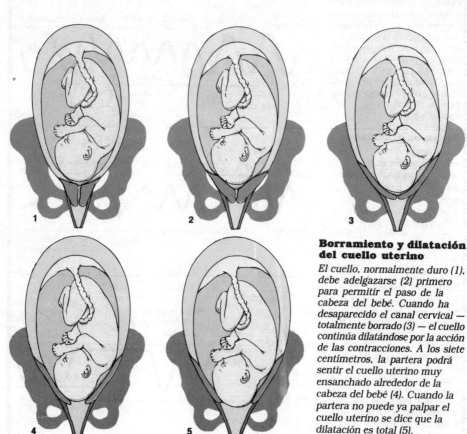

1   **2**   **3**

4   **5**

Borramiento y dilatación del cuello uterino

El cuello, normalmente duro (1), debe adelgazarse (2) primero para permitir el paso de la cabeza del bebé. Cuando ha desaparecido el canal cervical — totalmente borrado (3) — el cuello continúa dilatándose por la acción de las contracciones. A los siete centímetros, la partera podrá sentir el cuello uterino muy ensanchado alrededor de la cabeza del bebé (4). Cuando la partera no puede ya palpar el cuello uterino se dice que la dilatación es total (5).

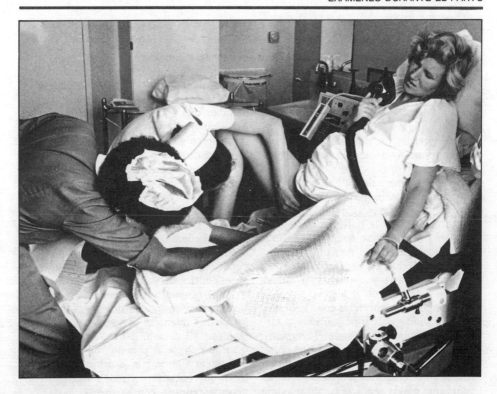

algún tipo de analgésico (véase página 194).
Si no es así, quedará sola con su pareja o
su acompañante y una partera o enfermera
que permanecerá a su lado todo el tiempo.

El corazón del bebé será controlado
constantemente mediante el fetoscopio,
ultrasonido o una máquina (véase página
202). Se le practicarán exámenes internos
periódicamente cada 4-6 horas para
controlar el borramiento y la dilatación del
cuello uterino. Para esto generalmente
deberá estar totalmente acostada. Si la
posición le produce incomodidad, pregunte
si puede colocarse de medio lado o de pie.

Cada vez que le practiquen un examen
pregunte cómo va avanzando. Si nunca ha
visto antes a la persona que practica los
exámenes, y si ésta no se presenta, pregúntele quién es y lo que va a hacer, y preséntese
usted también. Si siente que las contracciones
son cada vez más fuertes y prolongadas

*Algunas veces, el examen interno puede ser
doloroso, de tal forma que trate de relajarse.*

y no se le ha hecho un examen desde hace
cierto tiempo, solicítelo. Es reconfortante
saber que la dilatación ha progresado entre
un examen y otro.

Es posible que se le pida a su compañero
o a la persona que la acompañe que abandone la habitación mientras la preparan o
mientras se le practica un examen. Esto es
absolutamente innecesario; varias personas
que no tienen nada que ver con el nacimiento
entrarán a la sala de partos a cada instante,
de tal modo que exija que su acompañante
permanezca con usted.

Es posible que le formulen preguntas
mientras la examinan o durante una contracción. Concéntrese en lo que está haciendo
y responda a la pregunta cuando termine
la contracción.

CONSEJOS PARA EL ACOMPAÑANTE

• Durante el pre-parto, incítela a dormir y a conservar su energía. Podrá percibir una explosión de energía que es el instinto de pujar, pero insista en que descanse y coloque los pies en alto.

• Durante las primeras etapas del parto, y si las membranas no se han roto, anímela a tomar un baño caliente y ayúdela a entrar y salir de la bañera para evitar una caída. Si se han roto las membranas, es más conveniente una ducha (véase página 169).

• A menos que la parturienta sienta náuseas, intente que coma y beba lo que desee. Los jugos de fruta natural y la miel contienen azúcar, la cual le proporcionará suficiente energía. Usted también deberá comer algo.

• Cuando comiencen las contracciones, deberá tomar el tiempo y observar el intervalo entre ellas (desde el comienzo de una hasta el comienzo de la siguiente) y la duración de cada una. Coloque su mano sobre el abdomen de la parturienta para que pueda sentir el punto máximo de la contracción.

• Una de sus funciones más importantes es darle instrucciones, consuelo y apoyo durante las contracciones. No la critique, utilice palabras positivas y estimúlela cuanto más pueda. No se ofenda si ella rechaza y busca apoyo en la partera. Lo que busca es la ayuda de una mujer con experiencia, y eso no representa un rechazo.

• Enjugarle el sudor, darle masajes en la espalda o el abdomen, o sencillamente sujetarle las manos, tiene un efecto tranquilizador.

• Esté alerta en caso de observar signos de tensión en la nuca, los hombros o la frente de la parturienta, y recuérdele que debe relajarse. Es conveniente mantener la boca distensionada entre contracciones, de tal forma que si observa señales de tensión, indúzcala a cerrar la boca y dejar caer la mandíbula.

• Si la parturienta está levantada y caminando, recuérdele que debe evacuar la vejiga cada hora. Si se levanta y comienza a caminar, no la deje sola, puesto que cualquier actividad puede aumentar las contracciones. Acompáñela al cuarto de baño; se sentirá tranquila al saber que usted está del otro lado de la puerta.

• Observe su estado de ánimo y no la contraríe.

• Si al llegar al hospital ya tiene contracciones, limítese a firmar los formularios esenciales y vaya directamente al pabellón de maternidad. Lo más importante es mover a la parturienta lo menos posible y dejarla cómodamente instalada lo más pronto que pueda. Trate de evitarle preocupaciones para que pueda concentrarse en el control de su parto.

• Si el hospital insiste en que usted permanezca en la sala de espera para los padres mientras la "preparan", quédese allí durante 20 o 30 minutos y luego regrese al pabellón de maternidad. Identifíquese con la primera enfermera que encuentre y pídale que le permita reunirse con su pareja.

• Cuando se le ofrezca algún medicamento, asegúrese de que la parturienta sepa de qué se trata. Si ella desea prescindir de los medicamentos y seguir adelante, ayúdele, pero recuerde que no hay ninguna razón por la cual no deba recibir medicamentos si están indicados.

• Si están en casa, la partera estará sola la mayor parte del tiempo, de tal forma que esté preparado para ayudar cuando ella se lo pida.

• Cuando ya se manifieste plenamente el parto, usted puede colocar su mano sobre el abdomen de la parturienta para saber en qué momento comienza cada contracción, al sentir la tensión del útero. Cuando sienta que el útero se endurece y se desplaza hacia arriba, diga a la parturienta que inhale profundamente. Así podrá estar seguro de que las contracciones no la encuentren desprevenida para que pueda controlarlas mejor.

Una caricia ayuda mucho durante el parto.

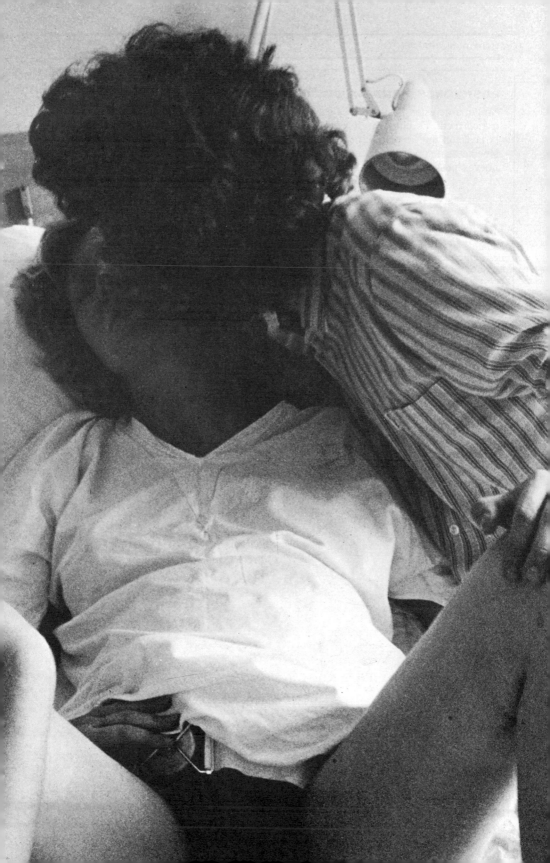

POSICIONES PARA LA PRIMERA ETAPA

Ninguna de estas posiciones es correcta o incorrecta. Es cuestión de encontrar la posición que le resulte más cómoda. Movilícese de un lado para otro y ensaye nuevas posiciones. Utilice los muebles o recurra al apoyo de su pareja para ayudarse. Muchas mujeres prefieren deambular y adoptar la posición elegida cuando se inicia la contracción.

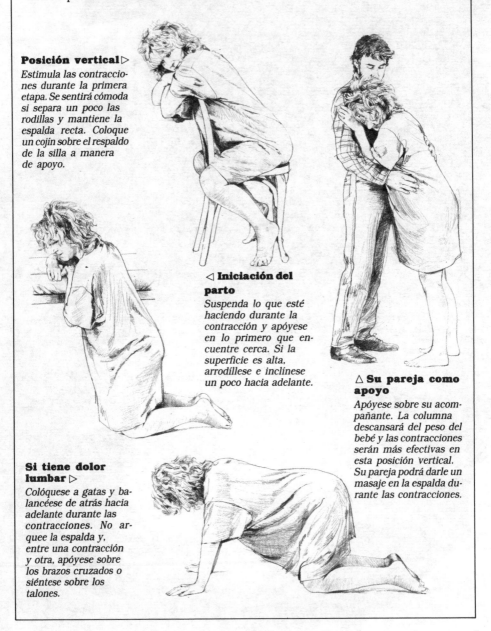

Posición vertical ▷
Estimula las contracciones durante la primera etapa. Se sentirá cómoda si separa un poco las rodillas y mantiene la espalda recta. Coloque un cojín sobre el respaldo de la silla a manera de apoyo.

◁ **Iniciación del parto**
Suspenda lo que esté haciendo durante la contracción y apóyese en lo primero que encuentre cerca. Si la superficie es alta, arrodíllese e inclínese un poco hacia adelante.

△ **Su pareja como apoyo**
Apóyese sobre su acompañante. La columna descansará del peso del bebé y las contracciones serán más efectivas en esta posición vertical. Su pareja podrá darle un masaje en la espalda durante las contracciones.

Si tiene dolor lumbar ▷
Colóquese a gatas y balancéese de atrás hacia adelante durante las contracciones. No arquee la espalda y, entre una contracción y otra, apóyese sobre los brazos cruzados o siéntese sobre los talones.

La etapa de transición

Es el período comprendido entre el final de la primera etapa y el comienzo de la segunda. Es la etapa más corta del parto, dura solamente una hora por término medio y a veces 30 minutos o menos, pero también es la más difícil. Después de varias horas de parto, muchas mujeres pierden el valor y se sienten incapaces de seguir adelante sin analgésicos. Pueden sentir algo de escalofrío y temblores, los cuales son fisiológicos y normales y no deben causar preocupación. Debido a los cambios hormonales puede producirse irritabilidad y mal humor, y algunas mujeres sienten tanta náusea que desean vomitar. Si desea vomitar, hágalo, pues se sentirá mucho mejor después. Generalmente también se produce cierta agitación e impaciencia y ninguna posición parece ser satisfactoria. Es posible que sienta ansiedad por su propia seguridad y la del bebé, y le entrará sueño entre las contracciones porque el útero y el niño toman la mayor parte del oxígeno y la oxigenación del cerebro es escasa.

Algunas mujeres sienten la necesidad de pujar durante esta etapa, pero es conveniente no hacerlo hasta no confirmar la dilatación total del cuello uterino mediante un examen interno. Si tiene enormes deseos de empujar pero aún no es el momento, utilice la técnica de jadear y soplar para respirar (véase página 144) hasta que la partera le informe que ya puede hacer fuerza.

CONSEJOS PARA EL ACOMPAÑANTE

- Trate de que la parturienta se relaje, no le haga preguntas, límpiele el sudor si la transpiración es excesiva.
- Si le pide que no la toque, no lo haga pero permanezca cerca de ella. Si se marea y desea vomitar, alcance un recipiente y anímela a hacerlo. Estimúlela siempre.
- Si hay temblor en las piernas, colóquele las medias y sosténgale las piernas con firmeza.
- Si observa que comienza a quejarse y a tratar de pujar, informe inmediatamente a la partera. Esta es una etapa difícil y quizás convenga decirle a la parturienta que está atravesando un período de transición y que el bebé nacerá pronto.
- Sabrán que el parto es inminente cuando la partera diga que la cabeza está emergiendo del canal del parto.

En la mayoría de los casos, el final de la etapa de transición está marcado por un cambio perceptible en la pauta de respiración, y la parturienta comienza a gruñir involuntariamente debido quizás al deseo de pujar, que se torna muy fuerte. Diga a su acompañante que informe de esto al personal. Ellos confirmarán que el cuello se ha dilatado 10 centímetros y que está comenzando la segunda etapa. El bebé nacerá muy pronto.

PARTO CON DOLOR LUMBAR

Si el bebé está en posición posterior, posiblemente tendrá la cabeza apoyada contra el sacro. El resultado es un parto prolongado acompañado de dolor lumbar. En esta posición la cabeza del bebé no está flexionada correctamente y presenta un diámetro más grande. Sin embargo, generalmente gira antes de atravesar el canal del parto y el nacimiento es normal. Si el dolor lumbar es muy intenso, habrá medios para aliviarlo.

- No deje de moverse y, durante la contracción, adopte una posición en la cual se alivie la presión ejercida sobre la espalda; por ejemplo, a gatas, reclinada contra un asiento, o meciéndose de adelante hacia atrás.
- Anule la presión mediante una contrapresión. Su acompañante podrá aplicar presión con los puños o algo redondo como una pelota de tenis contra la espalda.
- Aplique una bolsa de agua caliente sobre la región lumbar entre una contracción y otra.
- No se acueste totalmente; si lo hace, la cabeza del bebé oprimirá directamente la columna.
- Pida que le den masajes en las nalgas y la región lumbar (véase página 145).

POSICIONES DURANTE LA TRANSICION

Durante esta etapa es difícil encontrar una posición cómoda. Las contracciones parecen no acabar nunca, pero si comprende que el bebé va a nacer, podrá tener la confianza para permanecer paciente y calmada. Seguramente no querrá deambular demasiado, pero trate de cambiar de posición de vez en cuando.

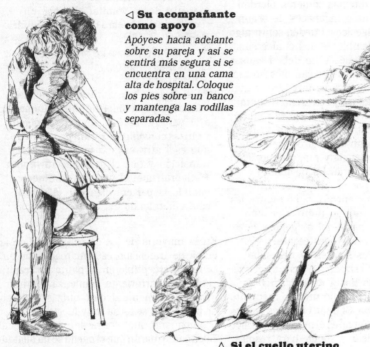

◁ **Su acompañante como apoyo**

Apóyese hacia adelante sobre su pareja y así se sentirá más segura si se encuentra en una cama alta de hospital. Coloque los pies sobre un banco y mantenga las rodillas separadas.

△ **Si el cuello uterino no está totalmente dilatado**

Si siente la necesidad de empujar, sírvase de la fuerza de gravedad para frenar un poco al bebé mientras el cuello se dilata aún más. Arrodíllese y siéntese sobre los talones con la cabeza apoyada sobre una silla de poca altura, o inclínese hacia adelante y coloque los brazos y la frente en el suelo, manteniendo las nalgas en el aire. Esto aliviará la presión sobre la región lumbar.

▽ **Si desea descansar**

Acuéstese sobre el costado y coloque almohadas debajo de la cabeza y del muslo de encima. Mantenga las piernas lo más separadas posible.

POSICIONES PARA EL PARTO

Su experiencia durante el parto le habrá indicado cuál es la posición en que desea dar a luz. Escuche al personal médico auxiliar; ellos le darán instrucciones durante la etapa en que debe hacer fuerza. Disfrute el proceso y no se apresure.

◁ En cuclillas

Esta posición ayuda a abrir la pelvis, relaja los músculos del piso pélvico y de la vagina, y la fuerza de gravedad ayuda al nacimiento del bebé. Para trabajar en esta posición encima de la cama necesitará la ayuda de dos personas que la sostengan, a fin de que se sienta segura.

Sostenida en cuclillas ▷

Su pareja podrá darle apoyo sosteniéndola por debajo de los brazos. Deberá mantener los brazos rectos y las rodillas ligeramente dobladas a fin de sostener su peso.

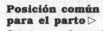

Posición común para el parto ▷

Siéntese con la espalda apoyada contra unos cojines, sujete sus rodillas y deje caer el mentón sobre el pecho. Entre cada contracción podrá recostarse y relajarse para conservar la energía. En esta posición podrá ver la salida del bebé.

Posición semivertical ▷

Si se siente mejor estando en contacto con su pareja durante el parto, podrá recostarse contra él. Su cercanía le infundirá confianza y él podrá darle ánimo para pujar durante las contracciones.

LA SEGUNDA ETAPA

En las primigrávidas, la segunda etapa no dura más de dos horas — el promedio es de una hora — y es aun más corto — 15 o 20 minutos — a partir del segundo hijo. El deseo de pujar es un reflejo, una necesidad instintiva de hacer fuerza producida por la presión ejercida por la cabeza del bebé sobre el piso de la pelvis y el recto. Aunque no sepa nada sobre la mecánica del parto, automáticamente sabrá que debe respirar profundamente, bajando el diafragma para ejercer presión sobre el útero y ayudar a pujar. Luego deberá retener la respiración, doblar ligeramente las rodillas y hacer fuerza hacia abajo. Pujar es instintivo y no afectará al bebé, pero implica un gran esfuerzo, el cual es aún mayor si está acostada sobre la espalda porque tendrá que empujar al bebé hacia arriba y hacia afuera (véase página 64), y menor si está en posición semivertical (véase página 183), ya que la fuerza de gravedad actuará a su favor. Deberá pujar en forma sostenida y continua. El esfuerzo muscular deberá dirigirse en su totalidad hacia abajo y hacia afuera. Debe ser relativamente lento y gradual a fin de dar tiempo a los tejidos y músculos vaginales de estirarse y adaptarse al tamaño de la cabeza del bebé sin rasgarse o hacer necesaria la episiotomía.

Deberá empujar durante las contracciones. Su esfuerzo solo *ayuda* al útero a expulsar al bebé. Los músculos involuntarios del útero pueden expulsar al bebé por sí solos. Por lo tanto, su ayuda será mayor si empieza a empujar cuando la contracción esté en su punto más alto.

Mientras empuja, el piso de la pelvis y la región anal deberán estar totalmente relajados, de tal forma que tendrá que hacer un esfuerzo consciente para relajar esta zona de su cuerpo (véase página 125). Podrá expulsar algo de materia fecal, pero no se avergüence. Tampoco se preocupe si orina; sucede con mucha frecuencia. Al terminar de hacer fuerza, sentirá que respirar profundamente dos veces es de gran ayuda, pero no se relaje con demasiada rapidez al final de cada contracción, ya que el bebé continuará avanzando hacia adelante si usted se relaja lentamente. Si está en el hospital y ha permanecido en una sala de parto hasta el momento, poco antes de iniciarse la segunda etapa será llevada a

CONSEJOS PARA EL ACOMPAÑANTE

● Recuérdele que debe relajar los músculos pélvicos mientras empuja. La parturienta deberá inhalar profundamente dos o tres veces y pujar con toda su fuerza durante el punto culminante de la contracción. Deberá empujar con fuerza y de forma constante.

● Recuérdele que mire al espejo para ver la salida del bebé.

● Si está en el hospital y le solicitan repentinamente que abandone la sala de partos, hágalo sin preguntar. Puede tratarse de una emergencia médica y el personal tendrá que actuar con rapidez. No puede estar seguro de no convertirse en un obstáculo. Salga de la sala de parto, pero no se aleje.

● Recuerde a la parturienta que debe recostarse y relajarse totalmente entre una contracción y otra a fin de conservar toda la energía para hacer fuerza.

● Una vez que aparezca la cabeza del bebé, usted pasará a ser observador. La partera se ocupará de ayudar a la parturienta durante la etapa en que debe pujar.

● No espere que la parturienta se comunique con usted durante el nacimiento. Estará preocupada y no se acordará de usted durante algún tiempo.

● Cuando el bebé sea colocado sobre el vientre de la madre, trate de rodearlos a los dos con sus brazos para darles calor y hacerles saber que está con ellos.

● Esté preparado para su reacción y la de la madre: lágrimas, silencio, explosiones de alegría, o quizás fastidio de parte suya. Todo ello es perfectamente normal y comprensible.

La acción de empujar es instintiva. Aunque no comprenda por qué, automáticamente inhalará profundamente y hará fuerza hacia abajo.

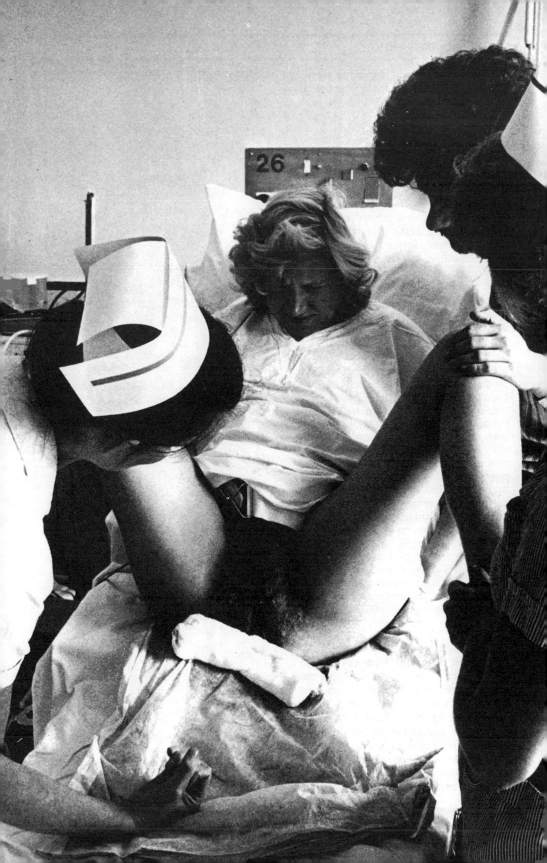

la sala de partos para dar a luz sobre la mesa de partos, a menos que usted haya hecho otros arreglos con el hospital (véase página 66).

Alumbramiento

El primer signo de que el bebé está a punto de salir es el abultamiento del ano y el perineo. Con cada contracción va asomando cada vez más la cabeza del bebé en la abertura vaginal, aunque puede retroceder ligeramente entre una contracción y la siguiente. Si usted está viendo lo que sucede en el espejo, no se desanime, ya que es normal. Una vez coronada, la cabeza saldrá con una o dos contracciones más. En ese momento usted podrá tocar la cabeza para tranquilizarse.

Es perfectamente normal sentir un ardor a medida que el bebé estira la salida del canal del parto. Tan pronto como lo sienta, deje de empujar, comience a jadear y deje que el útero expulse al bebé por sí solo. Cuando deje de empujar, trate de relajarse completamente. Haga un esfuerzo consciente por relajar los músculos del piso del perineo (véase página 125). El ardor dura poco tiempo y es seguido inmediatamente por una sensación de adormecimiento cuando la cabeza del bebé estira hasta tal punto los tejidos vaginales que se produce un bloqueo nervioso y un efecto anestésico natural. Si el personal médico cree que se puede producir un desgarramiento grave, procederán en este momento a la episiotomía (véase página 198). También se cerciorarán de que el cordón umbilical no esté enrollado en el cuello del bebé (véase página 191). Al salir la cabeza del bebé, usted sentirá la misma sensación que produce la crema dental al salir del tubo.

En el momento de salir la cabeza, la espalda del bebé mira hacia arriba y la cabeza hacia el recto. Sin embargo, casi inmediatamente, el bebé comienza a rotar los hombros hasta quedar mirando en dirección de uno de sus muslos. La dirección depende de la posición del bebé dentro del útero. La partera le limpiará los ojos, la nariz y la boca al bebé con una gasa limpia y retirará cualquier rastro de líquido acumulado en la nariz o en las vías aéreas superio-

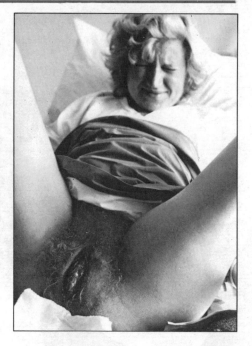

1 *Durante la segunda etapa, con cada contracción la cabeza del bebé va asomando cada vez más en la abertura vaginal. La presión ejercida por la cabeza produce el abultamiento del ano y el perineo.*

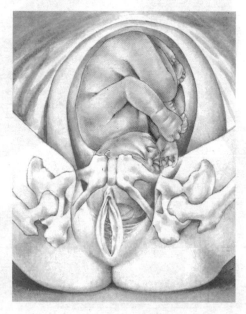

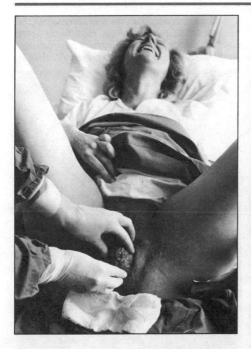

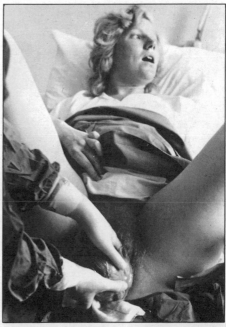

2 Al coronar la cabeza, se produce una sensación de ardor seguida de un adormecimiento a medida que los tejidos vaginales se estiran hasta el punto de producirse un bloqueo nervioso. Finalmente aparece la cabeza.

3 La cabeza sale mirando hacia el recto, pero el bebé gira inmediatamente y queda mirando hacia uno de sus muslos a fin de adoptar la posición adecuada para la salida del resto del cuerpo.

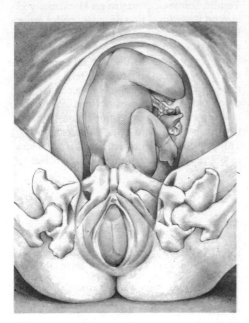

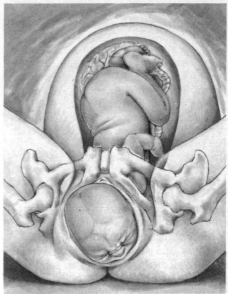

187

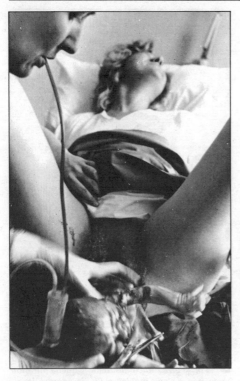

4 *La partera despejará las vías aéreas del bebé en caso de haber líquido en ellas. La siguiente contracción uterina por lo general es suficiente para que salgan los hombros y el resto del cuerpo.*

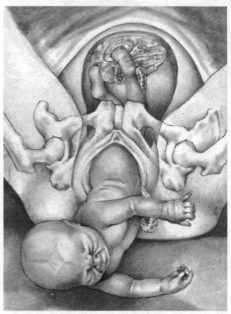

res. Ahora puede producirse un momento de descanso cuando las contracciones se suspenden durante unos minutos. Cuando se reanudan no hay casi ninguna necesidad de hacer fuerza, puesto que con las próximas dos contracciones saldrán los hombros del bebé, seguidos del resto del cuerpo. Algunas veces, la cabeza y el cuerpo emergen durante una misma contracción. La partera generalmente ayuda durante esta última fase del alumbramiento, pasando los pulgares y los dedos por debajo de los brazos del bebé para levantarlo y ponerlo sobre su vientre. Si está despierta y en una posición que se lo permita, usted misma podrá inclinarse para sacar al bebé y colocarlo sobre su abdomen.

El bebé podrá llorar inmediatamente después de nacer y seguir llorando con fuerza durante unos cuantos segundos. Si su respiración es normal, no hay ninguna razón por la cual no pueda colocarlo sobre su vientre y darle calor en sus brazos y los del padre. Si existe el peligro de que el bebé sienta frío, los tres podrán calentarse.

El bebé posiblemente esté azul al principio y cubierto por la vérnix blanca y grasosa. Tendrá franjas de sangre en la cabeza y el cuerpo y, según el tipo de parto, podrá tener la cabeza alargada después del paso por el canal del parto. La partera verificará las condiciones generales del bebé. Si hay líquido en la boca, la nariz o las vías aéreas, la partera o el pediatra lo eliminará hasta cerciorarse de que la respiración es normal. Si el bebé no empieza a respirar inmediatamente, la partera se lo llevará para darle oxígeno. Tan pronto como el recién nacido esté respirando normalmente, lo devolverán a sus brazos.

5 *El bebé nace y es entregado a la madre mientras se procede a pinzar para cortar finalmente el cordón umbilical. El útero comenzará a contraerse de nuevo para expulsar la placenta. Esto puede acelerarse mediante una inyección de una hormona sintética.*

188

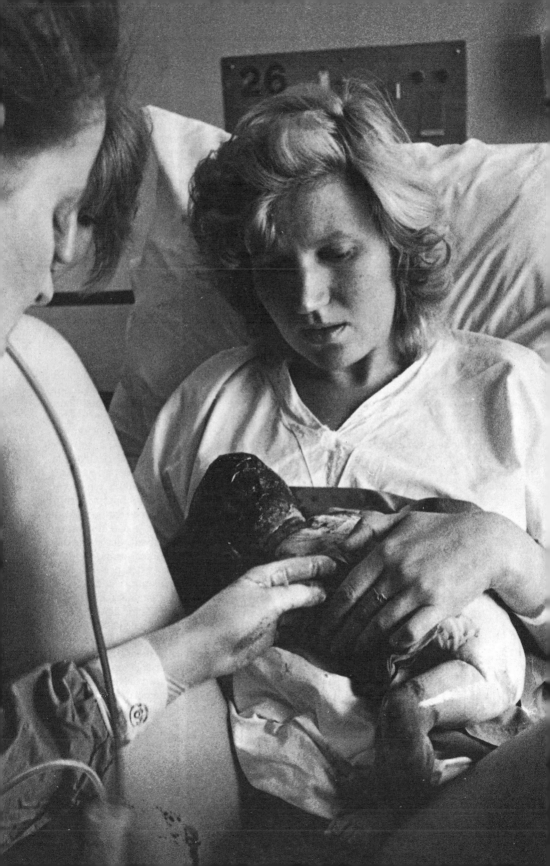

TERCERA ETAPA

Cuando nace el bebé, el útero descansa, y transcurridos cerca de 15 minutos comienza a contraerse nuevamente en forma menos dolorosa para expulsar la placenta. Es la tercera etapa del parto. Sin embargo, la partera por lo general aplica una inyección en el muslo de la madre cuando asoma la cabeza. La droga inyectada puede ser sintometrina o ergometrina, una hormona sintética que aumenta las contracciones del útero, el cual expulsa la placenta con mayor rapidez de lo normal. La oxitocina producida en forma natural por el estímulo del contacto con el niño, pero especialmente por la succión del seno, cumple la misma función de la ergometrina, pero en los hospitales se emplea este medicamento automáticamente para acelerar el proceso.

Durante la tercera etapa del parto se produce el desprendimiento de la placenta que estaba adherida a las paredes del útero. Los grandes vasos sanguíneos que atraviesan la placenta, cuyo diámetro es semejante al de un lápiz, sencillamente son desgarrados. La razón por la cual la mayoría de las mujeres no sangran es que las fibras musculares del útero se entrecruzan y cuando el

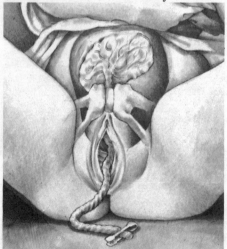

Cuando se reanudan las contracciones, son menos dolorosas. Con una o dos se expulsa la placenta. La partera colocará una mano sobre el útero y tirará suavemente del cordón con la otra para desprender lentamente la placenta. Es importante que no queden residuos dentro del útero (véase página 210).

útero se contrae los músculos aprietan los vasos y les impiden sangrar. Por lo tanto, es de vital importancia que el útero se contraiga para formar una pelota dura, una vez expulsada la placenta. Esto se puede lograr dando masajes intermitentes al útero durante una hora o más después de concluida la tercera etapa. Al salir, la placenta produce un ruido de chapoteo. Se asemeja a un trozo de hígado y a muchas mujeres les gusta mirarla y examinarla. Es un órgano sorprendente que ha servido para sustentar la vida del bebé durante nueve meses. Al ser expulsada la placenta, los médicos la examinan para asegurarse de que está completa y de que no hay residuos en el útero. Si parte de la placenta ha sido retenida por el útero, podrá causar hemorragia más adelante (véase página 210).

Después de salir la placenta, puede sobrevenir un período de fuertes temblores y escalofríos. Cuando nació mi segundo hijo, tuve tanto escalofrío que mis dientes chocaban y no podía ni hablar ni respirar correctamente. Mi propia explicación de esta reacción es que durante nueve meses había tenido un pequeño horno dentro de mí, el cual me suministraba bastante calor, y el cuerpo se había adaptado a esa fuente de calor, bajando un poco su propio termostato. Al abandonar el bebé mi cuerpo, me vi privada de ese calor y la temperatura de mi cuerpo probablemente descendió unos cuantos grados. La única forma en que el cuerpo puede elevar su temperatura es generando calor mediante la actividad muscular, y eso es exactamente lo que logra el escalofrío: producir calor a través de la rápida contracción y relajación de los músculos. El escalofrío generalmente desaparece después de media hora y durante ese período se restablece la temperatura del cuerpo y el termostato vuelve a su regulación normal. Con frecuencia, los músculos de las piernas quedan adoloridos durante un día o dos. Lleve medias o escarpines para las piernas a la sala de partos.

Pinzamiento del cordón

No hay necesidad de correr rápidamente a pinzar el cordón como se solía hacer 20 años

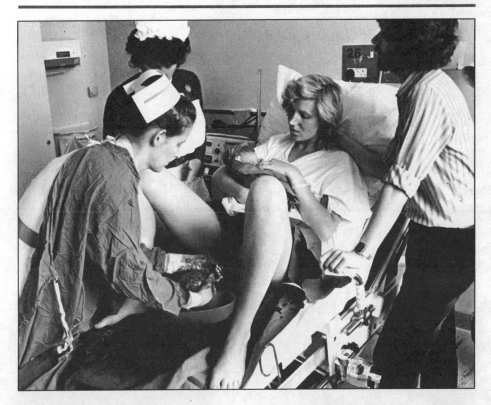

atrás cuando me doctoré. Se cree que el bebé se beneficia del retorno de sangre placentaria a través del cordón umbilical, y que éste no debe pinzarse hasta que no deje de pulsar. Cuando llega el momento apropiado, el cordón se divide entre un par de pinzas colocadas a 13 o 15 cm del ombligo del bebé. La sangre podrá fluir desde la placenta hasta él únicamente si éste está por debajo del nivel del útero. Si el cordón está enrollado alrededor del cuello del bebé formando un lazo apretado, deberá ser cortado. Esto es muy común, y después de efectuar esta operación el bebé nace rápidamente. Generalmente la partera puede desenrollar el cordón y liberar la cabeza del bebé, y el parto puede proseguir sin necesidad de pinzar el cordón inmediatamente.

Después de cortar el cordón la dejarán tranquila, en el calor de su casa o de la sala de partos del hospital. Podrá alimentar al bebé y relajarse. Si ha decidido no amamantar al bebé, no se preocupe pues el recién nacido

Podrá sostener a su bebé durante la tercera etapa del parto, cuando es expulsada la placenta.

no sentirá hambre. Concéntrese en conocer a su hijo y en aprender a reconocer su rostro. Si está en el hospital, pida al personal que la dejen sola. Ellos agradecerán el merecido descanso y, si todo marcha bien, atenderán su solicitud. Después de un lapso vendrán a lavarla, a hacerle la sutura si es necesario y a pedirle que orine para verificar que no haya ningún problema. Podrá ponerse su propia bata. Las parteras limpiarán al bebé, lo pesarán y luego lo pondrán en la cuna para trasladarlo al pabellón de atención posnatal.

Parto repentino

Si está sola, o si el doctor o la partera no han llegado cuando el bebé está por nacer, trate de jadear o soplar hasta que lleguen. Podrá sostenerse así durante cinco minutos, aunque le será difícil debido a la necesidad de empujar, sumada a la presión ejercida por la cabeza del bebé al salir. Pase lo que pase,

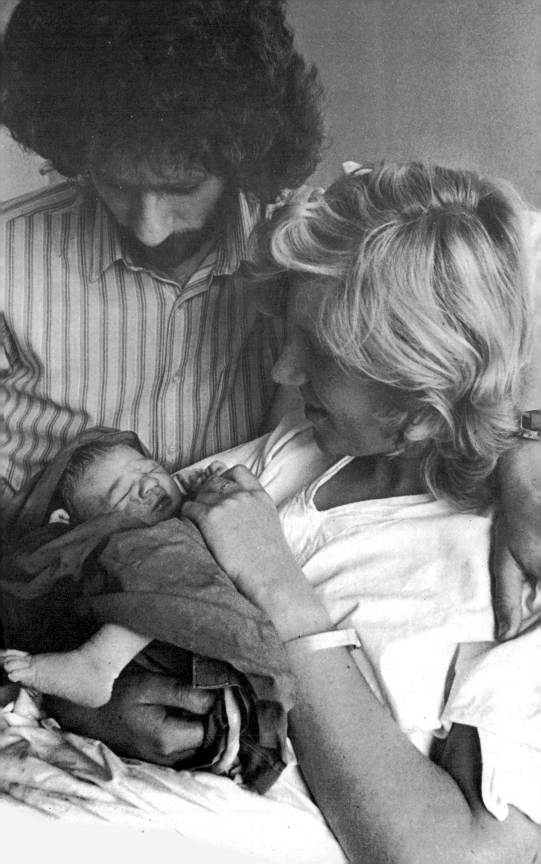

El bebé ha nacido, y todas las cosas que había planeado hacer y decir parecen esfumarse ante la maravilla de este pequeño ser humano, completo, con rasgos perfectos, y con manos y pies diminutos.

nunca cierre las piernas para tratar de demorar el parto, ni permita que nadie lo haga. Si el bebé está en camino y no puede hacer nada para remediarlo, no interfiera. Si está totalmente sola, probablemente la posición más cómoda y segura para dar a luz será sentada en el suelo y en posición semivertical. Resulta conveniente y apropiado aferrarse con las manos a una superficie firme. Asegúrese de que el bebé nazca sobre algo suave y limpio (una sábana, una toalla grande o un mantel). Si puede, trate de ayudar al bebé a salir cuando haya asomado la cabeza y los hombros hayan atravesado la vagina. Después, siéntese o acuéstese y ponga la piel del bebé en contacto con la suya; el calor de su cuerpo lo mantendrá tibio. Cúbrase con una sábana o manta y

acerque al niño a su seno mientras espera que alguien se presente.

Unidad pediátrica especial

Si el bebé presenta algún problema, como bajo peso al nacer, quizás lo trasladen a la unidad de cuidados especiales. Podrá ser grande la desilusión de no poderlo tocar y alimentar como deseaba, pero el personal del hospital sabrá comprender su situación y, si lo pide, le permitirán ayudar a cuidar de su bebé. No pierda la serenidad, haga preguntas y espere las respuestas que le ayuden a comprender lo que está sucediendo. Si no logra comunicarse como es debido, pida a su pareja o a un amigo o amiga que hable con el pediatra o la enfermera encargada de la unidad. Le dirán que es conveniente amamantar al bebé aunque se encuentre en una incubadora. El hospital le suministrará un succionador para extraer su leche y alimentar al bebé a través de un tubo. Acaricie al niño lo más que pueda para acostumbrarse a manejar su diminuto cuerpo.

GEMELOS

El parto no es más doloroso cuando nacen gemelos. Con toda seguridad se le aconsejará tener a sus hijos en el hospital, por si necesita ayuda en el caso de que la presentación de los bebés no sea adecuada. No hay razón para que su pareja no pueda permanecer a su lado durante el parto, luego hable sobre esta posibilidad con el personal médico durante el último trimestre. Probablemente le aconsejarán anestesia epidural (véase página 196), ya que el parto, probablemente, será prolongado.

Si son gemelos, solo habrá una primera etapa. Una vez que el cuello uterino esté totalmente dilatado y usted pueda empujar, ambos bebés serán expulsados, uno después del otro. La

segunda etapa es doble, pero la última será corta, en especial si el segundo bebé es más pequeño que el primero. En la mayoría de los casos, el segundo bebé nace entre 10 y 30 minutos después del primero.

Desde el punto de vista emocional, el nacimiento de gemelos es distinto al de un solo hijo. Será tal el sentimiento de júbilo al ver a su primer bebé, que casi no notará el nacimiento del segundo. La partera la examinará para ver cómo viene el segundo. Las contracciones volverán a los pocos minutos y se le practicará una ruptura artificial de las membranas. Después le inyectarán ergometrina para que el útero se contraiga y para acelerar la etapa de salida de la placenta.

ANALGESIA DURANTE EL PARTO

Son pocos los partos sin dolor, pero a menudo se exageran y distorsionan las historias sobre el dolor, y algunas mujeres creen que el sufrimiento será tan intenso, que todo se convierte en profecía cumplida. La intensidad del dolor casi siempre se relaciona estrechamente con lo que se espera sentir. Es obvio que hay que ser realistas, pero aquello que se cree puede modificarse a través de lo que se aprende, de la información obtenida y la confianza que se tenga al iniciarse el parto. Por esta razón son tan importantes los cursos prenatales y los ejercicios de respiración, mediante los cuales es posible ejercer cierto control sobre el cuerpo y, por lo tanto, sobre el dolor.

Todos estamos de acuerdo en que el temor y la ignorancia causan tensión, angustia y ansiedad, las cuales a su vez intensifican el dolor y pueden incluso generar más dolor del que realmente hay. La información, el conocimiento y el apoyo pueden hacer mucho para desvanecer el temor y la ansiedad, y ayudan también a disminuir el dolor. No cabe duda de que éste puede desaparecer con medicamentos pero, en mi opinión, la mejor forma de analgesia son la información, la tranquilidad y el apoyo moral. Dotada de estos elementos podrá observar que el dolor no solo es menos intenso sino que quizás pueda soportarlo sin necesidad de recurrir a analgésicos o anestésicos que pueden obnubilar su estado mental y su conciencia de lo que está sucediendo, algo que actualmente la mayoría de las mujeres desea evitar.

Sin embargo, los médicos y las parteras por lo general opinan que el dolor debe ser aliviado y que una parte importante de su función consiste en hacer que el parto sea lo más indoloro posible y a menos que se les pida lo contrario, automáticamente piensan en administrar analgésicos. Por consiguiente, es esencial discutir este aspecto con ellos durante la consulta prenatal, para dejar muy claras sus preferencias desde el comienzo del embarazo (véase página 74). Anótelas en el plan para el nacimiento (véase página 240).

Claro está que es imposible conocer el propio umbral del dolor por anticipado así como predecir todos los problemas. Por lo tanto, es importante llegar al parto sin ideas preconcebidas y aceptar la analgesia si se considera esencial. Independientemente de lo que suceda, no se sienta culpable pues no todas las mujeres tienen partos sin problemas.

Decisión de aceptar la analgesia

Es necesario tener en cuenta dos factores acerca del uso de analgésicos durante el parto. La mayoría de los fármacos, bien sea sedantes que le produzcan somnolencia y tranquilidad, agentes hipnóticos que induzcan el sueño, o narcóticos que la hagan sentir ausente y alejada del mundo real, le harán perder, hasta cierto punto, la conciencia de lo que está sucediendo. Muchas mujeres desean apreciar cada segundo del parto y no están dispuestas a aceptar que interfieran su estado de conciencia. El segundo factor importante es que la mayoría de los fármacos atraviesan la placenta y llegan al bebé una vez que están en el torrente sanguíneo de la madre, y su concentración será mayor en la sangre de la criatura. Para muchas madres esto es inaceptable. Sin olvidar estos hechos y después de obtener toda la información necesaria, decida cuál será su actitud respecto al uso de los analgésicos durante el parto.

Una buena sugerencia es esperar un poco antes de aceptar cualquier droga. Una buena noticia y el apoyo moral pueden ser suficientes para ayudarle a superar un momento difícil. Pregunte el grado de dilatación y, si siente que ha progresado y puede seguir adelante, podrá mantener su resolución. Converse con su pareja o su acompañante; unas palabras de aliento le darán la voluntad suficiente para resistir. Espere unos 15 minutos después de sentir la necesidad de la analgesia antes de recibirla. Tal vez logre un buen progreso durante ese lapso. Quizás ya haya atravesado la parte más dolorosa del parto y solo falte muy poco. Se sorprenderá de su propia resistencia y tolerancia y sentirá que puede pasar perfectamente sin drogas.

Analgésicos

Actúan sobre el centro del dolor en el cerebro. Un analgésico es cualquier fármaco que sirva para aliviar el dolor y, por lo tanto, puede ser un tranquilizante, un sedante o un narcótico. La analgesia por inhalación (gas y aire), por ejemplo de óxido nitroso y trilene, es de autoadministración; usted podrá inhalar los gases medio minuto antes del punto máximo de la contracción. Quizás pierda un poco la conciencia mientras inhala, pero este estado desaparecerá a los pocos segundos. Tendrá la oportunidad de practicar con la máquina durante los cursos prenatales. Aunque no logre utilizarla como es debido durante el parto, le facilitará concentrarse durante las contracciones, y esto le ayudará mucho especialmente si comienza a perder el ánimo.

La petidina es un narcótico que se administra por inyección en diferentes dosis durante la primera etapa. Tarda cerca de 20 minutos en hacer efecto y a veces se combina con otros fármacos. La petidina es relajante y alivia la ansiedad, pero su efecto analgésico es variable. En la actualidad se administra con menos frecuencia que antes debido, en gran parte, a que se utilizaba durante la primera etapa para aliviar la fatiga de la madre si el parto era muy prolongado. Con los dispositivos modernos se ha eliminado el exceso de fatiga y sufrimiento que se producían anteriormente. El momento más seguro de administrar el fármaco es seis u ocho horas antes del parto. Puesto que es difícil calcular el tiempo, y el efecto de las drogas desaparece al cabo de unas dos horas, probablemente sea más útil para aquellas mujeres que se sienten nerviosas y angustiadas durante la primera etapa del parto.

Anestésicos

Actúan anulando la conciencia del dolor. Durante un parto normal jamás se utiliza anestesia general. Se puede proporcionar anestesia local inyectando un anestésico en una raíz nerviosa y durmiendo las partes del cuerpo a las cuales lleva sensibilidad.

La máscara a través de la cual inhala el gas y el aire debe encajar perfectamente sobre la nariz y la boca. Si se usa adecuadamente proporciona un nivel superficial de analgesia.

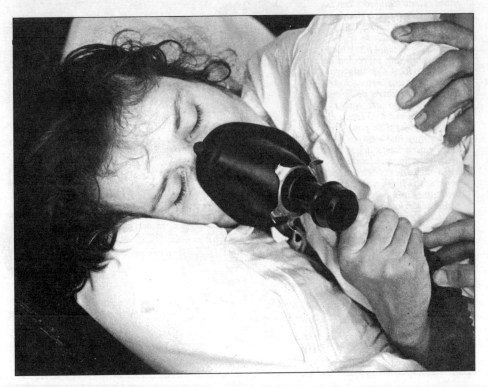

La anestesia local se utiliza antes de una episiotomía (véase página 198) y durante la sutura del perineo después del alumbramiento (infiltración perineal), o en caso de requerirse el uso de fórceps si no se ha aplicado la anestesia epidural. Esto se conoce como bloqueo pudendo y se inyecta en la pared vaginal con una aguja especial que no lesiona la cabeza del bebé.

Anestesia epidural

Se le ha dado el nombre de "Cadillac" de la anestesia y la mayoría de las personas la consideran como la forma de anestesia más segura y que produce menos efectos secundarios. Probablemente no tenga ningún efecto directo sobre el feto, pero sí afecta a la madre durante el parto. Una de las razones de la popularidad reciente de la anestesia epidural es que cumple con los criterios de una buena analgesia sin interferir para nada la conciencia y la lucidez mental. La mayoría de los anestésicos epidurales tienen muy pocos efectos secundarios, y para la mayor parte de las mujeres son la respuesta perfecta para el tipo de parto que desean.

Hipnosis

No cabe duda que la hipnosis puede aliviar el dolor en una persona susceptible. Sin embargo, es conveniente hacer varias sesiones

APLICACION DE LA EPIDURAL

Un anestesiólogo hábil necesita de 10 a 20 minutos para preparar esta forma de anestesia. El efecto sobreviene a los pocos minutos, y dura cerca de dos horas, pero es posible reforzarlo si el dolor regresa y es muy intenso.

Preparación

Se le pedirá que se acueste sobre el lado izquierdo, con las piernas recogidas, tratando de formar una pelota con su cuerpo. Le lavarán la región lumbar con alcohol frío y luego le aplicarán una inyección de anestésico local. Con una aguja sólida harán una perforación en la espalda; a través de la cual se pasará luego una aguja hueca. Una vez localizado el espacio epidural se pasa un catéter muy fino a través de la aguja hueca hasta llegar a dicho espacio, quedando por fuera una parte del catéter. Esta parte se fija luego a su espalda mediante cinta adhesiva. El anestésico local se administra mediante una jeringa a través del catéter, y la abertura se cierra. Se instalará un goteo a fin de administrarle líquidos por vía intravenosa en caso de registrarse una baja de presión. Se le pasará una sonda vesical a fin de evacuar la vejiga.

Posición para aplicar la epidural

Forma de administrar el anestésico

aguja hueca

espacio epidural

dura

médula espinal

vértebras

catéter

jeringa

Area afectada por la epidural

de práctica durante el embarazo, y tanto usted como el hipnotizador deberán estar completamente familiarizados con lo que le espera a la madre durante el trabajo de parto.

Estimulación transcutánea de los nervios

Es un medio para aliviar el dolor durante el parto estimulando la producción de los analgésicos naturales del organismo — las endorfinas — y bloqueando la sensación de dolor con corriente eléctrica. Con los electrodos colocados sobre el cuerpo, la mujer puede controlar la intensidad de la corriente. La estimulación transcutánea de los nervios se ha empleado con éxito en Suecia, pero no es eficaz en todos los casos, especialmente en las mujeres que experimentan mucho dolor durante el parto. La estimulación no lo elimina completamente, pero el dolor restante es más fácil de soportar. Es bueno hacer un ensayo antes del parto.

Acupuntura

Yo recomendaría el uso de la acupuntura para aliviar el dolor durante el parto únicamente si le ha servido a la parturienta en el pasado. En algunos casos sin duda será útil, pero el acupunturista (véase página 245) debe tener experiencia en la aplicación de esta forma de analgesia durante el parto.

Ventajas

1 Alivia completamente el dolor sin bloquear ninguna de las facultades mentales.

2 Tiende a hacer el parto más lento, lo cual puede ser útil.

3 Evita la necesidad de aplicar otro anestésico en caso de requerirse el uso de fórceps, extracción con vacío o episiotomía.

4 Permite la participación de la madre en el nacimiento, en caso de cesárea.

5 Dado que reduce la presión sanguínea, es ideal para las mujeres con toxemia o presión elevada.

6 Puede reforzarse o hacer que el efecto desaparezca al acercarse el nacimiento para que la madre pueda controlar este último momento. Sin embargo, las contracciones pueden ser una sensación desagradable en ese momento si no se ha experimentado ningún dolor hasta entonces.

7 Reduce el trabajo que deben realizar los pulmones durante el trabajo de parto, y, por lo tanto, puede ser benéfica para las mujeres con enfermedad pulmonar o cardíaca.

8 Reduce la actividad muscular de las piernas y, por consiguiente, beneficia a las diabéticas, que de este modo pueden balancear mejor sus necesidades de insulina y glucosa.

Desventajas

1 Implica que será un parto manipulado médicamente desde un principio. Se necesita un anestesiólogo calificado.

2 La reducción de la presión sanguínea puede producir mareo y náusea. La probabilidad de que suceda será mayor si se acuesta boca arriba, así que hágalo sobre un costado.

3 Existe la posibilidad de dolor de cabeza después de la anestesia, que puede durar una cuantas horas después del parto.

4 Hay una mayor probabilidad de episiotomía y parto con fórceps. Según la concentración del anestésico, puede producirse una pérdida de fuerza muscular y de la sensación de las contracciones. El resultado es que la segunda etapa es más lenta porque la madre tendrá que depender totalmente de las instrucciones de la partera para saber en qué momento debe empujar. La duración de la segunda etapa es el factor que determina el uso de fórceps.

5 Si la presión sanguínea de la madre desciende, se reduce el aporte de sangre a la placenta y, por lo tanto, el suministro de oxigeno al bebé.

6 Si se desvanece el efecto, las contracciones pueden convertirse en una desagradable sorpresa.

7 No todas las epidurales son eficaces.

ANALGESIA DURANTE EL PARTO

Tipo de droga	Acción	Efecto sobre la madre y el bebé
Tranquilizantes (Clorpromazina, Fenergán)	En dosis pequeñas reducen la ansiedad durante las primeras etapas del parto.	Las dosis deben ser apenas suficientes para reducir la ansiedad de la madre sin sedar al feto. Una dosis muy elevada puede afectar el estado de conciencia de la madre. Quizás se requiera además un narcótico para el dolor durante la fase tardía de la primera etapa del parto.
Sedantes (Nembutal, Amytal, Seconal, Valium)	En dosis pequeñas reducen la ansiedad y producen somnolencia. Ayudan a dormir durante las primeras etapas del parto. El valium puede producir lapsos de memoria.	Reducen el estado de conciencia de la madre y pueden atravesar la placenta en un lapso de 1 a 5 minutos. El efecto sedante producido al bebé puede durar hasta una semana después del nacimiento.
Narcóticos (Morfina, Petidina)	Producen sosiego y alivian la ansiedad y posiblemente alivian el dolor durante la primera etapa del parto.	Reducen el estado de conciencia y pueden prolongar el parto. Atraviesan la placenta en 5 minutos y pueden disminuir la respiración en el alumbramiento. La succión puede ser ineficiente (véase página 215). Pueden producir náuseas en la madre.
Analgesia por inhalación (Entonox, Trilene)	Alivia el dolor, puede producir somnolencia si se deja acumular (Trilene).	Reduce el estado de conciencia, pero éste recupera su nivel normal cuando desaparece el efecto. Durante la inhalación puede producirse aturdimiento. No ejerce ningún efecto significativo sobre el feto.

INTERVENCION MEDICA

Durante los últimos diez o quince años ha habido una revolución en el campo del alumbramiento en los hospitales, gracias al desarrollo de procedimientos nuevos que se han adoptado en forma rutinaria. Todos ofrecen ventajas y algunos implican ciertos riesgos, aunque pequeños. Ninguno de dichos procedimientos debe utilizarse a menos que existan razones médicas válidas para hacerlo. Muchos piensan que la conveniencia para el personal médico o para la madre no puede ser la única justificación para su empleo.

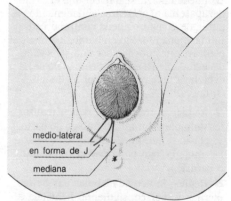

Episiotomía

Es la incisión hecha en el perineo, entre la entrada de la vagina y el ano, para facilitar la salida del bebé. Es la operación más

Incisiones de episiotomía

Son la incisión medio-lateral, desde la parte posterior de la vagina hacia un lado; la mediana, que va de la vagina al ano; y el corte en forma de J, que es una combinación de los dos anteriores.

común en el mundo occidental. El corte se efectúa con tijeras bajo anestesia local en el momento de asomar la cabeza del bebé. Si se hace muy pronto, antes de adelgazarse el perineo, se produce un daño a los músculos, la piel y los vasos sanguíneos, y la hemorragia puede ser abundante. Las tijeras aplastan además los tejidos en el momento del corte. Esto es causa de hematomas, tumefacción y lenta cicatrización y es la razón de gran parte del dolor y el malestar que se sienten después de una episiotomía. También existe la posibilidad de comprometer la integridad del piso de la pelvis si las fibras musculares no están correctamente alineadas. Si se hace una sutura demasiado apretada de la vagina y el perineo la mujer puede experimentar malestar al reanudar su actividad sexual. Quizás sea conveniente dejar constancia de que no desea la incisión, a menos que sea absolutamente necesaria.

Existen motivos para creer que la episiotomía se ha puesto de moda entre los médicos. Si el personal médico indica que considera la episiotomía necesaria durante el parto, usted debe preguntar por qué.

Para evitar la episiotomía

Debe hacer saber que desea encontrar una buena posición para la segunda etapa y que desea evitar la posición decúbito. Una buena

RAZONES PARA PRACTICAR LA EPISIOTOMIA

La episiotomía será necesaria si:
- el perineo no ha tenido tiempo para estirarse lentamente — los ejercicios de respiración y los masajes son útiles
- la cabeza del bebé es demasiado grande para la abertura vaginal
- usted no puede controlar la forma de pujar para detenerse cuando sea necesario y luego pujar de manera gradual y sostenida. Si tiene dificultad para coordinar y controlar el movimiento de pujar durante la segunda etapa, con la episiotomía el bebé nacerá más rápidamente
- hay sufrimiento fetal
- el parto se efectúa con fórceps o ventosa (extracción con vacío)
- el bebé viene de nalgas.

posición semivertical o vertical ayudará a evitar la necesidad de la episiotomía (véase página 64). Si el trabajo de parto progresa normalmente, debe valerse de este hecho como argumento para no acostarse sobre la espalda y para no permitir que le hagan la episiotomía.

Si aprende a relajar los músculos del piso de la pelvis y permite que los tejidos de la vagina y el perineo se abulten hacia afuera

EXPERIENCIA DE EPISIOTOMIA

Sheila Kitzinger, en su estudio de 2 000 mujeres sometidas a episiotomía, llegó a las siguientes conclusiones:
- Era más dolorosa que el desgarramiento.
- Hacía difícil encontrar una posición cómoda para alimentar al bebé.
- El dolor era causa de distracción mientras amamantaban.
- La probabilidad de dolor o malestar durante las relaciones sexuales hasta después de tres meses del parto era mayor.
- Dos terceras partes de las mujeres no habían tratado el tema con el personal médico durante el embarazo. Algunas lo habían tratado, pero sin éxito.
- Cerca de la mitad de las episiotomías se habían efectuado antes de estar suficientemente estirado el perineo.
- Más de la mitad de las mujeres no habían recibido instrucciones para aflojar la vagina y los músculos del piso de la pelvis, sino que habían sido obligadas a hacer fuerza, haciendo más necesaria la incisión.
- Cerca de una cuarta parte de las mujeres no habían recibido instrucciones para dejar de empujar mientras asomaba la cabeza, para dar a la vagina oportunidad de adelgazarse.
- Más de una tercera parte de las mujeres no habían recibido explicación del por qué de la episiotomía.
- Para algunas, la sutura había sido dolorosa y, al quejarse, se les había dicho (erróneamente) que allí no había terminaciones nerviosas.

(véase página 125), podrá evitar un desgarramiento. Si está familiarizada con lo que se siente al coronar la cabeza del bebé, podrá darse cuenta si se está tensionando y corregir la situación.

La posibilidad de que se practique la episiotomía es mayor si le han aplicado anestesia epidural. Si decide que le apliquen este tipo de anestesia, no hay razón para que la episiotomía sea automáticamente necesaria, pero tendrá que dar a conocer su opinión y tratar de mantener el control hasta el final de la segunda etapa, relajando los músculos del piso de la pelvis y controlando la cantidad de fuerza en el momento de salir la cabeza del bebé. En dos ocasiones me aplicaron la epidural, pero en ninguna de las dos me hicieron la episiotomía.

Inducción

Consiste en iniciar artificialmente el parto en caso de que éste no comience espontáneamente o de que el médico decida que es necesario adelantarlo. Las mismas técnicas se emplean para acelerar el parto si las contracciones son débiles y el progreso lento. La inducción se programa con antelación y la madre es hospitalizada la noche anterior al día de la inducción. Son varias las formas de hacer la inducción.

Supositorios vaginales de prostaglandinas

Nadie sabe exactamente por qué se inicia el parto, pero para inducirlo se utilizan supositorios vaginales o un gel que contiene prostaglandinas; son compuestos de varias hormonas que ejercen un efecto sobre el útero en gestación. Por lo general se introducen en la vagina por la noche, y el parto debe haber comenzado al llegar la mañana sin que se requiera otra intervención. Este parece ser el método de inducción más satisfactorio ya que no se necesita goteo intravenoso y es posible deambular por la habitación.

Ruptura artificial de las membranas

También se conoce como amniotomía; es un método de inducción que se pone en práctica cuando ya está próximo el término del embarazo, ya que el riesgo de infección una vez rotas las membranas exige que el bebé nazca en un lapso de 24 horas. Por lo tanto, si la amniotomía no es suficiente para inducir el parto, tendrá que combinarse con otro método de inducción para acelerar el proceso; este otro método generalmente es un goteo de oxitocina.

Para dejar paso al líquido, se introducen unos fórceps o un instrumento no muy distinto a una aguja de crochet dentro del útero para hacer una pequeña perforación en las membranas. En la mayoría de los casos es un procedimiento indoloro.

La amniotomía se hacía hasta hace poco en forma rutinaria durante la preparación para los partos. Si no se hace, las membranas se rompen cuando está muy bien avanzada la primera etapa. Las dos desventajas principales son que el parto se torna más intenso y rápido y, si el cordón está enrollado alrededor del cuello del bebé, la pérdida de líquido aumenta la presión y puede afectar el flujo de sangre a través del cordón hacia el bebé.

Amniotomía

La bolsa que contiene el líquido amniótico generalmente se rompe espontáneamente hacia el final de la primera etapa del parto. Antes de romperse, sirve de cojín entre la cabeza del bebé y el cuello uterino (1). Después de romperse (2), la intensidad de las contracciones aumenta porque la cabeza del bebé presiona con fuerza directamente sobre el cuello uterino. Esto acelera el parto y es la razón por la cual la amniotomía se realiza con tanta frecuencia durante la primera etapa.

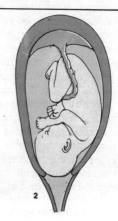

1

2

Además de ser un método de inducción, la amniotomía también se utiliza si es necesario aplicar un electrodo sobre la cabeza del bebé para controlar sus latidos; o si la frecuencia cardíaca del bebé disminuye, el líquido amniótico puede analizarse para determinar si hay meconio, el producto de los primeros movimientos intestinales del bebé.

Parto inducido con oxitocina

La hormona natural producida por el lóbulo posterior de la hipófisis en el cerebro, la oxitocina, estimula el parto. Por lo tanto, se utiliza en forma sintética para iniciar y mantener el parto. La oxitocina puede administrarse en varias formas, y una de ellas es una tableta que se coloca debajo de la lengua, o entre la mejilla y las encías, para chuparla lentamente.

Si la oxitocina se administra en goteo, pida que se la apliquen en el brazo que menos utilice, y asegúrese de que el tubito que la conecta al goteo sea largo. Así tendrá más libertad para moverse, aunque sea solo en la cama. La frecuencia del goteo puede disminuirse si el parto se intensifica muy rápidamente y el cuello se dilata hasta la mitad. La aguja no será retirada del brazo hasta que nazca el bebé. El útero debe seguir contrayéndose para evitar la hemorragia.

Las contracciones con un goteo de oxitocina a menudo son más fuertes, prolongadas y dolorosas, y el período de relajación entre una y otra es más corto. Puesto que durante cada contracción fuerte el suministro de sangre al útero queda suspendido temporalmente, se piensa que puede producirse un efecto nocivo para el bebé.

Una desventaja del uso de la oxitocina es que la rápida iniciación del trabajo de parto manifiesto aumenta la necesidad de emplear analgésicos, y dado que la tasa de éxito con esta forma de inducción es solo del 85% aproximadamente, no es posible justificar su uso en forma rutinaria.

Razones para la inducción

Solamente el 5% de los bebés nacen en la fecha esperada y a algunos médicos y a muchas madres les resulta difícil tomar las cosas con calma cuando llega esa fecha mágica y no sucede nada. El temor radica en que la placenta pierde su efectividad para sostener al bebé y que éste sea demasiado grande para el alimento que recibe. Realmente son pocos los bebés que exceden la edad de gestación, ya que el 80% de los que nacen espontáneamente sin inducción llegan después de la fecha prevista. Esto se debe principalmente a que los médicos calculan la fecha probable del parto tomando como base el último período menstrual y no a partir del momento de la concepción. Según la edad de la madre, la mayoría de los médicos dan un margen de siete días. Transcurrido ese tiempo, buscan cuidadosamente algún signo de posmadurez. Uno de los métodos modernos para determinar este hecho es el examen de orina para establecer el nivel de estriol. La producción de esta hormona aumenta durante todo el embarazo, y disminuye precisamente antes del parto. Si durante varios días el examen de orina indica un nivel bajo de estriol, es posible que la placenta no esté funcionando adecuadamente. Los médicos también querrán cerciorarse de que el corazón del feto esté bien. Si no es así, se procederá a la inducción.

Sin embargo, no conviene esperar hasta la fecha probable del parto para enfrentar la posibilidad de un parto inducido. Esto es algo que debe discutirse de antemano con el médico.

La madre madura

A los médicos les preocupa la posibilidad de un mal funcionamiento placentario en las mujeres de 30 años o más, y en especial en las mujeres de más de 35. Algunos médicos informarán a estas mujeres durante la primera visita prenatal que intentarán inducir el parto en la fecha probable del mismo, sin esperar su iniciación espontánea. Esto no siempre es necesario. Si una madre llega a la fecha probable del parto y tanto ella como el bebé están perfectamente normales, no hay razón por la cual no se le deba permitir iniciar espontáneamente el parto. No obstante, yo insistiría en que la madre se propusiera a cooperar en el control frecuente de su situación y la del bebé una vez cumplida la fecha probable del parto y que, a la primera señal de sufrimiento fetal, acepte someterse a la intervención médica del caso.

MONITORIA ELECTRONICA FETAL

Es un método de registrar los latidos del bebé y las contracciones de la madre durante el parto. Es el sistema de alta tecnología que ha venido a reemplazar el fetoscopio. Se puede utilizar mediante correas amarradas sobre el abdomen de la madre o colocando un electrodo semejante a un corcho diminuto sobre la cabeza del bebé. Los latidos y las contracciones se registran en un papel que está claramente a la vista del personal.

El monitor interno es el más preciso pero es necesario romper las membranas y que el cuello haya dilatado por lo menos 2 o 3 centímetros. Se emplean dos monitores; el primero se coloca sobre la cabeza del bebé y detecta los latidos

Muchas mujeres se tranquilizan al ver los monitores. Pueden saber en qué momento vienen las contracciones y prepararse para ellas, y observar los latidos del bebé durante todo el parto.

CUANDO ES NECESARIA LA MONITORIA ELECTRONICA FETAL

Es esencial controlar los latidos y las contracciones uterinas si se trata de un parto inducido (véase página 200), si se está acelerando el parto o si se ha aplicado anestesia epidural, ya que es más difícil sentir la iniciación de las contracciones. La mayoría de los hospitales han aceptado que la monitoría electrónica fetal debe utilizarse habitualmente en los embarazos de alto riesgo.

fetales, y el segundo se coloca entre el bebé y la pared del útero para medir la presión y la frecuencia de las contracciones. Al comienzo del parto puede utilizarse un monitor externo, para lo cual se amarra un electrodo alrededor del abdomen de la madre a fin de escuchar los latidos del bebé, mientras el otro registra la intensidad y la

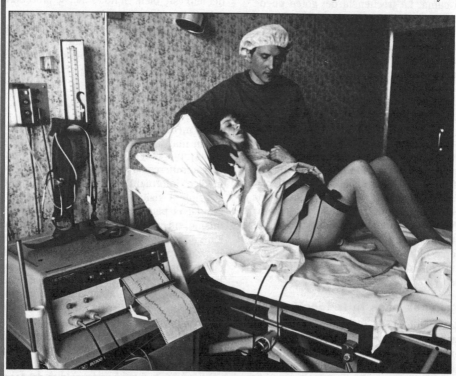

frecuencia de las contracciones. Por lo tanto, la madre queda imposibilitada para deambular durante el parto.

En los Estados Unidos, el 25% de los nacimientos son sometidos a monitoría fetal y en la mayoría de los hospitales sienten tanto entusiasmo por este sistema que esperan que se pueda llegar a aplicar en el 100% de los casos. Los defensores de la monitoría sostienen que con ella se reduce el número de nacimientos con producto muerto y el número de casos con retraso mental y lesión cerebral ocasionados durante el parto, ya que en el 10% de los partos se desarrollan complicaciones que no es posible prever de antemano. Debido a que la monitoría brinda un control electrónico constante de los latidos fetales, es infalible en los casos en que el oído humano puede fallar. Sin embargo, un estudio ha demostrado que por lo menos en un 40% de los casos en que se ha utilizado la monitoría electrónica fetal, se producen fallas en el equipo o se desconecta el electrodo aplicado sobre la cabeza del bebé.

Un método de monitoría por medio de ondas de radio, conocido como telemetría, permite que la madre deambule. El electrodo

DESVENTAJAS DE LA MONITORIA ELECTRONICA

- El personal médico advierte hasta los cambios más pequeños y, por lo tanto, la posibilidad de que intervenga es mayor.
- La incidencia de la cesárea en los casos sometidos a monitoría es tres veces mayor.
- Requiere un mayor número de aparatos electrónicos dentro de la habitación.
- El personal médico presta más atención a la máquina que a la parturienta.
- Restringe el movimiento, desacelerando el parto y aumentando la posibilidad de sufrimiento fetal.
- La cabeza del bebé puede resultar afectada al colocar el electrodo.

también se coloca sobre la cabeza del bebé pero se une a una correa amarrada al muslo de la madre y no a una máquina grande. No obstante, los bebés con frecuencia desarrollan salpullido en el punto donde se coloca el electrodo.

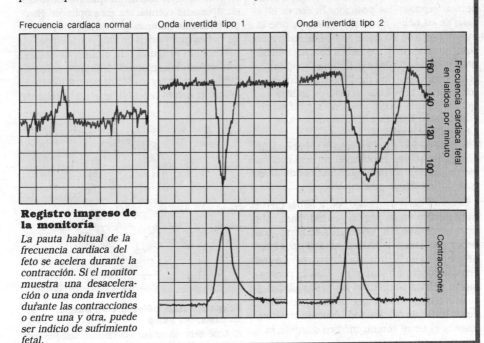

Frecuencia cardíaca normal

Onda invertida tipo 1

Onda invertida tipo 2

Frecuencia cardíaca fetal en latidos por minuto

160 140 120 100

Contracciones

Registro impreso de la monitoría

La pauta habitual de la frecuencia cardíaca del feto se acelera durante la contracción. Si el monitor muestra una desaceleración o una onda invertida durante las contracciones o entre una y otra, puede ser indicio de sufrimiento fetal.

16 Complicaciones del parto

Incluso el parto mejor programado puede deparar sorpresas. Con mucha frecuencia, especialmente el primero suele no ser como se había esperado. Es posible que la madre no tenga idea de cuál pueda ser su umbral de dolor y se fatigue en extremo, causando involuntariamente sufrimiento al bebé y haciendo necesario un parto rápido. Es necesario tener en cuenta la posibilidad de una cesárea de emergencia o un parto con fórceps, por ejemplo, de manera que si llegan a necesitarse, usted esté enterada de lo que va a suceder.

NACIMIENTO DE NALGAS

Ocurre cuando el bebé viene de nalgas. La mayoría de los bebés están en posición pélvica hasta las 32 semanas del embarazo aproximadamente, pero después se colocan de cabeza (posición cefálica) por su propia cuenta. Sin embargo, 4 de cada 100 bebés permanecen en esa posición. Si ése es el caso de su bebé, no se preocupe, ya que la mayor parte de los nacimientos de nalgas no son traumáticos y los bebés son normales, pero es necesario dar a la luz en el hospital.

Anteriormente, los médicos trataban de voltear a los bebés que venían de nalgas ejerciendo una suave presión externa sobre el abdomen. Esto es algo que rara vez se hace en la actualidad.

Si está dando a luz en casa y el bebé viene de nalgas, asuma la posición vertical con las piernas muy abiertas y las rodillas dobladas para darle espacio a la cabeza.

Después del nacimiento podrá haber cierta tumefacción en su región genital, pero ésta desaparecerá en el lapso de unas 48 horas. Los bebés que nacen de nalgas pueden presentar hematomas en la cara y la cabeza, pero éstos desaparecerán rápidamente. Con la presentación pélvica aumentan las probabilidades de una episiotomía (véase página 198). Si desea tratar de evitar a toda costa la incisión, discuta el tema con su médico durante la primera etapa del parto.

La actitud hacia el nacimiento de nalgas es distinta en ambos lados del Atlántico. La mayoría de los obstetras norteamericanos piensan que es necesario practicar la cesárea si el bebé viene de nalgas y, en especial, si es el primer hijo, mientras que los obstetras europeos no comparten esta opinión. Hay pruebas que demuestran que la mayoría de los bebés que vienen de nalgas nacen por vía vaginal sin ninguna dificultad, y la cesárea solo se justifica en un 6% de las pacientes. Su médico puede ser un factor determinante en lo que respecta a practicar o no la cesárea.

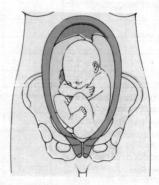

Presentación pélvica con buena flexión del bebé

El bebé debe nacer por vía vaginal, aunque será necesaria la episiotomía.

NACIMIENTO DE NALGAS

Las nalgas del bebé presionan el cuello uterino y, al igual que con la presentación cefálica, inducen el borramiento y la dilatación (véase página 176). Las membranas por lo general se rompen muy pronto cuando hay presentación pélvica, y es posible que se produzca dolor lumbar intenso (véase página 181). Por lo tanto, la posición a gatas le resultará cómoda durante la primera etapa. La posición

más segura para el nacimiento es en cuclillas. En esta posición podrán practicarle la episiotomía, aunque su médico podría preferir la de litotomía (véase página 64). Cada vez se emplea con mayor frecuencia la anestesia epidural para los nacimientos de nalgas. Si surge la necesidad de una cesárea, esto ahorrará tiempo y le permitirá sostener y conocer al bebé tan pronto como nazca.

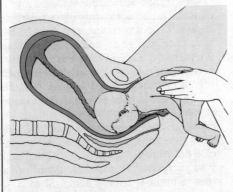

Salida del cuerpo

Las nalgas salen primero y luego las piernas. Mientras sale el cuerpo del bebé, es mejor respirar durante las contracciones en lugar de empujar. La episiotomía se le practicará antes de que la cabeza salga.

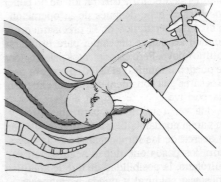

Salida de la cabeza

El peso del bebé hace descender la cabeza hacia la vagina y luego se tira del cuerpo para que pueda salir la cabeza. Los médicos por lo general emplean fórceps para proteger la cabeza, y un solo empujón generalmente es suficiente para que nazca el bebé.

CESAREA

Es una operación quirúrgica importante y nunca debe tomarse a la ligera. Conlleva ciertos riesgos, como el inevitable de someterse a una anestesia general o el de hemorragia o formación de coágulos, inherente a toda operación importante. Existe además la desventaja de una cicatriz en el útero que puede debilitarlo. En vista de que el porcentaje de este tipo de operaciones aumenta rápidamente, se ha llegado a pensar en la posibilidad de que se le esté quitando la importancia que tiene.

Usted podrá saber si tiene que someterse a una cesárea con semanas o quizás solo días de anticipación. Esto se conoce como operación cesárea programada o electiva. De

acuerdo con la razón de la operación, podrá ser hospitalizada para la intervención quirúrgica para iniciar su parto natural y luego ser sometida a un "parto de prueba" para ver cómo marcha todo. Es posible que tenga un parto vaginal perfectamente normal. La cesárea se llevará a cabo según lo programado antes de que surja algún problema grave. A menos que sea una operación de emergencia, podrá hacerse bajo anestesia epidural (véase página 196) lo cual ofrece mayores garantías para usted y para el bebé y le permitirá permanecer consciente durante la intervención y ver al bebé tan pronto como nazca. La participación en el nacimiento ayuda al proceso vital de unión.

Preparación para la cesárea

Para algunas mujeres la operación supone una desilusión después de haber esperado un parto vaginal, especialmente si el hospital no permite la participación activa de los padres en el parto y el nacimiento por cesárea ni tener un contacto íntimo e inmediato con el bebé en el mismo momento y después del nacimiento. Algunas mujeres se sienten culpables de haber defraudado a su pareja y de que éste no pueda estar presente en el alumbramiento. Muchas madres sienten ira y frustración de no poder sostener al bebé después de la operación y al verse separados de él precisamente cuando los dos se necesitan para brindarse mutuo apoyo. Pero estos efectos psicológicos se pueden minimizar si usted se prepara para la cesárea y la considera como una experiencia positiva.

Pida ver a su médico para que usted y su pareja puedan hablar tranquilamente con él acerca de las implicaciones de la operación, los pasos que deben seguirse en el quirófano, la posibilidad de que le apliquen anestesia epidural y pueda permanecer consciente durante la operación, y de que su pareja pueda acompañarla.

A través de su propio médico o de la consulta, solicite ver una película de una operación cesárea para que pueda saber exactamente lo que va a sucederle. También puede prepararse hablando con otras mujeres que hayan sido sometidas a la operación. Esta es una de las mejores formas de evitar sentimientos negativos respecto a la posibilidad de un nacimiento por cesárea. No solamente encontrará apoyo moral, sino que también obtendrá información útil sobre el tiempo requerido para la recuperación, la forma de subir y bajar de la cama, y la manera de sostener al bebé para alimentarlo durante los primeros días. Si habla con madres que hayan tenido otros hijos después de una cesárea, podrá tranquilizarse respecto al futuro.

LO QUE SUCEDE

Una cesárea dura cerca de 45 minutos, pero el bebé nace a los 10 o 15 minutos de haberse iniciado. El tiempo restante se emplea en suturar la pared uterina y el abdomen.

Antes de la operación será afeitada, le aplicarán la anestesia epidural, le insertarán un goteo intravenoso en el brazo para inyectar líquidos directamente al torrente sanguíneo, y le colocarán una sonda vesical. Probablemente instalarán una pantalla frente a su rostro, y su pareja quizás prefiera permanecer detrás de ella a su cabecera, si no desea presenciar la intervención. Generalmente la incisión es horizontal y usted podrá escuchar claramente cómo succionan luego el líquido amniótico. Entonces el bebé es levantado cuidadosamente con la mano o con la ayuda de fórceps. Después le aplicarán una inyección de ergometrina para provocar la contracción del útero y evitar la hemorragia. Usted y su pareja podrán sostener al bebé mientras termina la tercera etapa. Si todo marcha bien, podrá comenzar a amamantar al bebé muy pronto. En ciertos casos, llevarán al bebé a una sala de cuidados especiales durante un período de observación. El goteo y la sonda permanecerán conectados durante una hora, y los puntos de sutura o las grapas serán retirados 5 días después.

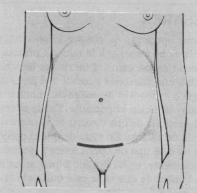

La incisión horizontal

Es común por razones estéticas obvias y porque la incisión transversal inferior cicatriza con mayor facilidad.

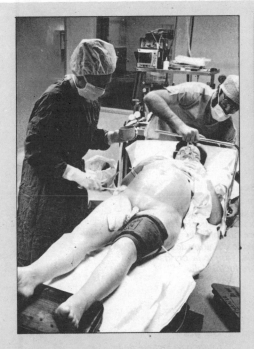

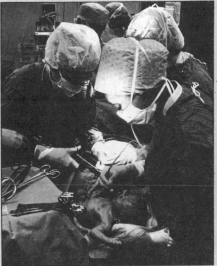

Una vez aplicada la anestesia epidural y cuando usted está ya preparada para la intervención, el nacimiento del bebé es cuestión de minutos. Su pareja podrá sostener entonces al bebé mientras suturan su herida.

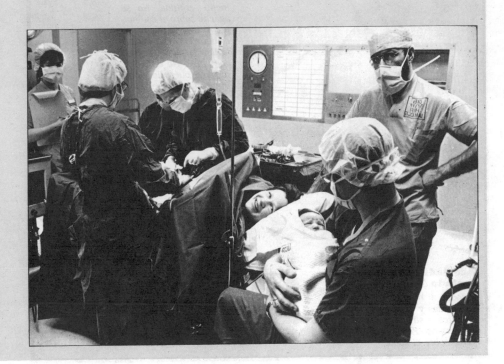

VUELTA A LA NORMALIDAD

Después de la operación la llevarán al pabellón de atención posnatal, donde podrá estar con su bebé. Como necesitará mucho reposo después de la cirugía abdominal, podrá dedicar toda su atención a alimentar y conocer a su bebé. Al día siguiente deberá levantarse y caminar, y podrá comenzar a hacer ejercicios suaves (véase página 228) al cabo de dos días. La mayoría de las madres se sienten físicamente normales una semana después de la operación.

Sufrirá hemorragia vaginal, como si hubiese tenido un parto vaginal. Deberá abstenerse de alzar pesos y de actividades fatigantes por lo menos durante seis semanas. La cicatriz tardará entre tres y seis meses en desaparecer.

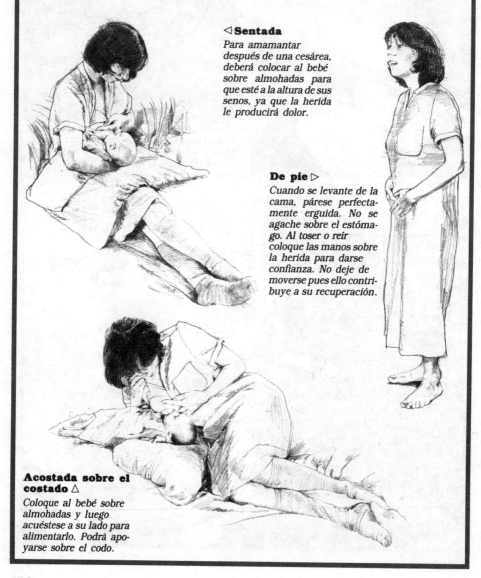

◁ **Sentada**
Para amamantar después de una cesárea, deberá colocar al bebé sobre almohadas para que esté a la altura de sus senos, ya que la herida le producirá dolor.

De pie ▷
Cuando se levante de la cama, párese perfectamente erguida. No se agache sobre el estómago. Al toser o reír coloque las manos sobre la herida para darse confianza. No deje de moverse pues ello contribuye a su recuperación.

Acostada sobre el costado △
Coloque al bebé sobre almohadas y luego acuéstese a su lado para alimentarlo. Podrá apoyarse sobre el codo.

RAZONES PARA REALIZAR UNA CESAREA

- Prolapso del cordón umbilical a través del cuello uterino
- placenta previa (véase página 156)
- desprendimiento de la placenta de la pared uterina (*abruptio placentae*)
- señales de sufrimiento fetal profundo; esto se hará obvio si disminuye la frecuencia cardíaca o se producen ondas invertidas con cada contracción o, lo que es peor, entre contracciones; esto aparecerá en el registro impreso de los monitores electrónicos (véase página 202). También es señal de sufrimiento la presencia de meconio en el líquido amniótico debido al movimiento intestinal
- si es necesario un parto rápido y se considera que la inducción y el parto normal representan un riesgo innecesario para la madre y el bebé
- si el feto es demasiado grande o puede haber desproporción cefalopélvica, es decir, que la cabeza del bebé es más grande que la cavidad pélvica
- los bebés que se presentan de nalgas generalmente nacen con cesárea, especialmente en los Estados Unidos
- una infección uterina de cualquier clase
- una infección grave de la vagina, como el herpes genital (véase página 72)
- ausencia de dilatación del cuello uterino
- fracaso del parto con fórceps
- incompatibilidad seria del factor Rh

Algunas de las situaciones que hacen aconsejable el parto abdominal pueden no presentarse hasta después de iniciado el parto, y entonces, será necesaria una cesárea de emergencia. Se utilizará anestesia general a menos que ya se haya aplicado anestesia epidural.

PARTO CON FORCEPS

Uno de los argumentos que esgrimen los defensores del parto natural es que cada vez es más frecuente el uso de fórceps, precisamente debido a la administración de medicamentos y anestésicos que interfieren la capacidad natural de la madre para dar a luz. En otras palabras, buena parte de los partos con fórceps son inducidos por los propios médicos. Durante siglos, los fórceps fueron el único método no natural de parto. Ahora que la cesárea se ha convertido en un procedimiento seguro, el uso de los fórceps obstétricos ha disminuido, de tal manera que ya no se emplean en los casos de alto riesgo. En la actualidad se utilizan únicamente después de concluida la primera etapa, cuando el cuello está totalmente dilatado y la cabeza del bebé ha descendido bien dentro de la pelvis pero no ha podido avanzar más, o cuando hay señales de sufrimiento fetal o materno. El momento oportuno de utilizar los fórceps queda al criterio de los médicos, aunque la mayoría de las autoridades médicas consideran conveniente utilizarlos con los bebés prematuros para evitarles la compresión ejercida por el canal del parto.

Las piernas de la madre se colocan en los estribos y se inyecta un anestésico local en el perineo. Luego se afectúa la episiotomía

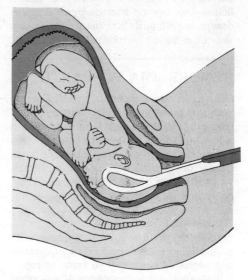

Fórceps modernos
Están diseñados para encajar perfectamente en la cabeza del bebé. Forman una especie de jaula que protege la cabeza contra cualquier presión ejercida por el canal del parto.

(véase página 198) y los fórceps, que parecen cucharas de mesa, se insertan en la vagina, uno a cada lado. El médico ya sabrá dónde se encuentra la cabeza del bebé y tirando suavemente de los fórceps a la vez — durante 30 o 40 segundos — hará descender gradualmente la cabeza del bebé hasta el perineo. El procedimiento no debe producir dolor.

Cuando sale la cabeza, se retiran los fórceps y el resto del parto prosigue normalmente.

Si es necesario utilizar fórceps más largos para sacar al bebé, se aplicará un bloqueo del nervio pudendo mediante una inyección anestésica en la pared vaginal (véase página 196).

ICTERICIA

Es bastante común en los recién nacidos, hacia el tercer día de vida. En términos médicos se conoce como ictericia fisiológica, lo cual significa que no tiene implicaciones nocivas. El bebé nace con un gran número de glóbulos rojos que rápidamente se descomponen después del nacimiento. Cuando los glóbulos rojos se descomponen y son reemplazados por otros, liberan grandes cantidades de pigmento, conocido como bilirrubina, el cual les da su color característico, que debe ser eliminado por el hígado. En el momento del nacimiento el hígado es aún inmaduro y no puede manejar el exceso de bilirrubina, de tal forma que los niveles de dicho pigmento en la sangre aumentan y le dan a la piel un tinte amarillento. Este tipo de ictericia generalmente desaparece al final de la primera semana, una vez que el hígado ha eliminado el pigmento.

Posiblemente el bebé estará además somnoliento. La ictericia no se puede considerar una complicación del nacimiento, sino realmente una variación de lo normal.

A fin de ayudar a que sea eliminado el exceso de bilirrubina, el bebé debe ser alimentado con frecuencia (habrá que despertarlo a la hora del alimento) y exponerlo a la luz solar si es posible. Si el nivel de bilirrubina es elevado, el pediatra puede prescribir tratamiento con luz (fototerapia). Para ello se cubren los ojos del niño y luego se coloca desnudo en la cuna debajo de una fuente de luz. La luz descompone la bilirrubina, de tal manera que puede eliminarse más fácilmente en la orina.

En caso de incompatibilidad Rh, puede producirse una ictericia más seria (véase página 162).

HEMORRAGIA POSPARTO

Ocurre con poca frecuencia, principalmente porque el útero posee un mecanismo propio para evitar la hemorragia. Una vez que han sido expulsados el feto y la placenta y el útero está totalmente vacío, éste se contrae hasta quedar del tamaño de una bola de tenis. La contracción de los músculos uterinos comprime las arterias y las cierra para que no puedan sangrar. Por lo tanto, en circunstancias normales la hemorragia después del parto es muy leve y hay pocas probabilidades de infección. (Los loquios son una secreción vaginal y su color es rojo brillante solo durante unos dos días — véase

totalmente vacío, no podrá contraerse lo suficiente para detener el sangrado de las arterias uterinas, y esto se conoce como

hemorragia posparto. La causa más común de la hemorragia posparto es una parte de la placenta que ha quedado en el útero, lo cual generalmente se diagnostica examinando la placenta para determinar si falta alguna parte. Cuando esto sucede, se informa a la madre, y después de ser anestesiada se procede a un raspado suave de la pared uterina para eliminar todo vestigio de placenta.

Si la hemorragia se produce más de 24 horas después del parto, los loquios pueden adquirir un color rojo brillante de nuevo. Esto puede ocurrir como consecuencia del ejercicio, de salir de compras, de alzar objetos pesados o de realizar labores pesadas en el hogar. Consulte a su médico y él probablemente le aconsejará que repose varios días. Si la hemorragia se repite o es muy abundante, puede ser indicio de infección o de retención de un pequeño trozo de placenta. Comuníquese inmediatamente con su médico, quien probablemente la remitirá a su obstetra o a la clínica más cercana. Si

expulsa coágulos, llame una ambulancia y solicite que la lleven a la urgencia más cercana. En el hospital, será anestesiada y sometida a una limpieza suave pero profunda de la superficie interna de la matriz.

BEBES PREMATUROS

El bebé prematuro no se clasifica únicamente por su edad gestacional sino por el peso al nacer. Un bebé prematuro es aquél cuyo peso al nacer es inferior a 2.5 kg. Un bebé puede nacer seis semanas antes de cumplir su edad gestacional y no ser prematuro, mientras que un bebé nacido a las 39 semanas puede ser prematuro. Los bebés de tamaño pequeño tienen más probabilidades de sobrevivir en cualquier momento, y un bebé pequeño pero maduro tiene mayores probabilidades de sobrevivir que un bebé prematuro y grande. La razón por la cual nacen prematuros sigue siendo un misterio en cerca del 40% de los casos, pero se sabe que algunos de los factores que predisponen son la preeclampsia (véase

página 162), el embarazo múltiple (véase página 159), la ruptura prematura de las membranas, y la placenta anormal. También pueden contribuir ciertas enfermedades de la madre como la anemia o desnutrición, así como el exceso de trabajo. Los fibromas y, en ocasiones, un quiste ovárico, pueden ser la causa subyacente.

Por regla general, un parto prematuro comienza sin previo aviso y el primer signo puede ser la ruptura de las membranas, el comienzo de las contracciones o un leve sangrado vaginal. Generalmente el parto

Los padres pueden lograr una unión estrecha con el bebé al mirarlo y tocarlo.

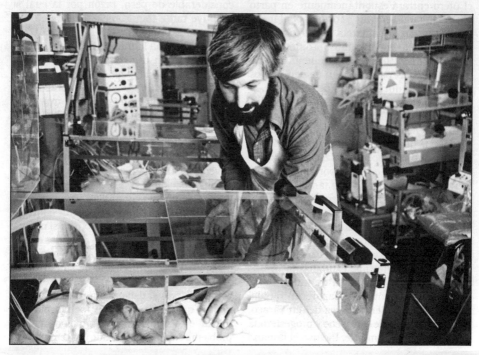

prematuro es más corto y fácil que un parto normal, principalmente porque la cabeza, o sea la parte más grande del bebé, es más pequeña y blanda. Por lo tanto, en casi todos los partos prematuros se hace la episiotomía a fin de proteger la cabeza blanda del bebé contra los cambios de presión que ocurren dentro del canal del parto. Los fórceps (véase página 209) tienen especial utilidad en el caso de un bebé prematuro, ya que están diseñados para evitar cualquier lesión a la cabeza.

Los tres aspectos más importantes relativos a la salud del bebé prematuro son su capacidad para respirar, succionar el alimento y controlar su temperatura. Todos estos factores se tienen en cuenta si el bebé es llevado a una incubadora donde la temperatura está controlada, el suministro de oxígeno puede adaptarse a las necesidades de cada niño y es posible suministrarle alimento a través de una sonda nasogástrica, sin producirle dolor. Dado que un niño tan tierno tiene poca resistencia a la infección, la incubadora permanece estéril y el contacto del bebé con el personal y sus padres se limita al mínimo.

Si teme no poder establecer una unión con él, no se preocupe. La madre del bebé prematuro podrá alimentarlo, tocarlo y cuidarlo tan pronto como su estado lo permita, pero antes deberá limitarse a observar y compartir con las enfermeras el cuidado de su bebé.

La leche materna es especialmente valiosa para un niño prematuro. Si se extrae leche con un succionador, podrán administrársela y usted estabilizará su producción de leche para estar preparada para alimentarlo cuando él pueda succionar por sí solo. Es un esfuerzo que vale la pena hacer.

PARTO CON PRODUCTO MUERTO

Rara vez nace muerto un bebé; menos de un caso por cada 100 nacimientos. Si el feto muere en el útero antes de las 28 semanas, el útero entrará espontáneamente en parto y el resultado será un aborto espontáneo. Después de las 28 semanas, el útero expulsará el producto muerto muy pronto. La mayoría de las mujeres se dan cuenta cuando muere su bebé, porque dejan de percibir los movimientos durante más de 24 horas.

Nadie sabe exactamente por qué muere un bebé durante las últimas etapas del embarazo, pero se piensa que en la mayoría de los casos se debe a una placenta insuficiente. Es posible que la placenta no se desarrolle adecuadamente o enferme por algún motivo durante el embarazo. Por lo tanto, no puede suministrar al bebé suficiente oxígeno y alimento. En ocasiones la placenta comienza a desprenderse del útero y esto puede causar la muerte intrauterina. La incompatibilidad Rh no controlada (véase página 162) o una diabetes mal estabilizada también pueden ser causa de muerte.

Cuando el bebé muere desaparecen rápidamente todas las sensaciones del embarazo, ya que los niveles de estrógeno y progesterona descienden bruscamente. Incluso el tamaño del útero puede reducirse debido a la absorción del líquido amniótico que rodea al feto. Esto puede traducirse en una pérdida considerable de peso, razón por la cual se atribuye tanta importancia a este factor en la consulta prenatal.

Si se sospecha la muerte del bebé, se hará un estudio con ultrasonido para tratar de detectar los latidos fetales. Si la ultrasonografía no permite escuchar el corazón del feto, la probabilidad de que haya muerto es muy grande. Un examen con rayos X también puede confirmar la muerte del bebé.

Puesto que el bebé está aislado en una especie de capullo, su muerte no afecta adversamente a la madre. Sin embargo, los efectos emocionales y psicológicos pueden ser verdaderamente traumáticos para la madre. Es natural que la mujer se sienta culpable, inútil, triste, deprimida y se odie a sí misma, y desee alejarse de todo y de todos para enfrentar su pena. Necesitará el apoyo, el consuelo y la comprensión de su pareja, de la partera o de una amiga. Es necesario comprender y satisfacer sus necesidades. A menos que haya un buen motivo para no iniciar otro embarazo, la solución del problema emocional causado por la muerte del bebé y la forma de recuperar la felicidad radican en un nuevo embarazo, pero todo a su debido tiempo. Una vez que empiece a desaparecer la tristeza, debe discutir la posibilidad con el médico y con su pareja.

Hasta hace poco se pensaba que siempre debía esperarse hasta que el parto se iniciase espontáneamente — generalmente comienza a los dos o tres días de la muerte intrauterina — y que no debía haber ninguna interferencia. Sin embargo, la mayoría de las mujeres prefieren que el feto sea retirado tan pronto como se enteran de su muerte. En mi opinión, los sentimientos de la madre son lo más importante en esta situación. Ella deberá decidir, junto con su pareja, lo que debe hacerse, y si desea evitar el parto y someterse a una cesárea, deberá brindársele esa oportunidad. No obstante, si la mujer quiere esperar a que el parto se inicie espontáneamente, su parto no será diferente a uno normal. Pero es lógico esperar que en esas circunstancias su actitud sea diferente, de tal manera que podrá sentir más dolor del que sentiría si el parto tuviese un final feliz. Si el parto no se inicia en el lapso de dos días, la mayoría de los médicos aconsejarán la inducción con el mejor método de analgesia.

Algunos padres que han tenido que sufrir la muerte de su bebé afirman que el tocarlo les ayuda a identificarse con la pérdida. El funeral también es una ocasión para ayudar a identificar el objeto de la pena. Si creen que puede servir de algo, podrán decir al hospital que desean encargarse del funeral personalmente. Es conveniente hablar con otras personas que hayan sufrido esa misma desilusión (véase página 241), ya que su experiencia les ayudará a comprender sus propias reacciones.

EXTRACCION POR VACIO (VENTOSA)

Este método puede utilizarse en lugar de los fórceps, en especial si la madre ha recibido anestesia epidural. Se emplea cuando se producen demoras durante la segunda etapa del parto, pero se espera un nacimiento fácil. A diferencia de los fórceps, la ventosa se puede aplicar sin que se haya dilatado totalmente el cuello uterino. Una pequeña copa metálica que va conectada a un aparato de vacío se introduce a través de la vagina y se aplica a la cabeza del bebé. Se necesitan cerca de 15 minutos para colocar el extractor en su lugar. Cuando se crea el vacío, la copa se adhiere al cuero cabelludo del niño y al tirar suavemente de ella, con la ayuda de la fuerza de la madre al empujar, la cabeza desciende hasta la pelvis para salir luego lenta y gradualmente.

La ventosa tiene pocas complicaciones serias. En el punto donde se aplica la succión se produce tumefacción leve, pero generalmente desaparece en uno o dos días. Uno de los aspectos que preocupan en relación con el uso del vacuoextractor, y de los fórceps hasta cierto punto, es que se utilizan para sacar al bebé "rápidamente" tan pronto como se observa que algo no marcha bien, en lugar de dejar que el parto prosiga normalmente, aunque con mayor lentitud. Ahora que se ha popularizado la tendencia a agilizar los partos, la ventosa obstétrica y los fórceps se utilizan en cerca del 65 % de los nacimientos en los hospitales norteamericanos.

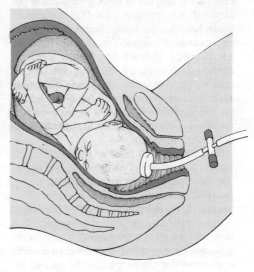

El vacuoextractor
Se utiliza principalmente en Europa; en los Estados Unidos se prefieren los fórceps.

17 Los primeros días

El nacimiento del bebé es la culminación de los nueve meses de espera y todo lo que suceda después deberá, hasta cierto punto, girar alrededor de ese acontecimiento. Durante los tres primeros días, mientras espera que baje la leche, podrá sentirse emocionada o inquieta, o en un estado de shock emocional. Es maravilloso explorar el nuevo ser y disfrutar ratos apacibles con él, pero no se sorprenda si a ratos se siente desilusionada.

Si permanece en el hospital durante unos días, es importante observar y aprender de las parteras y de las otras madres que ya tengan experiencia. Sin embargo, si es su primer hijo, no trate de establecer comparaciones y no se resienta por la habilidad de las demás para manejar al bebé. El mejor consejo que puedo darle es que no sea exigente consigo misma, ni se fije objetivos demasiados difíciles. No trate de ser la madre perfecta ni de lograr demasiados progresos durante los primeros días. Establezca objetivos razonables para cada día, y ocúpese solamente de eso.

VINCULO MATERNOFILIAL

Es difícil explicar en qué consiste. Sin duda, en llegar a conocer el bebé y explorarlo por medio de sus sentidos y los de él: los ojos, la nariz, los oídos, las yemas de los dedos, la boca e incluso la lengua. También se relaciona con el apego, el deseo de proteger y el sentido de posesión. Este apego inicial es quizás el lazo de unión más fuerte que existe entre los seres humanos, y tiene que ser así ya que garantiza la crianza de los recién nacidos y, por consiguiente, la supervivencia del género humano.

El vínculo con el bebé se establece en el mismo momento del nacimiento. Si es posible, debe permanecer a solas con él, y procurar que se le interrumpa lo menos posible. En la actualidad es difícil conseguir este momento de paz en los hospitales. Los bebés lloran en el momento de nacer pero generalmente se callan y se dedican a mirar a su alrededor sin parpadear. Si está en su casa, podrá bajar la intensidad de la luz y apretar al bebé contra su cuerpo (véase página 61). Si está internada, puede pedir a la persona que la atiende que baje las luces, y levantarse la bata para poder poner al bebé en contacto con su piel. No piense que tiene que tomar al bebé en sus brazos inmediatamente; quizás necesite unos minutos para recobrar su aplomo. Esto está bien; deje que su pareja sostenga al bebé mientras tanto. Sin embargo, la mayoría de las madres desean abrazar a su niño sin tardanza y a ninguna se le debe negar este derecho.

Las investigaciones realizadas en los Estados Unidos han demostrado que el período crucial para establecer el vínculo maternofilial es la primera hora de vida. Los bebés generalmente están tranquilos pero despiertos, y se duermen solo después de tres o cuatro horas. En este estado responden a todo estímulo y es el momento propicio para establecer un vínculo con un adulto cariñoso que lo cuida y lo alimenta. También se ha demostrado que los primeros 30 a 45 minutos son los mejores para llegar a conocer al recién llegado a través del contacto visual y de la piel. Trate de que usted, el

214

bebé y el padre puedan estar a solas durante ese período de tiempo. La limpieza y las suturas podrán esperar. Mirar al bebé a los ojos equivale a reconocer en él a un ser humano y no a una cosa, y el contacto de la piel les ayudará a sentir ese calor humano.

No cabe duda de que todos los aspectos del proceso de vinculación — la voz, el olfato, el tacto, las caricias y los mimos — son buenos para el bebé, pero también para usted. Cuanto más pronto toque, abrace y acaricie a su hijo, más rápidamente se detendrá la hemorragia, más fuerte será la contracción del útero y mejor la respuesta de sus senos en lo que se refiere a la producción de calostro (véase página 221), y más adelante, de leche. Irá adquiriendo también más confianza en el cuidado del bebé, y le ayudará a éste a adaptarse a su nuevo medio ambiente. Los estudios han demostrado que el bebé se adapta con mayor facilidad, rapidez y confianza cuando siente

las caricias y el afecto y tiene la oportunidad de alimentarse si lo desea. Tan pronto como pueda abrazar a su bebé, trate de acercarlo a su pecho. Frote su mejilla suavemente con la punta del pezón y verá cómo él buscará instintivamente el alimento. Si se muestra inconstante — quizás sienta sueño a causa de los analgésicos — coloque un poco de calostro en sus labios para estimularlo. Su pareja podrá ayudarle sosteniendo la cabeza del bebé hasta que usted se sienta cómoda y natural.

Importancia del vínculo maternofilial

Si tiene la impresión de que hago demasiado énfasis en el proceso de unión entre la madre

El mejor momento para establecer un vínculo con el niño es durante las primeras horas de vida. Es entonces cuando el instinto de unión es más fuerte.

y el hijo, es por una buena razón. La investigación ha demostrado que los padres que han podido entrar libremente en contacto con sus hijos inmediatamente después del parto, adoptan una actitud más constructiva hacia la crianza, saben comprender mejor los problemas, hacen más preguntas, explican sus acciones y aclaran mejor sus dudas que los padres que no han podido tener contacto con sus hijos después del nacimiento. Otra parte de esta investigación demostró que al llegar a la edad de cinco años, los niños que habían tenido contacto prolongado con sus padres lograron una mejor puntuación en las pruebas de inteligencia, en comparación con el grupo de control. Esto no significa que una buena unión con el recién nacido haga que ustedes sean mejores padres o que su bebé sea más inteligente, pero creo que contribuye a hacer de ustedes unos padres diferentes, y quizás mejores.

PRIMER CONTACTO DEL PADRE

La unión del padre con el recién nacido probablemente ocurre de igual manera y ciertamente es tan importante como la unión establecida con la madre, de tal forma que también es esencial que el padre sostenga al bebé y establezca contacto con él a través de los ojos y la piel durante el período crucial. Estar presente durante el parto y servir de apoyo a la madre, es un buen comienzo. Responda a las insinuaciones de su bebé. Quizás necesite más tiempo que la madre para alcanzar el mismo grado de sensibilidad y adaptarse a su nueva función, y esto le será más fácil si establece un contacto oportuno prolongado con su bebé durante las primeras semanas de vida. A menudo, el nacimiento ayuda a los hombres a expresar y a disfrutar las emociones que la sociedad les ha enseñado a reprimir.

COMO ORGANIZARSE

Los primeros días serán más difíciles de lo que esperaba; el parto es física y emocionalmente agotador. Si está en un hospital, se verá sometida al ritmo del mismo, que puede iniciarse muy temprano, y su día vendrá claramente marcado por las horas asignadas para alimentar, cambiar y bañar al bebé, y por las comidas, la administración de medicamentos, las rondas de los médicos y las visitas de los pediatras, las fisioterapeutas, los familiares y los amigos. Yo tuve mi primer hijo en un hospital, confiada en que tendría un poco de tranquilidad, pero al contrario, solo tuve unos momentos para mí misma, pocos minutos para estar a solas con mi bebé y, al llegar la noche, me encontraba completamente agotada, deseando el momento de poder regresar a la paz y seguridad de mi hogar.

Aunque tenga su bebé en casa, verá que no parece haber un momento de reposo entre tantas actividades y que, en todo momento está aprendiendo algo. Es posible que haya leído todos los libros escritos sobre recién nacidos, pero ningún libro contiene información acerca de su propio bebé y no existe

un camino fácil para aprender la rutina de cada niño. Es pues un error tratar de imponerle un esquema; en realidad es usted quien debe adaptarse a sus necesidades. Los bebés no distinguen entre el día y la noche y requieren siempre la misma atención.

Si el bebé es pequeño, tendrá que alimentarlo con más frecuencia. Los bebés pequeños, de 3.1 kg o menos, necesitan alimento por lo menos cada cuatro horas y en ocasiones solo habrá tres o menos entre una comida y otra. Es necesario alimentar al bebé cuando él lo pida; si usted así lo hace, él encontrará más pronto su propio ritmo. El recién nacido necesitará alimento y cambio de pañal por lo menos dos veces cada noche. Casi todas las personas con quienes he hablado me han dicho que su bebé dormía seis horas sin interrupción durante la noche a la semana de haber nacido. Pues no sucedió así en mi caso. El niño que permite a su madre dormir más de cuatro horas consecutivas en la noche es una excepción.

La mejor forma de enfrentarse a todas estas exigencias sin perder el buen humor y

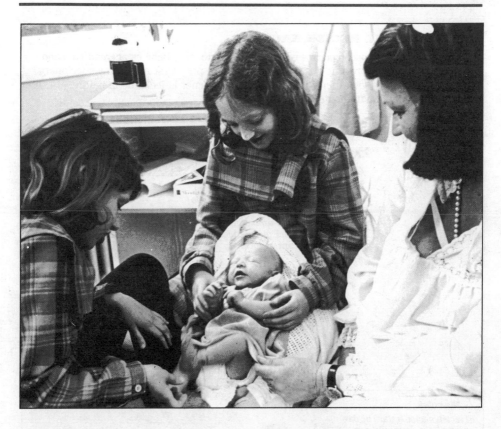

logrando suficiente reposo, consiste en responder al ritmo del bebé. Tendrá que aprender a dormir siestas cortas porque quizás la única oportunidad que tenga para dormir durante los primeros días sea mientras él duerme. Después del parto su capacidad de resistencia será poca y se fatigará rápidamente con cualquier esfuerzo físico. Debido a la supresión repentina de las hormonas del embarazo, su estado emocional será inestable y le parecerá imposible superar los problemas pequeños o solucionar los grandes. Es posible que pase de la alegría a la cólera sin transición. Podrá llorar fácilmente y desplomarse si algo sale mal, así como sentirse llena de ánimo y determinación al minuto siguiente. No espere demasiado de usted misma.

Si ha dado a luz en su casa, o si la han dado de alta rápidamente, no se exceda en sus actividades. No se preocupe por las labores diarias del hogar, deje que se acumulen, ya que otra persona podrá

Cuando presente el bebé a sus otros niños, permita que también ellos lo toquen y acaricien.

ocuparse de ellas. Ahorre su energía para lo que realmente importa, y son pocas las cosas que merecen prioridad: el bebé, luego usted, luego su pareja y los demás niños, y por último todos como unidad familiar. No dude en pedir ayuda, aunque sea solo la primera semana, para que pueda dedicar todo su tiempo a conocer a su bebé y a distribuir el día en función de sus necesidades.

La mayoría de los recién nacidos tienen las mismas necesidades durante las primeras semanas de vida, y una vez estabilizados, usted podrá pensar en *sus* propias necesidades y en la mejor forma de organizar sus días.

REFLEJOS DEL RECIEN NACIDO

Al nacer, los bebés poseen ciertos reflejos que les ayudan a sobrevivir durante los primeros días de la vida fuera del útero. Por ejemplo, inmediatamente después del parto, si el bebé es acercado al seno, buscará prenderse al pezón y succionará para obtener la leche de la madre.

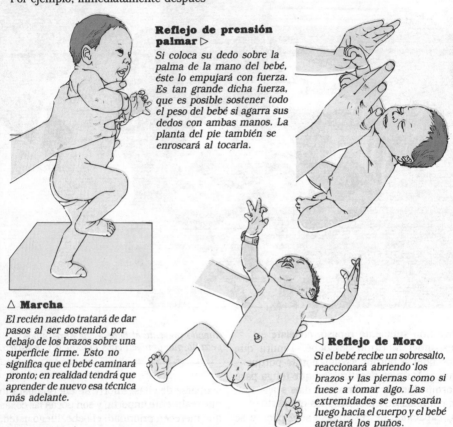

Reflejo de prensión palmar ▷

Si coloca su dedo sobre la palma de la mano del bebé, éste lo empujará con fuerza. Es tan grande dicha fuerza, que es posible sostener todo el peso del bebé si agarra sus dedos con ambas manos. La planta del pie también se enroscará al tocarla.

△ Marcha

El recién nacido tratará de dar pasos al ser sostenido por debajo de los brazos sobre una superficie firme. Esto no significa que el bebé caminará pronto; en realidad tendrá que aprender de nuevo esa técnica más adelante.

◁ Reflejo de Moro

Si el bebé recibe un sobresalto, reaccionará abriendo los brazos y las piernas como si fuese a tomar algo. Las extremidades se enroscarán luego hacia el cuerpo y el bebé apretará los puños.

ESCALA DE APGAR

El recién nacido es sometido a cinco exámenes sencillos a fin de obtener una puntuación en la escala de Apgar. La puntuación será un indicador de su condición general. Los exámenes comprenden:
- frecuencia cardíaca (más de 100 pulsaciones por minuto, 2; menos, 1; ninguna, 0.)
- respiración (normal, 2; irregular, 1; ninguna, 0.)
- movimientos (activos, 2; escasos, 1; débiles, 0.)
- color de la piel (rosada, 2; extremidades azulosas, 1; azul, 0.)
- reacciones reflejas (gritos, 2; lloriqueos, 1; ninguna, 0.)

La mayoría de los bebés alcanzan una puntuación que oscila entre 7 y 10. A los pocos minutos, cinco aproximadamente, el examen se repite para confirmar los resultados, e incluso si el bebé ha tenido una puntuación baja la primera vez, a la segunda se habrá recuperado.

LA MADRE

Durante los primeros siete días después del parto, ya sea en el hospital o en la casa, la madre deberá permanecer en cama el mayor tiempo posible y dormir y descansar siempre que el bebé duerma. Su nueva figura seguramente será motivo de desilusión. El estómago caído, los senos grandes y los muslos pesados no serán alentadores. Por lo tanto, comience a trabajar inmediatamente en los ejercicios posnatales (véase página 228).

Entuertos

El útero se contrae permanentemente durante toda nuestra vida fértil. Las contracciones se manifiestan en forma de cólicos menstruales durante la menstruación, en forma de contracciones de Braxton Hicks durante todo el embarazo, y en forma de entuertos después del parto. Las contracciones uterinas son más fuertes y dolorosas después del parto porque son el medio del cual se vale el útero para recuperar su antiguo tamaño. Cuanto más rápida y fuerte sea la contracción del útero, menor la probabilidad de una hemorragia posparto (véase página 210). Por lo general, después del primer bebé las contracciones no son fuertes; se dejan sentir con más intensidad después del segundo hijo. Más fuertes en las mujeres que amamantan, son una excelente señal de que todo está volviendo a la normalidad. Generalmente desaparecen al cabo de tres o cuatro días.

Loquios

Durante cerca de seis semanas se produce la secreción de loquios, consistente en un flujo de sangre y mucosidad proveniente del útero. Inmediatamente después del parto es una secreción semejante a la menstruación de color rosado o rojo, y después de unos cuantos días adquiere un color marrón oscuro que gradualmente se torna crema hasta llegar finalmente al blanco. Es conveniente utilizar toallas sanitarias como protección (superabsorbentes durante los dos primeros días) y abstenerse de utilizar tapones hasta después de la segunda semana posparto. La lactancia contribuye a la rápida contracción del útero y a la desaparición del sangrado.

Intestinos y vejiga

Es importante salir de la cama y utilizar el inodoro tan pronto como sea posible después del parto. A menudo se evacúan los intestinos antes o durante el parto, de tal manera que quizás no se produzcan movimientos intestinales en un día. No se preocupe por esto, pero obedezca al primer deseo de deposición, teniendo cuidado de no hacer fuerza. La función intestinal se normalizará con mayor rapidez si bebe mucha agua y deambula por su habitación.

Puede producirse alguna vacilación antes de iniciar la micción. Esto no debe preocuparle porque generalmente se debe a la tumefacción del perineo y de los tejidos que rodean la vejiga y la entrada de la uretra. Un buen sistema para iniciar la micción consiste en tomar un baño de asiento con agua tibia, ensayar los ejercicios de Kegel (véase página 125) y orinar dentro del agua. El método no es antihigiénico si se lava cuidadosamente después de terminar. También puede orinar de pie y evitar así la contaminación de la herida si le han hecho sutura, ya que, a pesar de que la orina es un medio estéril, es ácida y puede producir ardor al entrar en contacto con la carne viva. Puede verter agua tibia sobre la región genital mientras orina para reducir el ardor.

Es posible que observe un aumento en el volumen de orina durante los primeros días. Es el medio del cual se vale el organismo para eliminar el exceso de líquido acumulado durante el embarazo.

LA SUTURA

La mayoría de las suturas se disuelven en cinco o seis días. Si tiene hematomas o si los puntos le producen malestar:
- utilice un flotador de caucho para sentarse
- después del baño, seque perfectamente el área con un secador de pelo
- agregue sal al agua del baño para evitar la infección y acelerar la cicatrización
- tape los puntos con una toalla limpia mientras hace la deposición
- evite el estreñimiento.

ALIMENTACION

Cualquiera que sea el método que haya escogido para alimentar a su bebé, recuerde que el calostro producido por sus senos durante los tres primeros días contiene gran cantidad de anticuerpos valiosos para proteger a su bebé contra todo tipo de enfermedades.

Lactancia

Nadie podrá darle lecciones sobre cómo amamantar a su bebé; es algo que deberá aprender por su cuenta. Si está en el hospital, pida ayuda a las enfermeras para iniciar el proceso de lactancia. Siempre es más fácil establecer la lactancia si pone el bebé al seno desde los primeros minutos de vida (véase página 215). Una vez que el bebé

comience a mamar como es debido en el ambiente alegre y feliz que rodea al parto, usted sabrá con certeza que podrá alimentarlo con éxito. Si no es posible comenzar a los pocos minutos del nacimiento, hágalo tan pronto como pueda y trate de calmarse y disfrutar la experiencia. Es posible que sienta dolor alrededor de los pezones o que el bebé no sea muy diestro en un principio. No se preocupe por esto y recuerde que toda mujer está capacitada para alimentar a su bebé y que ningún seno es demasiado

La lactancia se facilita considerablemente si el bebé se pone al seno tan pronto como sea posible después del parto.

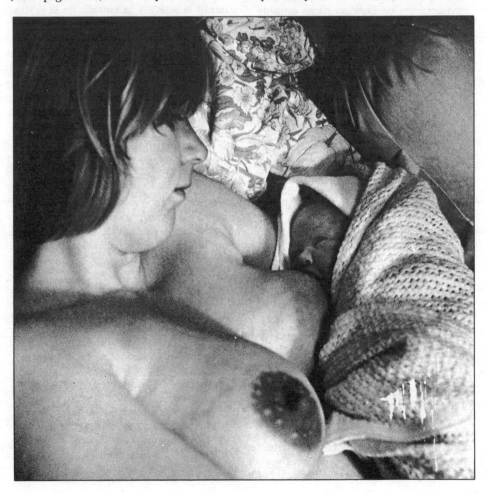

pequeño para ello. La oferta se acomoda inmediatamente a la demanda.

Calostro

Durante los tres primeros días, la glándula mamaria produce un calostro claro de color amarillo. Es el alimento perfecto para los primeros días de vida del bebé. Contiene agua, proteína y minerales en las proporciones adecuadas para suplir las necesidades nutritivas del bebé. El calostro también contiene anticuerpos invalorables que protegen al niño contra las enfermedades a las cuales ha desarrollado resistencia la madre, como la polio y la gripe. Además de lo anterior, contiene un laxante que activa el sistema gastrointestinal del bebé. Al cabo de unas 72 horas, el calostro es reemplazado por la leche, y durante dos o tres días los senos se ponen pesados y llenos.

Reflejo de la bajada de la leche

Es la reacción automática mediante la cual se genera disponibilidad de leche en los senos. El reflejo es una complicada reacción química en cadena, de la cual la madre no se percata sino cuando siente un cosquilleo en los senos y la leche se deposita en los pezones. Se produce en segundos y es desencadenado por el estímulo ejercido sobre el pezón, por la llamada del bebé cuando siente hambre, o por el solo hecho de pensar en el bebé. Ante el estímulo,

la hipófisis libera una hormona, la oxitocina, la cual hace que las células reproductoras de leche envíen el líquido a los depósitos de la zona del pezón. Si no está lista para amamantar, comprima los lados de los senos para controlar el flujo de la leche.

Iniciación de la lactancia

Al principio, los pezones son delicados y necesitan tiempo para endurecer, de tal manera que aumente el tiempo en cada seno gradualmente. Al comienzo, el bebé obtendrá suficiente calostro mamando solo durante dos minutos en cada seno. Cada vez que el niño llore puede ponerlo al seno, no solo para alimentarlo sino para acostumbrarse a él. Asegúrese de que el bebé tenga todo el pezón dentro de la boca (ver abajo). Aumente gradualmente el tiempo en cada seno hasta llegar a 10 minutos cuando haya aparecido la leche a los tres o cuatro días. Todos los recién nacidos succionan con más fuerza durante los primeros cinco minutos, cuando ingieren cerca del 80% de su alimento. Usted podrá saber cuándo está satisfecho, porque perderá interés en alimentarse y comenzará a jugar con el pezón o retirará la boca y se quedará dormido. También sabrá si no ha ingerido suficiente alimento porque despertará con hambre y llorando. Es conveniente alternar cada vez el seno con el cual comienza a amamantar.

Reflejo de búsqueda

Si usted toca la mejilla del bebé con el pezón o con el dedo, él buscará instintivamente el pezón y tratará de prenderse. Usted podrá estimular aún más este instinto si pone calostro en los labios del niño.

Prensión

El bebé se habrá prendido correctamente cuando tenga todo el pezón dentro de la boca, con la lengua debajo del pezón. Con la boca presionará los depósitos de leche.

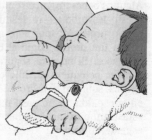

Para interrumpir la succión

Cuando termine de alimentar al bebé no retire bruscamente el pecho pues podrá lastimarse. Introduzca un dedo por un lado de la boca del bebé o aplique presión sobre su mentón para que suelte el pezón.

Cuidado de los senos

Durante los primeros días tendrá que tener ciertos cuidados con sus senos. Compre al menos dos sostenes de maternidad de la mejor calidad (véase página 137) y preste atención rigurosa a la higiene diaria de los senos y los pezones. Báñelos todos los días con agua y no utilice jabón porque éste le quita la grasa a la piel y puede facilitar el desarrollo de una fisura o una ulceración. Siempre trate sus senos con cuidado. No los frote para secarlos; séquelos con pequeños golpes de la toalla.

Después de amamantar, si es posible, deje los pezones al aire un rato. Utilice protectores debajo del sostén para absorber la leche que pueda salir y cambie los protectores con frecuencia. No deje nunca un protector húmedo en contacto con el pezón. Para evitar que se formen fisuras en los pezones, aplique una gota de aceite o crema (aceite de oliva o crema de hipericón y caléndula) sobre el protector. Para evitar una infección, aplique un antiséptico atomizado antes de amamantar.

Sugerencias para amamantar

☐ · Tómese el tiempo que necesite para prepararse para amamantar. Busque una silla cómoda y tenga listo lo que pueda necesitar. Si está en la cama, recuéstese sobre varias almohadas.

ERUCTOS Y REGURGITACION

Algunos bebés tragan aire cuando maman y esto les produce malestar. El llanto agudo producido por este malestar se calma tan pronto como el bebé expulsa los gases. Si no está segura de lo que sucede, coloque a su hijo en posición vertical sobre su hombro y déle golpecitos en la espalda. Si no pasa nada y el bebé está tranquilo, no hay necesidad de esperar el eructo.

Algunos bebés regurgitan, pero otros no. La causa más común es la sobrealimentación y no hay motivo de preocupación aunque la regurgitación parezca abundante. Tenga lista la pieza de tela o póngale un babero al bebé para recoger la leche regurgitada.

☐ Levante al niño hasta la altura conveniente para que pueda llegar al pezón sin esfuerzo. Acomode la cabeza del bebé sobre la curva del brazo y sosténgale la espalda y las nalgas con el antebrazo y la mano.

☐ Relaje los hombros. Si tiene que agacharse para acercar el pezón a la boca del bebé, muy pronto se cansará y sentirá tensión en los hombros y la nuca.

☐ Si los senos se llenan de leche poco después de haber amamantado, extraiga un poco de leche (véase página 95), y se sentirá mejor.

☐ Si los senos están llenos y endurecidos, el pezón se aplanará y el bebé tendrá dificultad para aferrarse a él. Extraiga un poco de leche para ablandar la areola, y cuando la leche salga el bebé comenzará a succionar.

☐ Si siente demasiada fatiga, extraiga un poco de leche y póngala en un biberón para que su pareja u otra persona alimente al bebé.

☐ Para aliviar la congestión de los senos, aplique compresas calientes o frías, y con un masaje suave haga fluir la leche.

☐ Si le aparecen fisuras, extraiga la leche del seno ulcerado hasta que la piel sane. Dé al bebé la leche con una cuchara si no desea molestarse con biberones y esterilización.

☐ Si el bebé rechaza el seno es quizás porque experimenta dificultad para respirar. Oprima la punta del seno con los dedos para dejar espacio libre para la nariz del bebé.

☐ Si siente calor y observa un parche rojo y brillante en el seno, consulte a su médico. Puede tratarse de un conducto obstruido.

El biberón

Si ha decidido alimentar a su bebé con biberón, tendrá que soportar dos días de malestar mientras la leche se seca en sus senos.

Se le aconsejará que utilice un sostén bueno y firme y que tome analgésicos para aliviar el dolor producido por la congestión, si es necesario. Hacia el quinto día después del nacimiento, sus senos habrán recuperado su estado normal.

Uno de los aspectos positivos del biberón es que el padre puede participar desde un comienzo en las actividades relacionadas con la alimentación del bebé. Es buena idea que el padre alimente por primera vez al bebé antes de transcurridas 24 horas, a fin de que aprenda cómo hacerlo y adquiera confianza. Al alimentar a su bebé, asegúrese de contar con buen apoyo para la espalda, y sostenga el biberón firmemente. El chupete o tetina debe penetrar hasta el fondo de la boca del bebé y siempre debe estar lleno de leche. Si no es así, succionará aire junto con la leche. Si el bebé no muestra ningún interés, estimúlelo a buscar (véase página 221) su alimento tocándole suavemente la mejilla con el dedo o el chupete. Si se forma un vacío dentro del chupete y éste se aplana, tire un poco el biberón para que la leche pueda pasar de nuevo. En ocasiones se obstruye el chupete; reemplácelo por uno nuevo y esterilizado.

Sostenga a su bebé en brazos, muy cerca de su cuerpo, mientras le da el biberón.

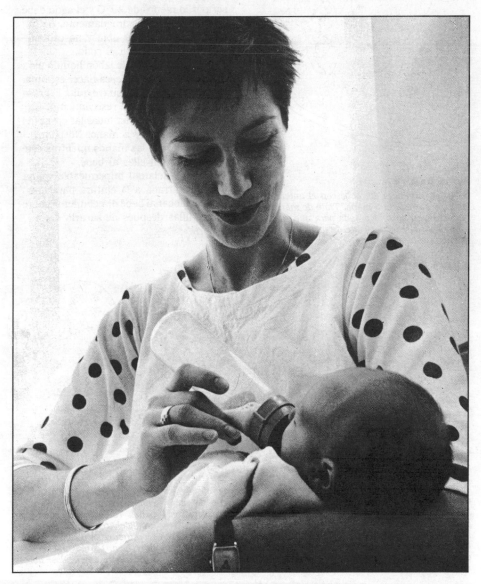

BAÑO Y CAMBIO DE PAÑALES

Durante las primeras seis semanas de vida, las únicas partes del bebé que requieren aseo diario son la cabeza, las manos y las nalgas. Para esto bastará una limpieza con un algodón húmedo. Trate de asear al bebé siempre a la misma hora para establecer un ritmo para ambos. Escoja un momento en que él se encuentre despierto pero no hambriento e irritable.

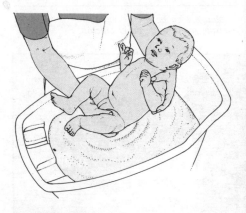

En la bañera

Sostenga la cabeza del bebé con el antebrazo y las nalgas con la otra mano. Trate de mantenerle la cabeza un poco levantada para que pueda mirar a su alrededor. Trate de jugar con el bebé mientras está en el agua.

SUGERENCIAS PARA LA HORA DEL BAÑO

● La temperatura ambiente deberá ser por lo menos de 20°C y el agua debe estar a 32°C aproximadamente, de tal forma que la sienta tibia y no caliente cuando la toque con el codo.

● Ponga una gota de jabón líquido para bebés en el agua si desea hacer espuma. Incluso el jabón más suave quita la grasa de la piel y produce resecamiento.

● Asegúrese de tener todas las cosas del bebé dispuestas y a mano. No podrá hacer nada con las manos mientras esté sosteniendo en ellas al bebé.

● Use un delantal impermeable y una toalla amarrada a la cintura para que pueda colocar al bebé directamente sobre sus rodillas después de sacarlo de la bañera.

ASEO DEL BEBE

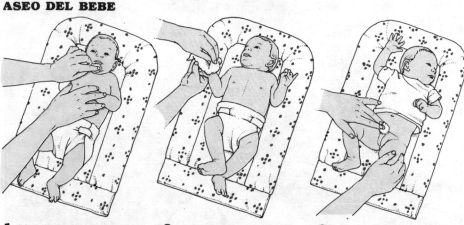

1 *Llene un recipiente con agua tibia y coloque algodón a un lado del recipiente. Desvista al bebé, dejándole solo el pañal, y límpiele los ojos con un algodón húmedo y exprimido. Limpie cada ojo desde el lagrimal hacia afuera.*

2 *Tome otro pedazo de algodón y limpie los pliegues del cuello, detrás de las orejas, el rostro, la boca y la nariz. Seque la piel dando golpes ligeros con una toalla también suave, y limpie las manos y los brazos del bebé con una toalla de cara.*

3 *Vista al bebé con una camiseta limpia y quítele el pañal. Tome otro algodón y limpie el área genital, especialmente entre los pliegues. Seque muy bien. La mayoría de los bebés disfrutan viéndose libres del pañal por un rato.*

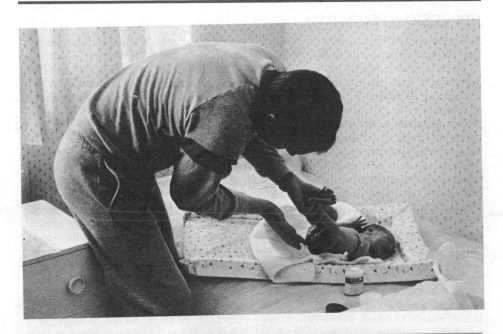

△ El cambio del pañal no representará mayor problema si se tienen a mano todas las cremas y los utensilios para el aseo.

4 Aplique bastante vaselina o aceite de ricino para evitar la pañalitis. Ponga un forro de plástico para retener los movimientos del intestino y facilitar el lavado. Póngale un nuevo pañal y ropa limpia.

PLIEGUE ABSORBENTE TRIPLE

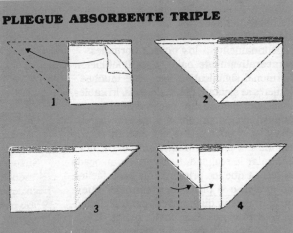

Esta forma de doblar el pañal de tela es la más conveniente para un recién nacido porque proporciona un doblez central grueso y absorbente y se ajusta bien al cuerpo del bebé.

1 Doble en cuatro, con los bordes abiertos hacia arriba y hacia la derecha. Levante la esquina superior derecha.

2 Tire hasta formar un triángulo invertido.

3 Dé vuelta a todo el pañal para que la punta quede en la esquina superior derecha.

4 Comenzando por la izquierda, doble las dos telas de la mitad dos veces para formar una pieza central gruesa y absorbente. La pieza central va entre las piernas del bebé y las dos puntas se encuentran en el medio encima de la pieza central. Sujételas con un gancho para pañales. Utilice dos ganchos a cada lado si el bebé es grande.

DEPRESION POSPARTO

Es frecuente experimentar tristeza y depresión hacia el tercer o cuarto día, cuando se inicia la producción de leche. Si la depresión es más que una sensación de desánimo y se prolonga durante más de dos semanas, es necesario buscar ayuda médica inmediatamente. No permita que la depresión continúe, pensando que pronto desaparecerá. La ayuda oportuna del médico pondrá remedio a la situación, pero si no busca esa ayuda, su depresión podrá empeorar y pasará más tiempo antes de su total recuperación.

Al igual que con cualquier otro estado depresivo, la probabilidad de la depresión posparto es mayor cuanto más grande la disparidad entre las expectativas y la realidad. Durante los primeros días, todo sentimiento negativo acerca de usted misma, del bebé o de la maternidad, será exagerado debido a la fragilidad de su estado emocional, sin que usted tenga ninguna culpa de ello. Toda la culpa es de las hormonas que, después de haber permanecido en un nivel muy elevado durante nueve meses, descienden repentinamente a los niveles normales, comparativamente bajos. Esta fluctuación hormonal significativa hace que muchas mujeres se sientan tristes, llorosas, irritables, indecisas, pensativas, poco comunicativas, angustiadas, deprimidas y que no logren conciliar el sueño. Una vez desvanecida la euforia del primer momento, parece difícil enfrentar la realidad. Está muy equivocada sí piensa que los primeros días son fáciles; no lo son; o si piensa que es mejor que otras mujeres y que puede superar fácilmente esos primeros días; nadie puede. La experiencia, la habilidad y las responsabilidades de la maternidad se deben aprender y eso lleva tiempo. Por lo tanto, no sea demasiado exigente; obtenga la mayor información posible, hable con la partera, el médico, las otras parejas con niños, y las madres con experiencia. Olvide las labores que carecen de importancia.

No trate de guardar las apariencias. Deje que los demás se cuiden a sí mismos mientras usted se dedica a su bebé y a su pareja. Sea tan franca como su personalidad se lo permita. Dialogue con su pareja y sus amistades acerca de sus preocupaciones y problemas. Una de las formas de enfrentar equilibradamente las tensiones y las nuevas responsabilidades de la maternidad y de evitar que adquieran dimensiones emocionales serias, es hablando de ellas.

Reposo y sueño

Durante los primeros días, el sueño y el reposo son esenciales aunque no será fácil conseguirlos. Muchas mujeres se sienten completamente agotadas después del parto; parece como si el cuerpo se rebelase porque sencillamente no puede funcionar igual que como lo hacía antes del embarazo. Uno de los motivos por los cuales se produce ese agotamiento es que el volumen de sangre se reduce bruscamente en un 30%. Por lo tanto, los músculos no reciben suficiente sangre para poder funcionar con eficiencia, de tal forma que la mujer se siente débil y se fatiga con facilidad. Pasarán semanas antes de que pueda adaptarse a este enorme cambio.

Recuerdo muy bien haber salido de casa para comprar algunas cosas para el bebé a los cinco días del parto. No tuve

COMO DESCANSAR SUFICIENTEMENTE

- Nunca pase por alto las señales de cansancio.

Suspenda lo que esté haciendo, si no es esencial, y acuéstese con los pies un poco levantados.

- No es necesario dormir para conservar las energías; el reposo le brindará al corazón, los pulmones y otros órganos vitales la oportunidad de recuperarse.
- Sea que haya dado a luz en el hospital o en su casa, contrate a alguien para que se ocupe del trabajo doméstico y del bebé para que usted pueda descansar durante el día.
- Si se siente incapaz de atender las visitas, trate de no recibirlas. Usted y su bebé están por encima de todo y usted tiene derecho a exigir que los dejen tranquilos.

que caminar demasiado para llegar a los almacenes, y no llevaba ningún objeto pesado, pero antes de poder regresar a mi automóvil tuve que sentarme a descansar. Esto es normal y es necesario evitar incluso las actividades más moderadas.

Amor maternal

Todos piensan que el amor maternal se produce instantáneamente al igual que la leche materna y esto no es cierto. Muchas mujeres podrán admitir que no sintieron un amor profundo por su bebé durante las primeras 24 o 48 horas. El amor debe crecer y el proceso de vinculación toma tiempo. No piense que algo funciona mal si pasan una o dos semanas antes de que aparezca ese sentimiento. El amor maternal no es algo que pueda programarse por anticipado y el proceso de desarrollar sentimientos de ternura.

La permanencia en el hospital

En ocasiones parece que el pabellón de maternidad funciona para satisfacer las necesidades de las enfermeras y los médicos y no de las madres y los recién nacidos, lo cual es verdad hasta cierto punto. Quizás no le sea fácil adaptarse a muchas de las cosas que suceden en el hospital. Las enfermeras pueden ser algo dictatoriales y no darle el tiempo que usted necesita para estar a solas con su bebé. Puede llegar a sentir que los horarios del pabellón han sido pensados con el propósito expreso de perturbar su sueño. La comida puede parecerle mal preparada o demasiado sosa para su gusto. La hora de las visitas coincide con el momento en que usted desea estar sola para recuperarse. Pero, hay cosas que puede disfrutar durante la estancia en el hospital. Tendrá compañía y podrá compartir sus experiencias, observaciones y preocupaciones con otras madres. Podría escribirse mucho sobre el compañerismo y la amistad que se crea entre las madres en el pabellón de maternidad. También es posible encontrar apoyo en algunas de las enfermeras.

Si la vida del pabellón no se acomoda a sus necesidades, hágaselo saber a las enfermeras. Son muchas las que adoptan una actitud flexible e inteligente y harán lo posible para complacerla. Si no recibe este apoyo, se sentirá aún más infeliz. Sería muy triste que los primeros días compartidos con su bebé se vieran turbados por las frustraciones de la vida de hospital, de tal manera que es mejor para todos que usted solicite que la den de alta lo más pronto posible o, llegado el caso, que usted misma se dé de alta. Si cree que no tiene la firmeza de espíritu para proceder así, consulte a su pareja y pídale que sea él quien tome la decisión. Lo más probable es que él le aconseje irse a casa. En ese caso, no lo piense dos veces y siga el consejo.

SALIDA DEL HOSPITAL

Los trámites varían en cada lugar, pero tanto si abandona el hospital a las 12 horas como a los seis días, deberán cumplirse algunos de los pasos siguientes:
• Un médico le hará un examen físico para determinar el estado de los senos y comprobar que el útero esté recobrando su tamaño normal y que los puntos estén cicatrizando. Estudiará la apariencia de los loquios a fin de determinar si ha expulsado coágulos de sangre.
• Le preguntarán si piensa utilizar algún tipo de método anticonceptivo y le darán una fórmula si la necesita. Si está amamantando, le recetarán una píldora de dosis baja (véase página 235).

• Si no era inmune contra la rubéola durante el embarazo (véase página 46), pida ser vacunada antes de salir del hospital. La vacuna no afectará al bebé si lo está amamantando.
• La partera le enseñará a limpiar el ombligo del bebé si el cordón aún no se ha desprendido.
• El bebé será examinado por un pediatra. Aproveche la ocasión para aclarar todas sus dudas. Le indicarán que deberá llevar al bebé para un examen general a las seis semanas.
• Le dirán la fecha de su examen posnatal o le indicarán que deberá ver a su médico alrededor de esa fecha.

EJERCICIOS POSNATALES

Tan pronto como le sea posible después del parto, deberá tratar de hacer ejercicio por lo menos una vez al día; pero es mejor que el tiempo de ejercicio sea corto, por ejemplo cinco minutos, y practicar varias veces al día. Es conveniente acostarse sobre el estómago durante los primeros días para ayudar al útero a regresar a su antigua posición.

Los primeros días

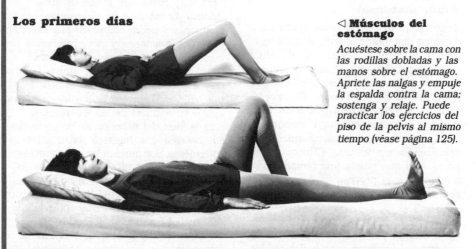

◁ Músculos del estómago

Acuéstese sobre la cama con las rodillas dobladas y las manos sobre el estómago. Apriete las nalgas y empuje la espalda contra la cama; sostenga y relaje. Puede practicar los ejercicios del piso de la pelvis al mismo tiempo (véase página 125).

△ Movimiento de la cadera

Acuéstese sobre la espalda, doble una rodilla y flexione el pie de la pierna que está estirada. Estire esa pierna empujando hacia afuera con el talón. Luego encoja la pierna trayéndola hacia usted (sin doblar la rodilla). Tenga cuidado de no arquear la espalda.

Movimiento de pedal

Este es uno de los primeros ejercicios que puede practicar después del parto; estimula la circulación y evita la inflamación de los pies y los tobillos. Mueva también los pies hacia arriba y hacia abajo como si estuviera pedaleando.

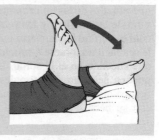

Rutina básica

◁ Abdominales

Acuéstese sobre la espalda con las rodillas dobladas. Coloque las manos sobre los muslos y levante la cabeza y los hombros para tratar de tocar las rodillas con las manos.

Cuando su bebé haya cumplido tres meses, compruebe el estado de los músculos del piso de la pelvis. Salte separando las piernas y tosa con fuerza. Si expulsa un poco de orina, practique con más frecuencia los ejercicios para el piso de la pelvis (véase página 125) y consulte a su médico si no hay mejoría después de seis meses.

◁ **El gato**

Arrodíllese y ponga las manos en el suelo en línea recta con los hombros. Mantenga la espalda recta.

Doble una pierna hacia adelante y trate de tocar la rodilla con la frente. Luego estire la pierna hacia atrás para formar una línea recta desde la cabeza hasta la punta del pie. Sostenga durante unos segundos y luego baje la pierna. Repita lo mismo con la otra pierna.

Abdominales hacia abajo ▷

Siéntese con la espalda recta y los brazos cruzados al frente. Inhale, rote la pelvis hacia adelante (véase página 130) y baje lentamente hasta que sienta la tensión en los músculos abdominales. Respire normalmente mientras sostiene esta posición. Siéntese y relájese.

18 El regreso a la vida cotidiana

Toda mujer se siente diferente después del nacimiento del bebé. Si el clima es cálido y hay sol, usted querrá salir y disfrutar del sol con el bebé en el coche; si hace frío y ventea, quizás buscará la calidez de su habitación. Sin embargo, es necesario dejar pasar por lo menos 7 o 10 días antes de regresar a la rutina cotidiana, a fin de recuperar suficiente energía. Si dio a luz en el hospital y regresó a su casa poco después del parto, trate de permanecer el mayor tiempo posible en cama hasta el décimo día.

Es emocionante regresar del hospital al hogar. La presencia de los objetos familiares le brindará consuelo y confianza, aunque quizás se sienta algo desubicada. En el hospital era necesario ajustarse a una rutina y obtenía sin demora lo que necesitaba. Ni siquiera tenía que hacer la cama. En su casa podrá verse rodeada de parientes y amigos que desean conocer al bebé, pero si deja pasar el tiempo y no hace planes para empezar sus actividades, podrá sentirse aislada y excluida. El nacimiento del niño puede abrirle muchos horizontes. Es posible que antes de su llegada, su hogar hubiese sido solo un lugar de descanso en medio de una vida social y laboral agitada. Ahora podrá averiguar muchas cosas acerca de la comunidad en que usted vive y lo que puede ofrecerle.

LA NUEVA FAMILIA

La rutina que usted haya podido establecer con su bebé dependerá en gran medida del tiempo que haya permanecido en el hospital. Una permanencia de cinco, siete o diez días les dará tiempo de conocerse y al responder a las necesidades del niño, usted seguramente habrá establecido un horario flexible (véase página 216). Por otra parte, si ha decidido abandonar el hospital uno o dos días después del parto o ha dado a luz en su casa, iniciará su rutina en casa, teniendo en cuenta las labores domésticas diarias. Es lógico que todos tendrán que poner de su parte pero, en la mayoría de las familias modernas, las actividades del hogar no giran alrededor del bebé. El recién nacido, aunque es un miembro importante de la familia, tiene que adaptarse a los demás y a sus actividades.

No obstante, no me cabe la menor duda de que la forma más rápida de establecer una rutina es dejar que el bebé marque la pauta y que usted organice su vida, sus actividades e intereses durante el tiempo que él le deje libre, una vez satisfechas sus necesidades. Es más fácil para todos esperar hasta saber la frecuencia con que el bebé pide alimento, el tiempo que permanece dormido y cuándo está despierto, y tratar de acomodar las demás actividades de acuerdo con ese horario. Una de las cosas más importantes que debe observar es el período más prolongado de sueño del bebé. Trate de echarse una siesta o descansar durante ese tiempo. Establecer una rutina no equivale a "entrenar" al bebé para dormir, comer y jugar de acuerdo con un horario que le convenga a usted, sino realmente es alimentar al bebé y jugar con él mientras esté despierto, tratar de descansar mientras duerme o ajustar las demás actividades de su vida cotidiana al ritmo del niño.

Una de las formas de crear un ritmo para el bebé durante el día consiste en darle su alimento de la noche en un ambiente silencioso, con poca luz y sin perturbar su tranquilidad. De este modo, el día se convertirá en sinónimo de bullicio y actividad.

Relación con los otros niños

Si usted tiene otro hijo o hijos y no ha dado a luz en casa, es conveniente pensar en la forma de presentar el bebé a sus otros hijos, para evitar cualquier sentimiento de celos. Cuando regrese del hospital, pídale a otra persona que lleve al bebé para que usted pueda saludar y estrechar entre sus brazos a su otro hijo. Bríndele toda su atención durante los primeros minutos, como lo haría si hubiesen estado separados por otro motivo.

Tráigale un regalo de parte del bebé; algo que a su hijo le haga mucha ilusión. Si tiene la capacidad física suficiente, deje que alce a su hermanito recién nacido. La mayoría de los niños desean ayudar, de tal manera que bríndele a su hijo todas las oportunidades para hacerlo. Durante los primeros días y las primeras semanas destine ciertos momentos — varios durante el día

si es posible — a estar con su hijo mayor, sin que el bebé pueda interrumpirlos.

No rompa los viejos hábitos solo porque ha llegado un hijo. Si usted ha creado ciertos hábitos para la hora del desayuno o la hora de dormir, no los rompa con su hijo, si es posible. Alimente al bebé antes de esas horas especiales, para que no haya interrupciones. Cuando reciba visitas, no permita que presten toda su atención al recién nacido y asegúrese de que su hijo mayor reciba por lo menos la misma atención. Elogie y premie al niño cuanto más pueda y trate de regañarlo lo menos posible durante las primeras semanas. Si piensa permanecer en el hospital durante varios días, trate de tomar las medidas necesarias para que el niño pueda visitarlos a usted y al bebé tan pronto como sea posible después del parto y durante los días siguientes.

Relación con su pareja

Con la llegada del bebé la madre entabla una relación emocionante con una nueva

Integre al bebé en la vida familiar para que esté entretenido mientras usted hace otras cosas.

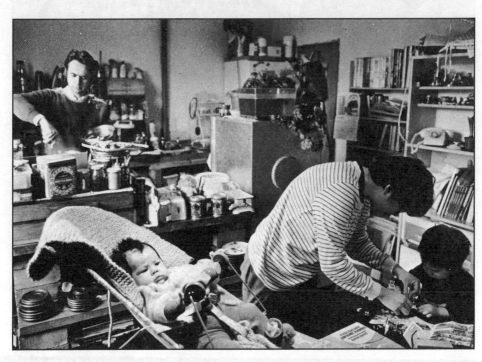

La cercanía y la participación le ayudarán a su hijo mayor a aceptar a su hermano sin sentirse excluido de su mundo.

persona y es posible que no sienta ninguna sensación de alejamiento si disminuye gradualmente la intimidad con su pareja, pero el padre no experimenta lo mismo, y la mujer debe recordarlo siempre. No es raro que un padre sienta celos del bebé y muchos reconocen haberse sentido excluidos por el bebé y abandonados por la madre. Es necesario que ambos comprendan que es inevitable que el hijo se convierta en el centro de atención durante los primeros días. Por lo tanto, es necesario dedicar tiempo a los dos. Una forma de recuperar la intimidad es dormir una siesta juntos al terminar la jornada de trabajo.

Una de las cosas que deberán aceptar es que la vida de los dos ya no podrá ser tan espontánea como antes. Sin embargo, encontrarán ratos felices durante el día cuando deban prestar la mayor parte de su atención al bebé. Si la madre se deja guiar por sus instintos, el bebé probablemente ganará siempre, y el padre recibirá cada vez menos atención.

SUGERENCIAS PARA SOBRELLEVAR LA FATIGA

Aunque su bebé duerma bien entre una comida y otra, su cuerpo necesita recuperarse del parto y *sin duda* sentirá cansancio especialmente por las tardes. A fin de conservar la energía y el buen humor y poder regresar a su estado normal lo más pronto posible, es necesario que descanse todo lo más que pueda.

• Descanse siempre que el bebé duerma; no emplee ese tiempo para hacer los trabajos domésticos.

• Si no se siente bien, olvide el estoicismo y llame a su médico. Su salud podría resentirse.

• Continúe tomando sus píldoras de hierro, si se las prescribieron, durante unas seis semanas.

• Siga la dieta equilibrada que mantuvo durante el embarazo (véanse páginas 108-116) y preste especial atención a su alimentación si está amamantando. No es buen momento para intentar adelgazar. Su figura volverá a ser lo que fue si hace sus ejercicios posnatales (véase página 228).

• Beba muchos líquidos; sentirá mucha sed si está amamantando.

• Ingiera comidas y refrigerios que exijan poca preparación tales como ensaladas, queso, bocadillos con pan integral, frutas frescas y yogurt.

• Elija siempre el camino más corto para todo.

• Utilice solo pañales desechables al principio.

• Acepte cualquier ofrecimiento de ayuda en la cocina o en la casa, a fin de que pueda descansar y disfrutar del bebé.

• Permita a los niños mayores que ayuden con el bebé, arreglando la cuna o doblando pañales.

• Durante las primeras semanas tenga al bebé con usted en su propia alcoba. No tendrá que ir muy lejos cuando él la necesite, y podrá ponerlo en su cama si así lo desea.

• Ponga un par de pañales en la cocina, el automóvil, el cuarto de baño y la alcoba a fin de no tener que ir a buscarlos al cuarto del bebé cada vez que deba cambiarlo.

• Acepte la realidad de que necesita ayuda.

Notarán además que los sentimientos de uno hacia el otro son diferentes, lo cual no quiere decir que el amor disminuya, sino que sencillamente es diferente. No es señal de que su relación se está deteriorando; por el contrario, lo más probable es que llegue a ser más madura y enriquecedora. No viva deseando que todo vuelva a ser como antes, porque eso es imposible.

ADAPTACION A LA PATERNIDAD

Si se toma la llegada del bebé con tranquilidad y confianza, podrá disfrutar mucho más la vida familiar y su participación le permitirá comprender que el cuidado del bebé exige tanto como un día de trabajo en la oficina o la fábrica.

• Trate de bañar y cambiar al bebé a los pocos días de nacido y no deje de hacerlo pues le ayudará a tomar confianza.

• Haga valer su derecho de estar con el bebé durante cierto tiempo. La madre agradecerá el descanso.

• Hable a sus superiores del nuevo miembro de la familia. Si surge la necesidad de salir más temprano del trabajo o adoptar un horario más flexible durante los primeros meses, le será más fácil conseguir autorización si informa a sus jefes de antemano sobre sus nuevas circunstancias.

REANUDACION DE LAS RELACIONES SEXUALES

La relación de la pareja cambia en muchos sentidos, y en la mayoría de los casos, el cambio incluye también el sexo. Durante los primeros meses después del parto, las relaciones sexuales pueden ser un tanto problemáticas y causa de frustración respecto a la nueva función de madre. Algunas mujeres pierden el deseo sexual durante un par de meses después del nacimiento, y a veces más. No es raro que lo mismo les suceda a los hombres y que incluso pierdan la capacidad para mantener la erección. Los dos deberán estar preparados para estos posibles cambios y no tomarse las cosas demasiado a pecho. Si logran enfrentar el problema con madurez

233

y amor, evitarán que se convierta en un obstáculo para toda la vida.

Cuándo reanudar las relaciones sexuales

No existe una fecha mágica para reanudar las relaciones sexuales. Algo que ayuda es iniciar los ejercicios para el piso de la pelvis (véase página 125) inmediatamente después del parto, aunque todavía sienta dolor en la región genital. Practique los ejercicios lenta y gradualmente. El momento ideal para hacer de nuevo el amor es cuando ambos lo deseen, así que hablen de ello y ensayen. Observará que los tejidos están un poco adoloridos o rígidos, pero la espera no les hará recobrar su elasticidad. Las glándulas que lubrican la vagina a veces dejan de funcionar durante unos días después del parto, de tal forma que conviene utilizar una crema o un gel lubricante. La relajación total de la vagina antes de la penetración también ayuda, así pues que concéntrese en relajarse antes del coito. Ensaye otra posición que no sea acostada sobre la espalda, ya que el pene puede presionar la pared posterior de la vagina que aún puede estar sensible y algo maltratada. Su pareja puede ayudar dilatando suavemente la vagina con la mano en caso de que esté demasiado rígida. No se preocupe por las dificultades, son normales; ensaye de nuevo con suavidad.

Parece que muchas parejas reanudan sus relaciones sexuales después del primer control posnatal. El dolor y la sensibilidad producidos por la episiotomía duran más tiempo y su pareja no debe tratar de penetrarla hasta que usted no se sienta bien. Sin embargo, esto no impide una exploración suave. Los senos, durante la lactancia, se tornan pesados y sensibles y si tiene alguna grieta en el pezón, le será imposible resistir una caricia.

Si transcurridos algunos meses, alguno de los dos aún se rehúsa a reanudar las relaciones sexuales, no vacilen en pedir ayuda. Les sorprenderá cómo pueden cambiar las cosas después de hablar con alguien al respecto, y quizás sea más fácil que los dos hablen con un tercero, quizás un amigo o pariente, o un consejero sexual. Lo más importante es hablar acerca de sus sentimientos y mantener abierto el canal de comunicación con su pareja en todo momento.

PERDIDA DE LA LIBIDO

• Muchas mujeres sienten que ya no son atractivas; el cuerpo habrá perdido un poco su forma en comparación con lo que era antes del embarazo. Es difícil sentirse sexualmente atractiva si la imagen que la mujer tiene de sí misma es mala (véase página 102).

• La presencia del bebé puede ser un obstáculo para las manifestaciones de amor e interés sexual, especialmente si duerme en la misma alcoba.

• Los dos se sentirán fatigados, y el cansancio tiende a inhibir el deseo sexual normal.

• Es posible que existan obstáculos físicos que le impidan tener relaciones sexuales satisfactorias y de ahí su renuencia a reanudarlas.

• Todos los padres vuelcan su atención hacia el bebé durante las primeras semanas y quizás sientan que no hay cabida para ninguna otra persona en sus emociones. Esto es perfectamente natural. Lo que deben hacer es hablar acerca de sus sentimientos. Es posible que ambos compartan el mismo sentimiento hasta cierto punto.

• Muchas de las actividades diarias que se relacionan con el bebé la harán sentir poco atractiva, por ejemplo lavar los pañales y el olor a leche cortada. Todas estas cosas pueden resultar poco estimulantes.

ANTICONCEPTIVOS

Aunque esté amamantando y no haya tenido retrasos en la menstruación, estará desprotegida y quizás desee utilizar algún método anticonceptivo al reanudar las relaciones sexuales. Si su bebé está alimentándose solamente con su leche, es probable que la menstruación no regrese hasta el destete. Si no está amamantando, o lo hace solo durante un tiempo, la menstruación deberá regresar de dos a cuatro meses después del parto. Antes de salir del hospital puede preguntar acerca de algún método anticonceptivo, si desea utilizarlos; en ese caso, quizás sea mejor tomar una decisión en ese momento en lugar de esperar hasta la cita de control posnatal, que generalmente tiene lugar entre cuatro y seis semanas después del nacimiento.

La píldora

Si está amamantando, el médico le prescribirá una "minipíldora" que contiene solamente progesterona. Esta píldora no contiene estrógeno, el cual interfiere el metabolismo y podría inhibir la producción de leche. Sin embargo, la minipíldora no es 100% segura. Para mayor seguridad deberá tomar una píldora diaria más o menos a la misma hora. Las hormonas que contiene esta píldora también son secretadas en la leche materna y aún se desconoce si pueden tener algún efecto sobre el bebé. A muchas mujeres, este método, combinado con la lactancia, les resulta satisfactorio.

Es posible que durante el embarazo y después del nacimiento haya experimentado ciertas dolencias por primera vez. Por lo tanto, no es conveniente utilizar la píldora anticonceptiva si tiene
- *presión sanguínea elevada*
- *diabetes*
- *depresión posnatal*

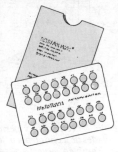

píldoras anticonceptivas

Diafragma

Tendrá que solicitar que le apliquen un diafragma nuevo y más grande, ya que el anterior no será confiable. Utilícelo junto con una crema o gel para lubricar. Le colocarán el diafragma solo al llegar el control posnatal, aproximadamente seis semanas después del parto. El tamaño deberá verificarse nuevamente a los seis o nueve meses en caso de que requiera un cambio. Si a usted le gusta, este método es ideal para las relaciones sexuales un tanto esporádicas de los nuevos padres.

diafragma

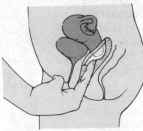

Para verificar la posición del diafragma

Antes del acto sexual verifique siempre que la cápsula de caucho del diafragma cubra totalmente el cuello uterino.

Dispositivo intrauterino (DIU)

El médico podrá colocarle el dispositivo durante la cita de control posnatal. Si anteriormente le preocupaba la colocación del dispositivo, ésta es mucho más sencilla después de haber tenido un bebé.

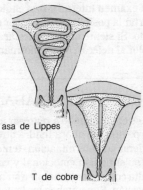

asa de Lippes

T de cobre

Condón (preservativo)

Es el método más fácil de usar antes del control posnatal. Use crema o gel en abundancia junto con el condón, para mejorar la lubricación de la vagina.

Inyecciones

Existe una inyección anticonceptiva que los fabricantes recomiendan para las mujeres olvidadizas. Por haber tomado parte en las investigaciones acerca de estas inyecciones, sé que algunas mujeres pueden tener problemas de hemorragias, y que el retorno de la fecundidad a los tres meses no se garantiza en todos los casos.

CONTROL POSNATAL

Generalmente se realiza en una consulta especializada, bien sea en el hospital o en el consultorio de su médico, entre cuatro y seis semanas después del parto. Usted deberá llevar tres objetivos en mente. El primero es aclarar cualquier duda que pueda tener, solucionar los problemas o tranquilizarse acerca de cualquier cosa que le produzca ansiedad. Sus preguntas pueden relacionarse con el bebé, su propio bienestar, el sexo, la alimentación, el llanto del bebé; en fin, cualquier aspecto que requiera aclaración. El segundo objetivo es que le practiquen un examen médico y obstétrico y el tercero es verificar el progreso del bebé.

Durante el examen médico determinarán su presión sanguínea, su peso, el estado de los pezones y de los senos; le palparán el abdomen para determinar si el útero ha recobrado su antiguo tamaño, y se le practicará un examen interno y una citología para descartar la posibilidad de cáncer del cuello uterino. Si siente algún malestar en la vejiga o dolor al defecar, debe informar a su médico.

Este es el momento, si usted así lo desea, de hablar sobre algún método anticonceptivo (véase pág. 235). El examen interno brinda la mejor oportunidad para colocar un diafragma o un dispositivo intrauterino. El médico examinará también cualquier cicatriz que pueda tener.

Por lo general examinarán el peso, los ojos, el ombligo, los genitales y la piel del bebé, y usted tendrá la oportunidad de hablar con la partera o el médico sobre la alimentación del niño. Es el momento de aclarar dudas sobre el cuidado diario del bebé y sobre lo que sucederá en el curso de las semanas y los meses siguientes, y establecer el esquema de vacunación contra las enfermedades infecciosas de la infancia — difteria, tos ferina, tétano y polio. La primera vacuna se aplica a los tres meses, y luego a los seis y a los nueve. La vacuna contra la polio es oral. Es importante que todos los niños sean inmunizados en la medida de lo posible, ya que la vacuna ha demostrado ser una forma efectiva de medicina preventiva.

VUELTA AL TRABAJO

Si se comprometió a regresar al trabajo (véase página 52) ahora tendrá que volver a considerar su determinación, teniendo en cuenta su situación emocional y económica. Resulta conveniente incluir a su médico en esta decisión. Son muchos los factores que deben tenerse en cuenta, ya que pueden afectar su salud y la del bebé, y su médico podrá aconsejarla al respecto. Tendrá que comenzar por conseguir un buen sistema para el cuidado de su hijo unas seis semanas antes de reintegrarse al trabajo, y comenzar el destete del bebé por esa misma época, por lo menos durante el día.

Si regresa al trabajo antes de que el bebé cumpla los cuatro meses y, por lo tanto, antes de establecer un esquema de alimentación combinada, tendrá que programar las cosas de antemano. Implante un horario de tal manera que las horas de las comidas sean predecibles y constantes. Alimente al bebé a la hora del desayuno y hacia las 6 p.m., de tal manera que la niñera solo tenga que

darle el biberón dos veces durante el día. Si no desea que el bebé ingiera ningún sustituto

Succionador

Resulta útil en el trabajo. Es compacto y permite extraer pequeñas cantidades de leche en poco tiempo, si siente malestar. También sirve para sacar el pezón a fin de que el bebé pueda succionar fácilmente.

de la leche materna, extraiga leche de sus senos y congélela; podrá guardarla en el congelador durante seis meses. Le llevará unas dos semanas acostumbrarse a este sistema. Tendrá que disminuir su producción de leche durante el día antes de regresar al trabajo, o sentirá mucha incomodidad.

Una buena atención para el bebé

Los gobiernos tienden a no dar mucha importancia al cuidado adecuado de los niños en edad preescolar cuyos padres trabajan. Por lo tanto, tendrá que averiguar con sus amistades, vecinos, consejos locales y grupos independientes sobre las disposiciones existentes al respecto en su zona.

Quizás tenga la suerte de contar con una pariente o amiga que pueda cuidar del bebé; si no, existen otras opciones:

☐ Personas que reciben al bebé en sus casas: por lo general son madres también, y están registradas en el departamento local de servicios sociales. Usted podrá visitar a varias de esas personas que aparecen en la lista antes de decidir, y convenir el pago y las horas con la persona elegida.

Si tiene la fortuna de poder trabajar de forma independiente en su casa, el bebé también puede participar.

☐ Guarderías diurnas: son entidades privadas o subvencionadas por las autoridades locales. Por lo general las listas de espera son largas y solo hay cupo limitado para los bebés. Es posible que usted tenga prioridad si no vive con el padre del bebé.

☐ Niñera: podrá conseguir una a través de las agencias autorizadas o mediante un anuncio en una revista o un periódico especializado. Si no desea que la niñera viva en su casa, publique su anuncio en un periódico local; podría compartir la niñera con otra familia.

LA ALEGRIA DE SER PADRES

He hablado con muchas madres que creen haber llegado al límite de su resistencia a las pocas semanas de nacer su bebé. Es importante dar rienda suelta a los sentimientos, aliviar las tensiones y ansiedades y disfrutar la alegría de ser padres.

☐ Realmente no es necesario preocuparse por tener que dar la mayor prioridad al cuidado del bebé; esto llegará automáticamente. Lo que tendrá que hacer es un esfuerzo por asignar prioridad al cuidado de usted misma, cosa que muchas mujeres no hacen. Trate de ser más egoísta de lo que debería ser, reemplazando ciertas actividades relacionadas con el bebé, que no son tan importantes, por un poco de cuidado personal para usted. Su objetivo final debe ser su propia tranquilidad emocional y su felicidad; no cometa el error de aspirar a proporcionar lo que otros consideran atención experta para el bebé. Esto es especialmente importante si está amamantando; deberá permanecer descansada y en forma.

☐ Incluso durante los primeros días, cuando debe estar con su bebé la mayor parte del tiempo, es esencial que busque tiempo para usted misma, así que haga lo que esté a su alcance para obtenerlo. Podría arreglárselas para dejar al niño con una amiga una tarde a la semana y retribuir el favor en la misma forma, lo cual podría convertirse en un arreglo permanente.

☐ No se aísle durante mucho tiempo. Aunque es posible que durante los primeros días desarrolle agorafobia y desee permanecer con su bebé en la seguridad del hogar, lejos del ruido de los automóviles y del mundo exterior.

☐ No espere demasiado de usted misma ni de su bebé. Usted no es perfecta, pero tampoco lo es su hijo y tendrá que aprender a perdonar sus propios defectos y los de él, de modo que no fije para usted ni para él metas imposibles de alcanzar. Esté dispuesta a ser flexible respecto al cuidado del niño.

☐ Para la mayoría de las personas, las primeras semanas de vida del bebé son motivo de temor. Eso experimenté yo con cada uno de mis hijos y siempre busqué el apoyo de la partera. De algo que podrá estar absolutamente segura es de que las madres han cuidado instintivamente de sus hijos durante miles de años y de que *usted* ha sido dotada de las mismas habilidades que todas las demás.

EL LLANTO

Los bebés duermen mucho durante los primeros meses, pero también parecen llorar mucho. Si piensa que su bebé nunca deja de llorar, anote por escrito el horario de sus comidas, su sueño y su llanto durante 24 horas. Se sorprenderá al descubrir que el bebé permanece despierto solamente cuatro horas de cada 24.

El llanto es el medio que utiliza el bebé para comunicarse. Estudie las causas siguientes:

● ¿Hambre? Aunque haya comido dos horas antes, quizás desee un poco más de alimento.

● Revise el pañal; podría estar mojado o sucio. La mayoría de los bebés parecen no dar importancia a un pañal mojado, pero algunos detestan los pañales sucios.

● ¿Es adecuada la temperatura ambiente? Los bebés necesitan una temperatura constante de 20° aproximadamente, incluso durante la noche. Si está demasiado caliente, retire algunos cobertores. Varias mantas livianas son mejores que una sola gruesa.

● Es posible que se sienta aburrido y solo y desee compañía. Si está ocupada con algo, una silla hamaca le permitirá al bebé mirar a su alrededor, o podrá colocarlo en el cabestrillo y llevarlo con usted a todas partes.

Un nuevo y feliz miembro de la familia marca el fin de los meses de espera, planes y preparación.

El plan para el nacimiento

Los nueve meses del embarazo serán un período de preparación y decisiones. Seguramente usted ya sabe cómo desea que sea el trabajo de parto y el alumbramiento pero, si no es así, consulte con el personal médico o las amigas que ya hayan tenido hijos. Sin embargo, hay varias alternativas (véanse las páginas 54-69) y una vez haya considerado todos los puntos y pensado qué tipo de alumbramiento desea, puede anotar

Plan para el nacimiento   NOMBRE

PARTERA   MÉDICO

ACOMPAÑANTE

Mi compañero tiene muchos deseos de estar presente pero no se cree capaz de estar solo para ayudarme, así que me gustaría que mi amiga Sara estuviera también. Ella ha tenido tres hijos y es muy calmada. Me gustaría que uno de los dos me acompañara todo el tiempo.

PREPARACIÓN PARA EL TRABAJO DE PARTO

No deseo que me rasuren.
Tendré en mente la posibilidad de que me apliquen un enema en caso de que tenga el intestino lleno.
No deseo romper aguas artificialmente, a menos que el médico o la partera crean que es absolutamente necesario.

ANALGESIA

Quisiera tratar de no recibir ninguna sustancia. No deseo que me apliquen petidina. Mi compañero ha practicado la aromaterapia para los masajes y me gustaría ensayar ese método durante la primera etapa. Si siento que no estoy bien y que el trabajo de parto ha durado mucho tiempo, me gustaría que me ofrecieran la anestesia epidural.

POSICIÓN PARA EL TRABAJO DE PARTO

Me gustaría caminar: Por favor no me conecten a un monitor. Prefiero que controlen el estado del bebé con un dispositivo de ultrasonido o un fetoscopio. Quisiera tener conmigo unos cojines grandes para recostarme durante el trabajo de parto. Mis dos acompañantes podrán sostenerme ocasionalmente.

sus preferencias en un plan para el nacimiento. Haga copias del mismo para llevarlo consigo al hospital o pida que lo anexen a su historia médica.

Es imposible garantizar que durante el trabajo de parto y el alumbramiento todo suceda como lo ha previsto. Es importante que comente sus deseos con la partera o con el médico durante las consultas prenatales para obtener su respaldo. Si la partera que atiende el alumbramiento es alguien a quien no ha conocido bien durante los controles prenatales, cerciórese de que haya leído su plan para el nacimiento.

El siguiente es un ejemplo de un plan para el nacimiento. En la página siguiente encontrará un formato igual en blanco, para que registre sus anotaciones durante el embarazo.

POSICIÓN PARA EL ALUMBRAMIENTO

En realidad, quisiera dar a luz en cuclillas. Mi amiga Sara será de gran ayuda, pues ella y mi compañero podrán sostenerme. No he ensayado el taburete de parto pero, en caso de que hubiera uno disponible, me gustaría ensayarlo. Si me siento demasiado cansada, preferiría dar a luz de medio lado.

RUTINA MÉDICA

No deseo que realicen ningún procedimiento de inducción salvo romper aguas. Si eso no acelera las cosas, naturalmente que estoy dispuesta a escuchar la opinión del médico. No deseo el monitor fetal electrónico y tampoco que me realicen la episiotomía; la última vez no me desgarré.

EL NACIMIENTO

La última vez lamenté no haber bajado la mano para tocar la cabeza del bebé, de manera que esta vez deseo hacerlo. ¿Podrían avisarme cuando aparezca? Después, me gustaría que lo colocaran sobre mi estómago. No me opongo a que utilicen la droga inyectada que acelera la tercera etapa.

LACTANCIA

Me gustaría poner al bebé al seno lo más pronto posible. Puesto que espero salir del hospital en seis horas si todo sale bien, no deseo separarme ni un momento del bebé. Si es necesario dejar al bebé en una unidad especial por algún motivo, quisiera extraerme leche para iniciar la lactancia.

PROBLEMAS IMPREVISTOS

Si me tienen que someter a una cesárea de emergencia, ¿podría mi esposo encargarse del bebé hasta que yo salga de la cirugía?
Si el trabajo de parto es largo y me fatigo o si el bebé comienza a sufrir, les agradecería que aceleraran las cosas.

Plan para el nacimiento   NOMBRE

PARTERA   MÉDICO

ACOMPAÑANTE

PREPARACIÓN PARA EL TRABAJO DE PARTO

ANALGESIA

POSICIÓN PARA EL TRABAJO DE PARTO

POSICIÓN PARA EL ALUMBRAMIENTO

RUTINA MÉDICA

EL NACIMIENTO

LACTANCIA

PROBLEMAS IMPREVISTOS

Agradecimientos

Dorling Kindersley desea agradecer a las siguientes personas su colaboración en la preparación de este libro: Ann Burnham, Polly Dawes, Anne Fisher y Jane Tetzlaff, por su ayuda en el diseño; Ken Hone y Gene Nocon por su servicios fotográficos; Sue Brinkhurst, Jean Coombes, Bill y Lizzie Frizzell, Sally Godfrey, Margaret Gold, Sarah Judah, Katie Reed y Monica Reed, por servir como modelos en algunas de las fotos. Asimismo, a las siguientes entidades: Dance Centre, Pineapple Studios, Covent Garden y Mothercare, por el vestuario que nos prestaron; a Paul Stannard, del Charing Cross Hospital, por la revisión del material gráfico. Igualmente, el fotógrafo y los editores agradecen a las madres haberles permitido fotografiar su estado de gravidez y el proceso del parto; lo mismo que al personal del Royal Free Hospital, de Hampstead y del St. Thomas' Hospital de Lambeth, Londres.

Edición revisada
Dorling Kindersley agradece a Pauline Frost sus consejos útiles sobre prácticas actuales para el embarazo, el nacimiento y el cuidado del bebé.

Agradecimientos del autor
Tengo una deuda de gratitud con mi editora Charyn Jones, por su dedicación, inteligencia y agudo sentido del humor, y con Gilliam Della Casa, diseñadora del libro, por su creatividad y sentido artístico.

Fotografías adicionales
Jan Baldwin (págs. 126-127; 128-129; 130; 228-229)
Sandra Lousada (p. 9)
Antonia Deutsch (p. 32)
Susanna Price (p. 33)
Neil Bromhall (p. 23)

Ilustraciones
Edwina Keene
Jenny Powell
David Lawrence
Kuo Kang Chen
Coral Mula
Trevor Hill